Der hermetische Bund teilt mit:

Hermetische Zeitschrift

Nummer 28

AF220065

Mein Dank geht an Peter Windsheimer für das Design des Titelbildes. Des Weiteren an Ariane und Michael Sauter.

Für Schäden, die durch falsches Herangehen an die Übungen an Körper, Seele und Geist entstehen könnten, übernehmen Verlag und Autor keine Haftung.

Copyright © 2018 by Christof Uiberreiter Verlag
Waltrop • Germany

Herstellung und Verlag: BoD – Books on Demand, Norderstedt.
ISBN: 9783752824292 :

Inhaltsangabe:

Vorwort:

Diese letzte Ausgabe der Zeitschrift „Der hermetische Bund teilt mit" schließe ich mit dem Rhythmus der Zahl 28 ab. Somit halte ich mich an die vorgegebenen Gesetze, sowie es andere dem Kosmos unterstehende Systeme tun.

Dass der Rhythmus das Entscheidende ist, möchte ich mit diesem aufschlussreichen Aufsatz von Ludwig Knoll aus dem „Lexikon der praktischen Psychologie" (S. 341) untermauern:

„Rhythmus, die Gliederung eines Bewegungsablaufs in Abschnitte, die etwa gleichartig wiederkehren. Anders als der Takt, der eine gewollte und berechenbare Wiederholung bestimmt, entspricht der Rhythmus natürlichen Lebensvorgängen, etwa dem Pulsschlag, dem Ein- und Ausatmen, aber auch dem Lauf der Gestirne, den Wechsel von Ebbe und Flut, von Tag und Nacht, dem Kreislauf der Jahreszeiten oder dem Zyklus eines menschlichen Lebens mit seiner Altersentwicklung, die in jeder Generation aufs neue abläuft.

Die Gliederung solcher Wiederholungen, die sich erwarten und übersehen lassen, vermittelt ein Gefühl der Sicherheit. Da sie aber nicht mechanisch, sondern im einzelnen veränderbar ist, wirkt sie noch unmittelbar lebendig und nicht wie ein Zwang. Daher nutzt der Mensch die natürlichen Rhythmen aus oder ahmt sie nach, etwa in der Musik und im Tanz.

Eine Folge kurzer Wiederholungseinheiten kann eine Art Einlullen bewirken. Menschen, die sich einem solchen Rhythmus hingeben, schirmen sich dadurch gegen andere Eindrücke ab, stimmen sich völlig auf den Vorgang ein, besonders wenn sie ihn mit anderen gemeinsam vollziehen. Deshalb gehören rhythmische Vorgänge zu vielen kultischen Ritualen.

Dabei wird oft das Tempo der Wiederholung gesteigert, der Einzelabschnitt verkürzt, bis der Rhythmus sich in eine Art Raserei auflöst, die mit Erschöpfung und Apathie endet. Gleichsam vorbildlich für diesen Ablauf sind die Vorgänge beim Geschlechtsakt. Überhaupt scheint jedes Lustempfinden von einem Rhythmus abhängig zu sein, unter anderem von der Übereinstimmung zwischen dem Zeitmaß äußerer Anforderungen mit dem inneren „Takt". Der wieder wechselt mit der jeweiligen Verfassung, ist aber wohl auch durch die individuelle Anlage, das Temperament, bestimmt. Manche Forscher nehmen einen Biorhythmus an, den sie mit dem Zeitpunkt der Geburt in Verbindung bringen (vgl. Tierkreiszeichen). Andere gehen von der Verteilung männlicher und weiblicher Eigenschaften in der bisexuellen Anlage aus und beziehen sich auf den Rhythmus einer männlichen und einer weiblichen Periode von 23 bzw. 28 Tagen (vgl. Zwischenstufen). Daneben gibt es viele rhythmische Vorgänge, die die Kultur, die Tradition und die Gesellschaft geprägt haben, oder die wir einmal selbst gefunden haben und nun gewohnheitsmäßig befolgen."

1. Hermetische Sicht über Talismane und Amulette
Hohenstätten

Alle Zeitschriften, okkulten Blätter, Yogabücher oder auch Fachliteratur über das Thema der Talismane und Amulette behandeln nicht im Geringsten die Ladung der entsprechenden Gegenstände. Selbst die bekanntesten Bücher wie „Magneten des Glücks" von Spiesberger oder Laars „Das Geheimnis der Amulette und Talismane" erwähnen fast gar nichts zu ihrer richtigen und durchschlagenden Weihung oder Aufspeicherung von Kräften. Alle schreiben, dass es reicht, wenn man ein Siegel oder Symbol eingravieren lässt oder das Amulett dem Mond einige Nächte aussetzt. In Wahrheit bewirken solche Dinge nichts!

Gregorius, der Großmeister der Loge Fraternitas Saturni erwähnte in seiner Logenzeitschrift „Magie der Edelsteine, Amulette und Talismane" dass man sich den astrologischen Gegebenheiten unterstellen bzw. beim Einzeichnen des Siegels konzentriert vorgehen soll. Genauer wird er schon auf Seite 229: *„Es ist eine magische Tatsache, dass Edelsteine nicht nur die kosmischen ätherischen Strahlen absorbieren und transformieren, sondern sie ziehen die ihnen zugeführten magnetischen Odstrahlen an, ebenso aber auch die gedanklichen Kräfte. In dieser Tatsache liegt die Wurzel zu so manchem okkulten Geheimnis. Es gibt Edelsteine, die mit einem Fluch behaftet sind, der lange wirksam ist. Der Neophyt weiß ja durch seinen magischen Unterricht, dass Gedanken Kräfte sind! Hierin liegt auch der Grund zu einer magischen Anweisung, selbstgefertigte Talismane öfters durch eine sorgfältige Od-Einstrahlung gewissermaßen neu aufzuladen. Die magische Lehre sagt deutlich: Imaginationskräfte sind auf Metalle und Edelsteine übertragbar! Danach also möge der Neophyt verfahren."*

Weiter unten verweist er auch seine Lektionen über die Od-Lehre, welcher Frater Johannes aufschrieb. Er sagt auch, dass diese Gegenstände mit Blut, Sperma, Vaginalsaft, Schweiß oder sogar mit Sprüchen imprägniert werden kann, doch das genauere *Wie* lässt er weg!

Hingegen schreibt Franz Bardon in seinem „Adepten" unzählige Hinweise und Anleitungen, wie Edelsteine usw. zu laden sind, wie der genaue Vorgang abläuft und macht auf alle Einzelheiten aufmerksam. Er spricht von zehn verschiedenen Ladungen, worunter sich auch östliche Weihungen mit Tantra oder Mantra befinden. Solche Ladungen wie mit –

1. Ladung mit bloßem Willen in Verbindung mit der Imagination.

2. Ladung mittels terminierter Lebenskraftstauung und Wunschimprägnierung.
3. Ladung durch Bannung von Elementalen, Elementaren, Wesen, welche die gewünschte Wirkung zu vollbringen haben.
4. Ladung mittels individueller oder traditioneller Rituale.
5. Ladung durch magische Formeln, Mantrams, Tantras usw.
6. Ladungen durch Elementestauungen.
7. Ladungen durch das elektrische und magnetische Fluid.
8. Ladung mittels Lichtkraftstauung.
9. Ladung mittels elektromagnetischer Kugeln – Volte.
10. Ladungen durch Sex. magische Operationen.

– können aber nur von einem geschulten Magier unternommen werden. Solche und noch mehr praktische Methoden stehen einzig und allein in den Werken von Franz Bardon!

2. Der ägyptische Kult der Gottesverehrung
H. S.

Dass ohne Gottheit keine Entwicklung möglich ist, das wussten schon die alten ägyptischen Priester und entwickelten dazu kultische Handlungen. Der Hermetiker kann, wenn er will, etwas davon für seine eigene Praxis verwenden.

Nach der altägyptischen Auffassung ist im Grunde allein der Pharao legitimiert zum Vollzug des Götterkultes, da er als göttlich-menschliche Einheit, bzw. Sohn Amun-Ras betrachtet wurde. Im Neuen Reich fungierte Amun aus diesem Grund – der göttlichen Vaterschaft für den Königssohn – als Reichsgott. In der Praxis delegierte der König seine religiösen Pflichten bis auf wenige besonders wichtige Ausnahmen an Priester als Stellvertreter. Die Aufrechterhaltung des Kultes wurde als grundlegend für den Bestand der Ordnung und das Wohlergehen der Menschen angesehen.

Tägliche Tempelrituale:

Der tägliche Gottesdienst im Tempel ist auf das dort im Allerheiligsten befindliche Kultbild konzentriert, dem der jeweilige Gott/die Göttin durch das Ritual einwohnte. Als Schöpfer der Kultbilder galt Gott Ptah, der ja auch den Menschen geformt hatte: „(Ptah) schuf die Götter, machte die Städte, (...) setzte die Götter auf ihre Kultstätten, setzte die Opfereinkünfte fest, gründete ihre Kapellen, machte ihren Leib so, wie sie es wünschten. Und so traten die Götter ein in ihren Leib aus (...) Holz (...) Ton und allerlei anderen Dingen."

Durch dessen Anwesenheit wurde der Tempel ganz praktisch zur zeitweiligen Wohnstätte des jeweiligen Gottes, und wie einer hochstehenden Person wurde dem Gott in morgendlichem und abendlichen Ritual mit Reinigungszeremonien und Speiseopfern gedient. Meistens befand sich das Götterbild in einem eigenen Schrein hinter verschlossenen Türen, nur in wenigen Fällen stand es in Nischen, und der gesamte Tempelbereich galt als Schrein. Der Boden im Allerheiligsten war mit Sand bestreut. Die für den Kult notwendigen Gerätschaften waren in Kapellen in der Nähe des Allerheiligsten untergebracht.

Isis-Schrein – Foto: F. Wallis Budge, Egyptian Collection

Der Ablauf des täglichen Kultes ist seit dem Neuen Reich belegt durch mehrere Reliefs in Karnak, in den Kapellen des Osiristempels von Abydos, Reliefs in Dendera und Edfu, sowie mehrere Papyrushandschriften und kann von da ab bis in die Endphase der altägyptischen Religion verfolgt werden, ohne das große Änderungen stattfanden. Sämtliche Götterbilder waren mit wechselbarer Kleidung und Schmuck bestückt – nicht anders, als man übrigens noch heute bei wundertägigen Marienstatuen oder Kruzifixen in Katholischen Wallfahrtsorten beobachten kann. Auf den Abbildungen des direkten Gottesdienstes ist stets der Pharao bei der Verrichtung des Kultes zu sehen, nie ein Priester, da diese nur die Stellvertreter waren!

Die der Liturgie zugrunde liegenden Texte waren zum Teil sehr alt und wurden über die Jahrhunderte, bzw. Jahrtausende akribisch überliefert – die einzelnen Ritualtexte galten als heilig und unveränderlich; es durfte nichts hinzugefügt oder weggelassen werden. Dies führte schließlich, genau wie in der Geschichte der Katholischen Kirche, zu einem Bruch zwischen Kultsprache und Alltagssprache. Zur Amarnazeit hatte sich diese Trennung wahrscheinlich vollzogen. Die Priester mussten also nicht nur die entsprechenden notwendigen Schriften für den Kult lernen, sondern auch die alte Sprache.

1. Morgenritual bei Sonnenaufgang:
- Auffüllen der Libationsgefäße im Tempelbrunnen, Weihe der bereitliegenden Speiseopfer, Reinigung des Allerheiligsten mit Weihrauch.
- Öffnung des Siegels an den Türen des Gottesschreins und Öffnung der Türen.
- „Enthüllung" der Gottheit = Erwachen des Gottes am Morgen; der Priester wirft sich auf dem Boden, um seine Verehrung und Demut zu bezeugen (vgl. die C-Rune).
- Lobpreis der Gottheit mit Hymnen und Opfer von Weihrauch und Duftöl, sowie eine die Maat symbolisierende Figur.
- Herausnehmen des Bildes aus dem Schrein, Reinigung des Schreines.
- Umarmen des Götterbildes, anschließend Säuberung von den Salben und Schminken des Vortages, Lösen der Kleidung und Reinigung des Bildes mit dem mitgebrachten Wasser.
- Neueinkleidung des Bildes und Anbringen der Schmuckinsignien (Halskragen, Armbänder, Szepter), Krönung.
- Salbung des Bildes mit 10 verschiedenen Ölen und Schminken, Umlegen eines festlichen Zeremonialmantels.
- Abschließende Reinigung des Götterbildes mit Weihrauch, Wasserbesprengung und Natron und Zurückstellung in den Schrank.

2. Opferbereitung:
- Erfolgt im Opfertischsaal. Reinigung der Gabe mit Weihrauch und Myrrhe und mit Wasserbesprengung.
- Ausrufen der Opfer und anschließende Niederlegung auf dem Altar = Speisung des Gottes und Erneuerung von dessen Lebenskraft.

3. Abendritual:
- Verehrung des Götterbildes mit Weihrauch.
- Schließen des Schreins und Anbringen der Siegel, Verwischen der Fußspuren im Sand.

Aus dem Tempel von Edfu sind außerdem Ritualhandlungen zu jeder der 12 Tages- und Nachtstunden überliefert.

3. Die tausend Uhren Gottes
Dr. G. Lomer

Eines der merkwürdigsten Dinge unserer an Seltsamkeiten so reichen Welt ist die Zeit. Die wenigsten aber machen sich klar, wie merkwürdig es eigentlich mit diesem Begriff der „Zeit" bestellt ist. Es ist ja heute fast schon Gemeingut zu wissen, dass die Zeit die vierte Ausdehnungsform (Dimension) des Raumes darstellt. Wie viele aber haben darüber nachgedacht, wie man sich diese vielberufene „Vierte Dimension", in welche man ganz mit Recht die entkörperten und viele andere unsichtbare Wesen verweist, denn eigentlich vorzustellen hat. Betrachte einen beliebigen Körper, etwa einen Schrank oder – wenn es ein „belebter" Körper sein soll – einen grünenden Baumstamm. Das Kind sieht ihn lediglich als Fläche, wie tausend Erfahrungen gezeigt haben, es muss sich erst durch Betasten und „Begreifen" davon überzeugen, dass außer der Länge und Breite auch noch eine Tiefe, als dritte Ausdehnungsrichtung, vorhanden ist. Dir, als Erwachsenem, ist das bekannt. Du „siehst" den Baum von vorne herein drei=dimensional. Du „siehst", d. h. du fühlst innerlich nach, dass der Baum Länge, Breite und Tiefe hat. Nur: Welche Tiefe, ist nicht immer gleich erkennbar. So manche Eiche hast du mit gebreiteten Armen umspannt, um ihre Tiefe (Dicke) festzustellen. Die Tausendjahreiche bei Stolberg im Harz gar lässt sich nur von mehreren starken Männern umspannen. Lebte diese Eiche aber nur im Raume und nicht gleichzeitig auch in der „Zeit", so wäre sie für dein Auge überhaupt nicht da. Die Zeit allein ist es, welche allen Dingen und Wesen Dauer verleiht, und sei sie noch so kurz bemessen. Sie allein macht es uns möglich, zu einer beliebigen, außer uns gelegenen Erscheinung „Stellung" zu nehmen, d. h. sie messend abzuschätzen und in unseren inneren Besitz einzureihen. „Chronos" (d. h. „Zeit") war im Altertum ein Name Saturns oder vielmehr einer seiner Eigenschaften, und die Sage berichtete, dass Chronos „seine eigenen Kinder verzehrte", was ja genau der Wirklichkeit entspricht: Alles gebiert und alles frisst die Zeit. Wer sich außer der Zeit zu stellen vermöchte, der fiele damit aus dem sichtbaren und geschaffenen Weltall heraus und träte damit in ein anderes Reich, in das Reich der Zeitlosigkeit oder Ewigkeit. Diese, die Ewigkeit, bedeutet ja nicht – wie man immer gerne annimmt (vgl. das Kirchenlied „O Ewigkeit, du Donnerwort, du Schwert, das durch die Seele bohrt! Du Anfang ohne

Ende!") eine unbegrenzte lange Zeitdauer; nein, es bedeutet das Aufhören der irdisch=menschlichen Zeit überhaupt, also einen grundsätzlich neuen andersartigen Zustand. Wir leben tatsächlich, von dieser Warte beurteilt, auf der Schneide des Schwertes. Das Wort, das du eben sprichst, ist im nächsten Augenblick nicht mehr Gegenwart, sondern Vergangenheit und damit unwiderruflich. Es kehrt niemals; überdenke, überfühle, was es heißt: niemals mehr in derselben Form wieder. Das schöne Mädchen, das da vor dir geht, war vor etlichen Jahren als sichtbare Erscheinung ein kaum erkennbares Schleimklümpchen im Mutterschoß, es wird in etlichen Jahren eine magere, verhutzelte Greisin sein, und über ein Kleines weiterhin ein Häufchen Asche. Was du heute siehst, ist nur ein Bild, das dir die Zeit vorgaukelt, ein Augenblicksbild, von dem du vielleicht sagen möchtest: Verweile doch, du bist so schön! Die Kraftströme des ewigen Geistes, die zusammenströmend und, sich kreuzend, dieses Bild erzeugten, können sich freilich einmal in ähnlicher Weise wieder treffen, schneiden, kreuzen. Ganz das gleiche Bild werden sie aber kaum erzeugen, denn millionenfach verschieden sind die Bedingungen, die solchen „Bildern" das Leben geben, und auch ich und auch du sind nur solche Augenblicksbilder, die sich wandeln von Wimpernschlag zu Wimpernschlag und ebenso wenig beständig sind wie Wind und Welle, denen sie in Wahrheit innig verwandt sind. Ein Gedanke, bitter und wehmütig dem Glücklichen, trostreich dem Gequälten und Unglücklichen. „Es geht vorüber" war immer der beste Trost, wenn sonst nichts verfing. Das ganze Leben „geht vorüber", und hinterlässt doch in der scheidenden Seele, die in die Ewigkeit zurückkehrt, einen Stachel, wenn sie nicht schon bei Lebzeiten lernte, mit den Augen der Ewigkeit, der Zeitlosigkeit zu sehen und zu urteilen. Wir sprechen von „Zeitraum" und haben uns gewöhnt, mit der Zeit als mit einem sozusagen festen, sich immer gleichbleibenden Begriff zu rechnen. Als Gott uns in sein zeitliches Weltall hineinsetzte, gab er uns den Drang mit, seine Ausdehnung zu „ messen"; „Mensch" sein heißt ja „der Messende" sein. Heute noch sind wir mit der Ermessung des Weltraumes nicht fertig. Heute noch schreiten wir von Stufe zu Stufe und vertauschen die gewohnte Uhr unseres irdischen „Daseins" mit immer neuen Maßstäben. Als lang und gesegnet gilt ein Menschenleben, wenn die Erde sich währendem 70 oder 80 mal um die Sonne schwang, und der Psalm spricht davon, dass es „Mühe" und „Arbeit" war, und wir schnell dahinfahren, „als flögen wir davon". Und doch, wer sagt uns, dass nicht die Eintagsfliege in ihrem ach so „kurzen" Dasein verhältnismäßig (d. h. subjektiv, von sich aus gesehen)

14

ebenso viel Leid, Freude, Enttäuschung und Erfahrung durchmacht, dass sie nicht ebenso viel innerlich „erleben", als wir geblähten Emporkömmlinge, die wir uns Herren über diesen Erdstern dünken, der uns jeden Augenblick – wenn Gott es will – zu töten und auszurotten vermag. Der Kohlensäuregehalt der Luft brauchte nur um wenige Bruchteile zu steigen, winzige Kleinigkeiten hochgiftiger Gase brauchten nur der Atmungsluft beigemischt werden, und wir wären allesamt dahin. Andererseits sind Wesen dankbar, deren Zeitmaß nicht wie das unsere mit Tag und Nacht an die Sonne gebunden ist, sondern die über uns so hoch erhaben sind, dass sie ihre „Welt" – wie etwa unsere Astronomen – nach „Lichtjahren" bemessen, d. h. nach der unvorstellbaren Wegstrecke, die der Lichtstrahl in einem ganzen Jahre durchmisst! In solchen Lichtjahren zu leben, welch schauerlich erhabener Gedanke! Welch übermenschlich unausdenkbarer Zustand . . .

Und dennoch, wer sagt uns, dass solche weit übermenschliche Wesen in einem ihrer „Jahre", das vielleicht eine ganz Weltschöpfung- und -vernichtungsära umfasst (man denke an die indischen Begriffe „Manvantara" und „Pralaya"!), verhältnismäßig mehr Leid und Bitternis innerlich „erleben" als wir Kinder dieser gequälten Zeit! Gott erlebt sich im Insekt wie im Menschen. Gott ist fühlende Seele in allen, allen Wesen, und wir begreifen die Inder, deren Gottum das Erbarmen mit dem Tier zur selbstverständlichen Pflicht macht, während das Christentum hier völlig versagt hat.

Neben Sonne und Mond sind die Planeten unsere Zeitmesser, und über ihnen allen geht der schweigende Reigen der Fixsterne seinen Gang, deren astronomischer Längen-Fortschritt für unser Auge so überaus gering ist, dass er in einem Jahr nicht einmal eine Bogenminute beträgt. Sonne, Wandelsterne und Fixsterne aber spiegeln sich in unserem zeitlichen Leibe, dessen Aufbau von ihren Stellungen zueinander zur Empfängnis- und Geburtszeit restlos abhängig ist. Ja, mehr noch: Dessen Schicksal sich in den Bahnen vollzieht, die uns die himmlischen Uhrzeiger klar und unverrückbar vorschreiben. Tatsächlich tragen wir ein hochverwickeltes Uhrwerk in uns, das von Himmelkräften aufgezogen und in Gang gehalten wird, wie etwa eine Glühlampe von der Dynamozentrale, die ihren Stand sehr weit entfernt haben. Was wir auch tun, denken, fühlen, handeln und wollen (die 4 Elemente), es ist Himmelswerk, von kosmischen Zentren eingegeben, und unser ganzes Streben kann nur sein, die verschiedenen Einzelkräfte durch bewusstes Wollen derart in Einklang (Harmonie) miteinander zu halten, dass unser „Leben" für uns und andere zum Segen werde. Wer sich selbst beherrscht, wird damit zum Weltherrscher, er nimmt im Kleinen teil an der Tätigkeit des erhabenen Weltreglers selbst, dessen Mitarbeiter er wird.

Tausend Uhren Gottes gehen am Himmel und künden die Zeit und sagen dem Wissenden, welche Stunde es schlagen will. Die Uhren aber sind natürlich beileibe nicht Gott selbst, sie sind „nur" ein Werk. Gottes Geist offenbart sich sichtbar in den strahlenden Leuchten des Tages und der Nacht. So wenig aber die Uhren auf Erden der Uhrmacher sind, so wenig sind die Gestirne, mögen sie noch so großartig sein, Gott selbst. Das wusste schon Kepler, als er seine „Harmonia coelestis" schrieb. Das wussten alle alten Astrolog-Astronomen, denen die Astrologie nun ein Mittel (freilich das vornehmste) war, um Gott zu finden und zu erkennen. Das wissen auch wir Heutigen, die wir auf ihren Pfaden wandeln. Auch uns ist die Astrologie der schönste und erhabenste, zugleich der überzeugendste Weg zu Gott.

Raum und Zeit sind also Mittel, deren sich Gott bedient, vielleicht bedienen muss, um seine „Welt" zu schaffen und zu erhalten. Wer aber Zeit und Raum als Werkzeuge hat oder sich zu Werkzeuge erschuf, der muss selbst mehr sein als Raum und Zeit, das ist wohl klar. Stellen wir uns einmal eine höchste lebendige All-Intelligenz, einen Allgeist vor, der in der Gesamtheit aller von ihm geschaffenen Dinge lebt und webt. Dieser Allgeist kennt natürlich alle Dinge bis auf den Grund, weil er selbst in ihnen ist und wirkt. Es gibt für ihn keine Entfernung, weil er in jenem Insekt, das da auf der vor dir kriecht, ebenso ist er in der gewaltigen Fixstern-Sonne Alpha Centauri, die du im Teleskop erblickst. Beide gehören zu seinem „Körper", in beiden ist er gleichermaßen „gegenwärtig". (Man denke hier auch an den katholischen Brauch der Messe, bei dem Gott als leiblich sichtbar in die Hostie angenommen wird!). Der wahrhaft Fromme feiert Gottes Gegenwart in tausend Gestalten, nicht nur in einer. Der Raum existiert für diesen Allgeist also nicht. Und da er, als allwissend, auch die Ursachen der Ursachen und damit die ganze Aus- und Aufeinanderfolge der Ereignisse kennt, existiert auch die Zeit für ihn nicht, die ja unverrückbar mit dem Raume verbunden ist. Er muss die ganze „Welt" nicht als ein Nacheinander, sondern als ein Miteinander sehen, nicht als fortlaufende Folge von Bildern, sondern gleichzeitig, in einer uns ganz unvorstellbaren Art der Schauung. Für ihn gibt es kein Gestern und Heute und Morgen, sondern nur ein ewig währendes Jetzt und Heute und Immerdar! „Die ganze stoffliche Welt ein Akt der Selbstanschauung Gottes, ein ruhendes Bild, jenseits von

Raum und Zeit!", wie ich es einmal früher ausdrückte. Denn jede Bewegung ist Veränderung in Zeit und Raum und muss „stillstehen", sobald der beschauende Geist sich über Zeit und Raum zu erheben vermag . . .

Nun ist Gott aber auch im Menschen. Sollte es da nicht vielleicht Zustände in der menschlichen Seele geben, in denen auch sie – an Gottes Hand diesen Schranken von Raum und Zeit sich zu entreißen und der göttlichen Freiheit um etliche Stufen näher zu kommen vermag? Es gibt sie in der Tat, – im Traum, in der Ekstase (Gottverbundenheit) und endlich auf der Mentalebene. Bleiben wir beim ersteren.

Wer hat noch nicht die merkwürdige Erfahrung gemacht, dass der Traum die ganze Problematik des „Raumes" so geringschätzend behandelt, als sei sie überhaupt gar nicht vorhanden! Der Traum nimmt den Raum sozusagen nicht ernst. Er kann uns jetzt im die Heimat führen und im Blitz des nächsten Augenblickes rund um die Erde. Wir reisen, wir steigen und fallen, wir fliegen im Traume, – alle diese Erlebnisse, deren Eindruckskraft oft weit größer ist als jene des sog. Wachlebens, sind aber für uns lediglich Symbole, weiter nichts; sie sprechen zu uns in einer Bildersprache, die erst „gedeutet", die richtig verstanden werden muss, wenn sie ihren „Zweck" erfüllen soll. Die „Reise" etwa entspricht der Lebensreise, und Hindernisse, die uns dabei begegnen, deuten irgendwelche Hindernisse auf unserer Lebensreise an, die gerade vorhanden sind oder drohen. Das Steigen will uns sagen: „Es geht aufwärts!" Das Fliegen aber ist ein typischer Ehrgeiztraum, der uns Erfolge oder doch die Sehnsucht anzeigt, uns über die Niederungen des Lebens emporzuschwingen . . .

Bekannt ist ja auch, dass wir im Traume ein ganzes Drama, mit hundert Akten, ja u.a. ein ganzes Leben „Erleben" können, um nachher, erwachend, festzustellen, dass wir nur wenige Minuten geschlafen haben. In dieser kurzen Zeit sind wir vielleicht durch Traumerlebnisse gegangen, deren Gemütserschütterungen weit größer war, als alle noch so tiefen Erlebnisse des Tagesdaseins. Ja, man kann die Erfahrung machen, dass je tiefer unser Schlaf, umso intensiver und nachhaltiger das Traumerleben sich abspielt, woran sich selbst vielleicht die Frage knüpfen lässt, ob nicht der tiefste aller Schlafzustände, der Tod (=Mentalebene!), uns eine Fülle von „Erlebnissen" vermittelt, von deren Bedeutung wir uns tatsächlich im Leben nichts träumen lassen.

Der Umsturz des Raum- und Zeitbegriffes ist also vielleicht die allerseltsamste Erfahrung, die uns der Traum vermittelt. Berühmt geworden ist jener Traum eines Franzosen, der träumend an der französischen Revolution teilnahm, ein ganzes Drama erlebte, in dem er selbst die Hauptrolle spielte: Er sah sich verfolgt, eingekerkert, vor Gericht gestellt und zum Tode verurteilt. Vor die Guillotine geschleppt, erlebte er das herabsausen des Fallbeils, um mit einem Schrei zu erwachen: Die Stange des Betthimmels war abgebrochen und ihm auf den Nacken gefallen. Dieser, nur den Bruchteil einer Sekunde beanspruchende Vorgang hatte genügt, die langgesponnene Handlung jenes Revolutionsdramas auszulösen.

Wo die tausend Uhren Gottes stille stehen, d. h., wo Raum und Zeit nicht mehr herrschen, kann auch echte Traumprophetie nicht überraschen.

Tief und weitverzweigt sind die Bedeutungen der Träume und wer ihnen zu folgen, wer ihre Sprache zu deuten weiß, der hat damit einen goldenen Faden in der Hand, der ihn durch die Tiefe der Seele – das sogenannte Unterbewusstsein – in die Tiefen des Weltganzen führt, d. h. in die Geheimnisse Gottes. Und auch die Brücke zur Astrologie schlägt sich leicht und mühelos. Was haben wir denn im Horoskop, im Sternenspiegel der Geburt, anders vor uns, als das auf den Besitz eines Augenblickes zusammengedrängte Programm eines ganzen Menschenlebens? Jedes Horoskop stellt gleichsam einen Gedanken Gottes dar, der Gestalt annahm und nun in einem „langen" 70-jährigen oder vielleicht auch nur 2-tägigen Leben eines Menschenkindes nachgelebt wird, wie schicksalsmäßig vorgezeichnet. Ein Punkt im ewigen Geschehen legt sich zur Linie auseinander. Das Leben: Ein für unser raum-zeitliches Bewusstsein auseinander gezogener Augenblick! Jeder Einzelne, ob Mensch, Tier, Pflanze oder Stern, ein Traumgedanke Gottes, der durch die Illusion von Zeit und Raum uns vorspiegelt, „Wirklichkeit" zu sein. Und ist doch nicht mehr als Schaum auf den Wellen, nicht mehr als ein einziger Hahenschrei vor Sonnenaufgang, nicht mehr als ein vergänglicher Gedanke des väterlichen Allgeistes, sich spiegelnd in Maya, der Materie als der ewigen Mutter, die uns alle Gebar.

4. Die wahren Namen der Mond- und Sonnenvorsteher
H.S.

Im Internet kursieren verschiedene Artikel über die wahren Namen der Bardongenien von Sonne und Mond, jedoch stimmen sie nicht alle. Um dem ein für alle Mal die Stirn zu bieten, veröffentlichen wir hier die richten Bezeichnungen für diese mächtigen Wesen:

Mondvorsteher:

1. Ardef	10. Algjlet	19. Achala
2. Albotrchajin	11. Ardaf	20. Abneschaia
3. Achanazon	12. Alzarfa	21. Abeltasch
4. Aldeborae	13. Alschare	22. Todebol
5. Elachate	14. Achuret	23. Sobachoscha
6. Agrchama	15. Algafa	24. Chadazoiad
7. Altimia	16. Aschubene	25. Sedalachi
8. Agaja	17. Alchul	26. Alfarig
9. Alcharjf	18. Alchob	27. Alchera
		28. Alchat

Sonnenvorsteher:

1. Algenib	15. Pyrkon	29. Wage
2. Sirasch	16. Pyreser	30. Zentajuri
3. Baten	17. Kochab	31. Akjab
4. Mirach	18. Merak	32. Resal
5. Elnat	19. Regelus	33. Rasalscha
6. Alamak	20. Alijat	34. Etnaib
7. Zanrak	21. Mizar	35. Bogen
8. Alejone	22. Alkas	36. Wega
9. Aldaben	23. Benet	37. Albir
10. Rigel	24. Vintemi	38. Ater
11. Natjk	25. Votis	39. Birusit
12. Pjrous	26. Arjktos	40. Schorin
13. Sirijos	27. Shulber	41. Nasira
14. Wasat	28. Kireius	42. Sadas

43. Deneb   44. Acherner   45. Marikab

Im Arabischen bedeutet manāzil al-Qamar (arab. منـازل القمـر Mondhäuser, Mondstationen; Singular: Manzil al-Qamar) ist ein astronomisches System, das die Ekliptik in 28 Sterngruppen gliedert, wobei der Abstand jedes Mondhauses etwa der Weglänge entspricht, die der Mond am Himmel in 24 Stunden zurücklegt.

Vorbild sind die altindischen Nakshatras, die die Araber noch in vorislamischer Zeit kennenlernten und dann umgeformt haben. Zur Zeit des Propheten war das System allgemein bekannt, so dass es Erwähnung im Koran fand. Die Sure Yunus 10:6 lautet: „Er ist es, der die Sonne zur Leuchte und den Mond zu einem Schimmer machte, und ihm Stationen (manāzil) bestimmte, damit ihr die Art lernen möget, die Jahre zu berechnen und die Zeit zu bestimmen."

Da Bauern, Seefahrer und andere jahreszeitlich gebundene Berufe im islamischen Mondkalender, der sich jedes Jahr um etwa 11 Tage verschiebt, keine nützliche Orientierung für ihre Arbeit finden, bieten die an Sterne gebundenen Mondhäuser ein verlässliches Alternativsystem. Dabei werden die Aufgänge bzw. Untergänge der Gestirne beobachtet, was zu einer Teilung des Jahres in 28 Sequenzen mit je 13 (einmal bzw. zweimal 14) Tagen ergibt. Dabei benutzen die Bauern aber nicht immer dieselben Sterne, wie die in den Büchern überlieferten astronomischen Abhandlungen. Recht gut untersucht sind diese sogenannten Sternkalender für archaische Stammgesellschaften im heutigen Saudi-Arabien und im Jemen, die eine Mischung der klassischen Mondhäuser mit älteren (literarisch nicht überlieferten) Sternkalendern darstellen. Dabei werden meist nur die Sterne im fruchtbaren Jahresteil beobachtet.

Die Seefahrer teilten ihrerseits die Ekliptik in 28 exakte gleich große Abschnitte (wobei jedem Tierkreiszeichen 2 1/3 Mondhäuser zukommen), und schufen so ein nützliches Navigationsmittel- neben anderen Sternen.

Astrologische und magische Aspekte der Mondhäuser werden vom Islam – und auch von weiten Teilen der Bevölkerung – nicht anerkannt.

Die 28 Mondstationen

manzil al-qamar	Arabischer Name	Bedeutung	Identifizierung
1.Scheratan oder Alnath	الشــــرطان - aš-	Die beiden Zeichen	β γ Ari

		šaraṭān النطح - an-naṭḥ	Das Horn	α Ari (Hamal / Elnath)
2. Albotayn / Botein		البطين - al-buṭayn	Das Bäuchlein	ε δ ρ Ari
3. Azoraya / Thuraya		الثريا - aṯ-ṯurayyā	Die Plejaden	M45 (Plejaden)
4. Aldebaran		الدبران - al-dabarān	Der Nachfolgende	A Tau Aldebaran
5. Alhachaa / Heka		الهقعة - al-haqʿa	Der Mähnenzopf	λ φ1 φ2 Ori
6. Alhanhaa / Alhena		الهنعة - al-hanʿa	Das Brandzeichen	γ ξ Gem
7. Aldirah		الذراع - aḏ-ḏirāʿ	Der Vorderarm	α β Gem (Kastor & Pollux)
8. Annathra		النثرة - an-naṯra	Der Nasenhauch	γ δ ε Cnc (M44: Praesepe)
9. Altarf		الطرف - aṭ-ṭarf	Der Blick	K Cnc, λ Leo
10. Algieba		الجبهة - al-ǧabha	Die Stirn	ζ γ η α Leo Regulus-Algieba
11. Azobra / Subra		الزبرة - az-zubra	Die Mähne	δ θ Leo
12. Asarfa		الصرفة - aṣ-ṣarfa	Die Rute	B Leo - Denebola
13. Alahue		العواء - al-ʿawwāʾ	Der Heuler	β η γ δ ε Vir
14. Azimech		السماك - as-simāk	-	α Vir (Spica)
15. Algafra		الغفر - al-ġafr	Der Schleier	ι κ λ Vir
16. Azobene		الزبانان - az-zubānān	Die beiden Scheren	α β Lib
17. Aliclil		الإكليل - al-iklīl	Die Krone	β δ π Sco
18. Alcalb		القلب - al-qalb	Das Herz	α Sco (Antares)
19. Axaula / Schaula		الشولة - aš-šawla	Der Stachel	λ υ Sco (Schaula)
20. Alnahayn		النعائم الواردة - an-naʿāʾim al-wārida النعائم الصادرة - an-naʿāʾim aṣ-ṣādira	Die ankommenden Strauße Die weggehenden Strauße	δ ε η Sgr σ φ τ ζ γ Sgr
21. Albelda		البلدة - al-balda	Der Ort	Kohlensack im

			Schützen
22. Sadalzabih / Dabih	سعد الذابح - sa'd aḏ-ḏābiḥ	Das Glück der Krieger	α β Cap
23. Sadebolah / Albali	سعد بلع - sa'd bula'	Das Glück des Verschlingens	μ ε Aqr
24. Sadalsuud	سعد السعود - sa'd as-su'ūd	Das Glück der Glücke	β ξ Aqr
25. Sadalachbia	سعد الأخبية - sa'd al-aḫbīya	Das Glück der Zelte	γ π ζ η Aqr
26. Alfarg Almacadam	الفرع المقدم - al-far' al-muqaddam	Der vordere Biss	α β Peg
27. Alfarg Almuehar	الفرع المؤجر - al-far' al-mu'aḫḫar	Der hintere Biss	γ Peg, α And
28. Baten Alhut	بطن الحوت - baṭn al-ḥūt	Der Fischbauch	βAnd

5. Das wahre Geheimnis der Freimaurerei und das Mysterium der hl. Gnostischen Messe.
Theodor Reuss

Die Zeremonie der heiligen Messe birgt ein Mysterium, das die wenigsten Menschen kennen. Noch viel weniger Menschen wissen aber, dass das Mysterium der heiligen Messe und das wahre Geheimnis der alten, echten Freimaurer, der schismatischen Templer, der wahren Rosenkreuzer, ein und dasselbe Geheimnis und dasselbe Mysterium sind.

Dieses Mysterium der Messe und das wahre Geheimnis der alten Freimaurer, der schismatischen Templer, der wahren Rosenkreuzer, der gnostischen Neo-Christen besteht in der Kommunizieren mit Gott, dessen symbolische Feier die Handlung der Hohen Heiligen Messe darstellt.

Die Erklärungen und Deutungen, welche die römische katholische Kirche über das Wesen des Mysterium der heiligen Messe gibt, sind irreführend, die Wahrheit verdunkelnd, verschleiernd, teilweise sogar fälschend. Und zwar sind sie absichtlich irreführend, denn die geistlichen Autoritäten im Vatikan kennen die wahre Natur des Mysteriums und die wahre Deutung desselben! Der niedere Klerus aber ist, allerdings von Amts wegen, vollständig im Dunkeln über die wahre Natur des Mysteriums gelassen. Diese Verschleierung und Fälschung ging Hand in Hand mit der allmählichen Verfälschung und Umwandlung des ganzen Urchristentums durch die Kirchenväter.

Ebenso irreführend wie die Deutungen der römisch-katholischen Kirche des Wesens des Mysteriums der Messe, sind aber auch die Erklärungen der sogenannten anerkannten Freimaurerei über das Wesen und den Inhalt der Freimaurerei.

Die allerwenigsten Freimaurer kennen das wahre Geheimnis der Freimaurerei und die Mehrzahl der wenigen die es kennen, wagen nicht einzugestehen, dass sie die Natur des wahren Geheimnisses entdeckt oder erraten haben.

Wie jedermann weiß, der sich mit der Sache jemals befasst hat, muss heute noch jeder Kandidat, der in England (dem Mutterlande der modernen anerkannten Freimaurerei) oder in Amerika (und früher auch in Deutschland) in die Freimaurerei aufgenommen werden will, einen furchtbaren Eid schwören. Dieser alte englische Eid lautet in deutscher Übersetzung:

„Ich XYZ, in der Gegenwart des großen Architekten des Weltalls, schwöre hiermit feierlichst und aufrichtigst auf die heilige Schrift, dass ich will immer verschweigen, verbergen und niemals enthüllen irgend einen Teil oder Teile, Punkt oder Punkte, der Geheimnisse oder Mysterien der, oder zugehörig zur Freien und Angenommenen Freimaurerei, welche mir bekanntgemacht worden oder welche in Zukunft mir mitgeteilt werden mögen, es sei denn ein wahrer und gesetzmäßiger Bruder, oder Brüder, und selbst nicht ihm oder ihnen, ausgenommen nach sorgfältigster Prüfung ihrer Vertrauenswürdigkeit. Ferner verspreche ich feierlichst, dass ich diese Geheimnisse niemals niederschreiben werde, noch stechen, aushauen, zeichnen, gravieren, ritzen, schnitzen, kratzen, kerben oder in irgendeiner anderen Art und Weise wiedergeben oder bekunden werde, noch verursachen oder dulden werde, dass andere es tun, wenn es in meiner Macht steht, es verhindern zu können, auf irgendetwas Bewegliches oder Unbewegliches unter dem Himmelszelte, auf oder durch das irgendwelche Buchstaben, Merkmale, Schriftzeichen oder Wertzeichen lesbar oder verständlich werden könnten irgend jemanden in der Welt, auf dass unsere geheimen Künste und verborgenen Mysterien durch meine Unwürdigkeit nicht ungehörig bekannt werden. Alle diese verschiedenen Punkte schwöre ich, feierlichst zu beobachten, ohne Ausflucht, Zweideutigkeit oder geistigen Vorbehalt irgendwelcher Art, bei keiner geringeren Strafe, als dass mir bei Verletzung irgendeines dieser Punkte der Hals durchschnitten werde von Ohr zu Ohr – die Zunge abgeschnitten – das Herz ausgerissen, der Leib unterm Nabel in zwei Hälften geschnitten, meine Eingeweide herausgerissen und ins Meer geworfen werden, wo es am tiefsten ist – oder den Geiern zum Fraß hingeworfen werde! – So helfe mir Gott meinen großen feierlichen Eid treu zu halten, der das Gelöbnis eines Freimaurers ist." Danach musste der Kandidat noch die heilige Schrift küssen.

Es ist nun klar, dass jeder denkende Kandidat, der jemals einen solchen schweren, furchtbaren Eid auf die Bibel abzulegen gezwungen war, unbedingt auch erwartet hat, und erwarten musste, dass ihm danach auch ganz furchtbare Geheimnisse anvertraut und dass er in ganz besonders geheime Dinge eingeweiht werden würde.

Zu seinem Erstaunen lernt nun aber jeder Kandidat, der so einen furchtbaren Eid zu schwören gezwungen war, um in die Freimaurerei aufgenommen zu werden, dass das ganze große Geheimnis in einem Zeichen, Griff und Wort (= Stellung, Geste und Rune) besteht, die in so und so vielen Büchern schon lange gedruckt stehen (sogenannte

Verräterschriften) und deren Kenntnis dem Kandidaten noch nicht einmal den Zutritt zu irgend einer fremden Freimaurerloge sichert, wenn er sich nicht auch noch durch einen besonderen Pass, oder durch eine Quittung über den bezahlten letztfälligen Logenbeitrag ausweisen kann.

Dieser Umstand wird ganz sicher jedem denkenden Kandidaten nach seiner Aufnahme aufgestoßen sein und ihm innerlich gewiss höchst befremdlich vorkommen.

Jeder in die Freimaurerei aufgenommene, denkende Kandidat wird sich sagen, es ist doch höchst überflüssig oder zu mindesten und auf alle Fälle übertrieben, gezwungen zu werden, feierlichst zu schwören, man werde sich lieber von Ohr zu Ohr den Hals durchschneiden, oder das Herz und die Zunge herausreißen, oder den Leib in zwei Hälften schneiden und die Eingeweide ins Meer werfen lassen, als das Geheimnis der Freimaurerei zu verraten, wenn dieses Geheimnis (aus) nichts anderem besteht als in einer besonderen Art, einem anderen Freimaurer die Hand zu drücken, gewisse rechtwinklige Zeichen mit der Hand am Körper zu machen und Worte von wenigen Buchstaben nicht auszusprechen, sondern nur zu buchstabieren oder halbieren, die nichts weiter bedeuten sollen als wie z. B. „Der Herr wird Dich aufrichten", oder „Der Herr wird Dich stärken", oder „Erhebe Dich, Du lebst im Sohne". Da nun aber trotz allen Grübelns und Studierens und Avancieren in den Logen, ein Freimaurer weder in England, Amerika oder Deutschland weitere Geheimnisse von den anerkannten Freimaurern anvertraut oder mitgeteilt erhält, selbst wenn er 50 Jahre einer Loge angehöre, und in derselben die höchsten Ämter und Würden erreicht haben mag, so geben sich die meisten Freimaurer nach und nach damit zufrieden in einen exklusiven gesellschaftlichen Klub eingetreten zu sein, als dessen Mitglied ihnen manche soziale und materielle Vorteile erwachsen. Und später denken sie überhaupt nicht sehr darüber nach, warum die alten Vorfahren und Gründungsväter der Freimaurerei solche schweren Eide eigentlich schwören ließen. Der Eid wird ihnen zur leeren Formel.

Diesen Gedankengang und dieser Mentalität der Enttäuschung oder der Resignation, über das Nichtwissen und das Nicht-Ergründen-Können des Grundes warum die freimaurerischen Vorväter solche schwere Eide schwören ließen, trugen die logischen Deutschen schon vor 100 Jahren Rechnung, indem bestimmte deutsche freimaurerische Systeme, die z. B. die Schröder'sche Lehrart, die Freiburger Lehrart, diese alten Eidesformel abschafften und ein einfaches Gelübde an Stelle des alten schweren Eides setzten. Der alte Eid wird nur mehr historisch mitgeteilt, als eine Art von

Kuriosum.

Diese sogenannte Reformtat war, in gewisser Beziehung, zwar sehr logisch gewesen von den deutschen freimaurerischen Denkern, die da glaubten, richtig erkannt zu haben, dass die Freimaurerei keinerlei Geheimnisse besitze und verberge, welche einen so schweren Eid rechtfertigen könnten. Diese Reformtat war aber auch gleichzeitig seitens dieser freimaurerischen deutschen Denker ein trauriges Eingeständnis der anscheinenden Vorspiegelung von nicht existierenden Geheimnissen und eines unwürdigen Komödienspieles seitens der Freimaurerei überhaupt.

Diese Umstände und anscheinende Erkenntnis des Nichtvorhandenseins wirklicher Geheimnisse trugen dann auch zur schauderhaften Verflachung der Freimaurerei in den meisten Ländern bei. In den lateinischen Ländern wurden die Freimaurerlogen politische Klubs mit der Resultate, das der Weltkrieg allen die sehen wollen, klar enthüllte. Und doch waren die guten ehrlichen deutschen Denker in der Freimaurerei in einem großen, schweren verhängnisvollen Irrtum befangen gewesen, als sie als erwiesen annahmen, dass die Freimaurerei kein Geheimnis berge, welche den alten schweren Eid rechtfertige.

Die deutschen Freimaurer, welche die alte schwere Eidesformel abänderten, waren Unwissende gewesen, trotz ihres Denkens und Forschens und ihrer Zugehörigkeit zur Freimaurerei. Und die Unwissenheit der damaligen freimaurerischen Reformatoren hat dazu beigetragen, dass deren Nachfolger das Nichtvorhandensein eines des Verbergens wirklich werten Geheimnisses sozusagen zum Dogma erhoben haben. Die Unterdrückung des alten, schweren Eides war eben nur logisch gerechtfertigt, wenn es tatsächlich in der Freimaurerei kein Geheimnis, kein Mysterium gab, dessen Geheimhaltung die Ableistung eines schweren Eides rechtfertigte.

Und doch – und das sei eben jetzt bekundet, bekannt und festgestellt, und doch birgt die Freimaurerei ein Geheimnis, das sehr wohl die Ablegung des alten schweren Eides voll und ganz rechtfertigt und verlangt.

Dieses wahre Geheimnis ist nur eben im Laufe der Zeit den Brüdern verloren gegangen, oder viel mehr richtig gesagt, aus Zweckmäßigkeitsgründen zu einem gewissen Zeitpunkte unterdrückt und durch ein untergeschobenes Ersatz-Geheimnis ersetzt worden.

Man kann nicht gerade sagen, dass das Geheimnis verfälscht oder gefälscht worden ist. Man kann aber sagen, dass das was gegenwärtig als Geheimnis in der Freimaurerei mitgeteilt wird, ein falsches Geheimnis, also nicht das echte, wahre Geheimnis ist. Das wahre und echte Geheimnis ist noch immer in den und durch die in der Freimaurerei heute noch verwendeten Symbolen zu erkennen und zu finden! Besonders ist dies der Fall in der Symbolik der höheren Grade gewisser freimaurerischer Systeme und Lehrarten.

Aber wie vorher schon gesagt wurde, selbst die Mehrzahl der wenigen Freimaurer, welche an Hand der freimaurerischen Symbole das wahre Geheimnis erkannt oder erraten haben, scheuen sich, ihre Erkenntnisse offen zu bekennen, denn dieses Eingeständnis (und Enthüllung) würde ihnen bei ihren sogenannten bürgerlich ehrbaren moralischen und in Scheinsittlichkeit getauchten Mitbürgern schweren Schaden verursachen. Die scheinheilige öffentliche Meinung würde solche Bekenner dem moralischen Feuertod überantworten, wie sie in alten Zeiten den Templern u. a. den leiblichen Feuertod auf dem Scheiterhaufen bereitete.

Und weil seit Aufrichtung der Weltherrschaft der christlich-nazarenischen Kirche die wahre Bedeutung des Mysteriums des Sakramentes der heiligen Messe unterdrückt und durch eine andere unterschobene Deutung ersetzt worden war, so bildeten sich seit den ersten Jahrhunderten der christlichen Zeitrechnung und Herrschaft der römischen Kirche in allen Teilen der Welt wo das neue kirchliche Christentum der Kirchenväter zur Herrschaft gelangte, Gemeinden, Sekten, Geheimbünde u.s.w., welche die wahre Deutung des Mysteriums der heiligen Messe bewahrten, dafür aber von der herrschenden Kirche durch alle Jahrhunderte hindurch verfolgt wurden. Die einzelnen Mitglieder dieser Sekten und Geheimbünde wurden, falls sie entdeckt wurden, sogar mit dem Tode bestraft.

Zu diesen Sekten und Geheimbünden, welche die wahre Deutung und Bedeutung des Mysteriums der heiligen Messe bewahrten, gehörten u. a. die Gnostiker, die Templer, die echten esoterischen Rosenkreuzer und die alten primitiven Freimaurer.

Diese genannten Sekten und Geheimbünde haben sich trotz aller Verfolgung und Schwierigkeiten der Jahrhunderte bis auf den heutigen Tag erhalten.

Die gnostischen Neo-Christen, oder gnostischen Templer des Orientes, welche eng verbunden sind mit den alten primitiven Templer-Freimaurern, bewahren heute noch das wahre Geheimnis der Freimaurerei, das identisch ist mit dem Geheimnis und Mysterium der heiligen Messe.

Alle Menschen, welche die innere Unwahrheit der Lehren der herrschenden christlichen Kirche erkannt haben, oder es auch nur instinktiv fühlen, ferner alle Freimaurer, welche erkannt und eingesehen haben, dass die heutige sogenannte Freimaurerei wahren mystischen Geheimnis abgekommen ist, kehren der Kirche bzw. der Freimaurerei enttäuscht den Rücken und sehen in der heutigen sogenannten anerkannten Freimaurerei, ich möchte fast sagen, eine Vorspiegelung falscher Tatsachen, eine Vereinigung, die vorgibt das Welträtsel zu ergründen, die Erziehung zur höheren Esoterik zu bezwecken, in Tat und Wahrheit aber nichts anderes ist als ein Wohltätigkeitsverein und eine Wirtschaftsvereinigung. Wohl sind Ausüben der Wohltätigkeit und allgemeine Menschenliebe auch in materieller Beziehung sekundäre Mittel zur Erreichung des Zweckes der Freimaurerei, auch die gegenseitige Unterstützung in materieller Beziehung kann als solches nebensächliches Mittel angesehen werden, aber bei der Verfolgung dieser Hilfsmittel und bei Zurückstellung der inneren Erziehung der Brüder ist eben der Hauptzweck und die Haupttätigkeit ganz in Vergessenheit geraten und das Wort verloren gegangen.

*

Hier endet das Manuskript. Wenn man weiß, dass Theodor Reuss das Buch „Lingam und Yoni" geschrieben hat, erkennt man ganz klar, dass seine „hl. Messe" eine sexuelle Verbindung zweier geschulter Menschen darstellt, die im Ritus und durch rituelle Zeichen und Symbole vonstatten geht.

6. Die Beherrschung des Wasser-Elementes –
Geheimnis der Unverbrennbarkeit
Aus M. Körner´s Buch „Wer kanns fassen"

Viele Kerzen brannten im Weiheraum der Wohnung von Herrn L. Etwas später nach der Dreiecks-Probe, die Frau H. und mich noch immer im Anhauch des großen Staunens vor der echten Überwirklichkeit beließen, die hier nun Wirklichkeit wurde, ging der Frater auf eine dieser Kerzen zu. Beide Hände tauchte er tief in die lodernde Flamme, ja, er wendete die Hände darin und badete sie geradezu, als walte keine verzehrende Glut dort, sondern ein heilsamer Quell. Das Erstaunlichste war, dass der Meister die ganze Zeit dieses Experimentes über völlig aufgelockert mit uns sprach, seine Hände nicht einmal mehr beachtete, keinerlei sichtliche Konzentration zeigte.

„Sehen Sie, das ist das ganze Geheimnis der Unverbrennbarkeit", erläuterte er leichthin, „mein Körper gehorcht dem Willen, dem Geist, absolut. Die sogenannten Naturgesetze sind aufgehoben. Der Körper gehorcht nur noch dem Geist, der sich seinerseits mit Ihnen unterhalten kann. Da mein Ich aber nicht im Körper ist, vermag diesem auch das Feuer nichts anzuhaben."

Gut drei Minuten lang hatte der Frater das Feuer umkost, das Raubtier gebändigt zum Zeichen, dass wir alle auch des „Tieres in uns" Herr zu werden vermögen, dass es uns dient wie nur der sanfteste Sklave. Unversehrt erhob Tiberianus beide Hände aus der Flamme. Lediglich mit etwas Ruß überzogen waren seine Hände, als habe man unbelebten Stoff und nicht lebendiges Fleisch in die Glut gehalten. Rasch wusch er den Ruß ab, als wäre nichts geschehen und zeigte uns die festen, sauberen Hände, dabei nicht triumphierend, aber wieder freudig lächelnd, unser Erstaunen dankbar aufnehmend.

7. Gott und die Stille
M. Körner

Mein Bruder! Je mehr sich der Mensch dem großen Mittelpunkt, dem Zentrallicht, der Allharmonie nähert, je weniger Schwingungen, je weniger Hemmnissen und Irrtümern ist er unterworfen.

Je weiter sich der Mensch vom Zentrum, von der Kraft des Logos entfernt, je größer wird das Schwingungsfeld, die Fliehkraft, das Abweichen vom Zentralpunkt und somit die Gefahr, aus der Kreisbahn geschleudert zu werden. – Nichts in der Schöpfung gleicht Gott so sehr wie die Stille!

Aus „Wer kann es fassen"!

8. Über Irrwege zum Ziel
M. Körner

Es gibt mannigfaltige Wege der Wahrheitssuche; doch ebenso mannigfaltig sind die zunächst in die Irre führenden Wege. Wie aber will man die Wahrheit erkennen, wenn man den Irrtum nicht erkennt? Auf diese Weise gehört beides zunächst zusammen. Wer auszieht, die Wahrheit zu suchen, ist aber notwendig enttäuscht, wenn er dabei auch Irrwege beschritten hat. Genaugenommen hat auch der Irrweg seinen Sinn.

Wodurch wurde ich bestimmt, den Weg der Wahrheit also mehr zu suchen als der Durchschnittsmensch? Ich weiß nur, dass dieser unwiderstehliche Impuls in mir lag, obwohl ich von zu Haus aus nicht das geringste religiöse Fundament mitbrachte. Ich gestehe ohne Beschämung, dass meine erste Begegnung mit dem Außersinnlichen durch eine Kartenlegerin erfolgte, obwohl doch diese Frauen meist nicht den besten Leumund haben. Das geheimnisvolle und zugleich treffende Wissen, das jene alte Dame für mich aus den bunten Papierblättchen schöpfte, deren Zeichen mir damals jeder Bedeutung bar waren, bewies mir fraglos: da war etwas Größeres als unsere gesamte bewusste Vernunft. Wie konnte es sonst möglich sein, dass ein gewöhnlicher Mensch mir aus banalen Spielkarten meinen vergangenen, gegenwärtigen und künftigen Lebenslauf so genau schilderte, als kenne sie mich besser als meine leibliche Mutter. Jene Dame musste also befähigt sein, Raum und Zeit zu überbrücken und in eine uns im Allgemeinen unbekannte Sphäre einzudringen, denn dass die Karten selbst jenes Wissen nicht vermittelten, war mir klar.

Ich war von diesem ersten Erlebnis in solchem Maße beeindruckt, dass ich später noch viele Könner und Könnerinnen auf diesem Gebiete besuchte. Auch schloss ich dabei manche bleibende Freundschaft. Dass ich mich selbst mit der Mantik, der Deutung und Schau aus Zeichen, befasste, lag auf der Hand, und diese Methode der Schicksalserhellung blieb bis heute eines meiner Lieblingsgebiete.

Ich wurde allmählich ständiger Gast bei Menschen, die sich mit den sogenannten okkulten oder parapsychologischen Problemen befassten. Ich wurde selbst mit der Deutung der Karten vertraut, lernte Handformen, Handlinien und besondere Handzeichen zu beurteilen und begriff, dass jeder Mensch aufgrund seiner ererbten, erworbenen und mitgegebenen Begabungen eine besondere Aufgabe auf Erden zu erfüllen hat.

Denn weshalb sollte der eine mit einer Künstlerhand, der andere mit einer geistigen Hand, der dritte mit Zeichen robuster Gesundheit in den Händen, und ein vierter mit kränklicher Konstitution geboren worden sein? Ein einziger Satz gibt uns Antwort: „Er setzte in die Hände der Menschen Zeichen, auf dass ein jeder Seine Werke erkennen sollte."

Langsam, ganz langsam, schritt ich auf meinem Weg zur wahren Erkenntnis fort. Ich hatte nicht nur die äußerliche Verschiedenartigkeit der Menschen erkannt, sondern als weit wichtigeres Geheimnis, dass nicht alle Menschen gleichen Gesetzen unterlagen. Jeder einzelne hat die Aufgabe, die Bestimmung seines Lebens zu erkennen und zu erfüllen. Wer an dieser Erfüllung mit dem unumgänglichen Fleiß und den entsprechenden Opfern wirkt, ist wahrlich seines Glückes Schmied.

Doch einer der äußeren Anlässe meiner Sinnsuche bestand darin, dass mir als jungem Menschen anlässlich eines Explosionsunglücks beide Hände fast gänzlich verstümmelt wurden. Dieser schwere Schicksalsschlag ließ Saiten in den Urtiefen meines Wesens anklingen, die mich der bisher verzweifelten Frage nach dem Sinn des Lebens, des scheinbar ewigen Kreislaufes zwischen Geburt und Sterben, ohne Unterlass suchen ließen.

Inzwischen sind nun zwanzig Jahre vergangen, und ich unterscheide mich von den meisten Menschen nur durch die eine Tatsache, dass ich nun den Sinn des Lebens gefunden habe. Mein heißer Wunsch nach Wahrheitserkenntnis zog eine Kraft auf mich herab, die allen zur Verfügung steht, und die alles durchdringt. Es ist die Kraft der Liebe unter Willen Gottes. Durch Ihn konnte ich meinen Weg zur wahren Erkenntnis finden.

Der Aufstieg zur wahren Erkenntnis kann nur stufenweise erfolgen. Genauso wie es Bardon in seinem „Adepten" schrieb. Unsere Reife entscheidet, auf welche Station wir jeweils gelangen. Dieses Gesetz wurde vom Schöpfer zu unserem eigenen Schutze geschaffen, denn Gott gibt nur jenen himmlische Geheimnisse preis, die gewillt sind, Ihm ebenbürtig zu werden. Andernfalls würden wir uns den Aufstieg verbauen, wir würden wahrlich wahnsinnig werden von den großen Kräften und Wesenheiten, mit denen wir unvorbereitet in Kontakt kommen könnten.

Die königliche Kunst der Astrologie gehörte zu meinen weiteren Stationen. Auf Erkennung körperlicher und seelischer Gebrechen legte ich von Anfang an den meisten Wert. Zur genau rechten Zeit wurden mir auch die rechten Menschen, Lehrer und Bücher zugeführt, die mich den sinnvollen, geistig gelenkten Aufbau meiner Ausbildung lehrten. Im Zuge dieses Weges durchforschte ich viele geistige Wege wie Runenmagie, Mystik, Kabbala, okkulte Zahlenlehren und das Wissen mancher Logen, wie die Schriften der allseits bekannten Loge Fraternitas Saturni.

Eines der wichtigsten Probleme wurde mir die Frage, was aus dem Menschen nach Ablegung seiner irdischen Hülle wird. Kirchen und Sekten, die ich zunächst regelmäßig aufsuchte, konnten mir darauf nicht antworten, obwohl ich auch manches Wertvolle dort erfuhr. Dennoch waren jene Prediger und Pastoren und Geistlichen gleich mir Sucher. Ich fand niemanden, dem die innere Gewissheit über letzte Lebensfragen geschenkt worden war und der mich hätte überzeugen können.

Auch meine Gastrolle bei spiritistischen Zirkeln und Medien ließ meine Sehnsucht unerfüllt. Überzeugende Wahrheiten fand ich auch dort nicht. Wohl sagte man mir, jene seien selig, die glaubten, ohne zu sehen. Man will ja was von seinem Glauben haben, auf das man bauen kann. Und das ist nun mal ein theoretisches Fundament. Aber diese Gabe des Glaubens lag nicht in mir. Auch die Annahme der Gnade und des Gebens setzt Glauben voraus.

Bald machte man mich zum „Zirkelleiter". Viel wurde gereist, um Gedankenaustausch zu pflegen und Vorträge zu halten. Die Gewissensfrage, ob wir uns wirklich auf dem Wege zur Erkenntnis befänden, mussten wir ehrlich verneinen. Die innere Zufriedenheit war noch nicht gefunden, und bald hatte jener Zirkel für mich seine weiterführende Bedeutung verloren.

Jeder musste nun, seiner Berufung folgend, seinen eigenen Weg weitergehen. Ich hatte einst gehört, dass man, auf einer bestimmten Stufe auf dem Wege zum Höchsten angelangt, durch geistige Führung einen Lehrer erhielte. In Indien wird ein solcher „Guru" genannt, und hier können wir ihn „Meister" nennen. Keiner unseres früheren Zirkels aber hatte je solchen Meister getroffen, der uns auf dem Wege zur Vollendung entscheidend überlegen gewesen wäre.

Im Gebet und in der Meditation bat ich Gott nun allabendlich, mir einen solchen Meister zu senden. Einen solchen, der mir die Wunder, über die ich in so vielen Büchern gelesen hatte, auch zeigen konnte, der mir als Bruder und väterlicher Freund beratend zur Seite stehen würde, ja, der auch meine geistige Entwicklung leiten möge.

Als ich eines Mittags vom Geschäft nach Hause kam, teilten mir meine Angehörigen mit, dass mich eine Dame hatte sprechen wollen, die ins Ausland reisen würde und sich vorher gerne noch einige Bücher bei mir entliehen hätte. Sie hätte nicht warten können, wolle vielleicht aber

33

nochmals vorsprechen. Auf meinem Rückwege zum Arbeitsplatz kam sie mir bereits entgegen. Ich konnte ihr die Bücher geben, und wir unterhielten uns noch über geistige Themen.

Bereits bei der Verabschiedung sagte sie wie beiläufig, ich möge doch einmal einen bestimmten Herrn besuchen, der in Indien gewesen sei, und der vielleicht für mein Leben bereichernd sei.

Erst einige Tage später erfasste mich der dringende Impuls, jenen Herrn zu besuchen, an den ich aber auch vorher stets hatte denken müssen.

An der angegebenen Wohnung angelangt, öffnete mir ein Mittfünfziger mit gütigen, durchgeistigten Zügen. Er blickte mich prüfend, doch freundlich an. Etwas unsicher äußerte ich meinen Wunsch, mit ihm über geistige Gebiete zu sprechen.

„Kommen Sie. Ich habe Sie schon seit Tagen erwartet, denn eine Aufgabe harrt auf Sie."

„Er ist der ersehnte Meister", durchzuckte mich ein Gedanke. Und augenblicklich fühlte ich mich von Liebe durchströmt und dankte im Geiste Gott für die Gebetserhörung. Noch aber ahnte ich nicht, welche herrlichen Beweise des Einwirkens göttlicher Schöpfung in unserem Leben meiner harrten.

Der Meister führte mich in ein gemütliches Zimmer. Meine Verwirrung durch seine Begrüßungsworte entging ihm nicht. Er bekräftigte aber: „Ja, ich habe Sie erwartet, denn Sie haben eine Aufgabe zu erfüllen. Sie sollen kranke Menschen heilen. Ich fühle in meinen Händen, dass Sie mit Planetensymbolen zu tun haben und auch mit Heilkräutern."

Diese Aussagen stimmten, und ich konnte sie sofort bestätigen. Denn meine astrologische Ausbildung und das Studium der Heilkräuter haben entscheidende Bedeutung für mich gehabt. Auch, dass ich wegen Krankheit mein Studium abbrach, sagte mir wahrheitsgemäß der Meister.

„Doch Sie werden es wieder aufnehmen und noch oft hier sein und viel erleben", fuhr er fort. Eindrucksvoll waren seine zahlreichen von ihm selbst gemalten Aquarelle, die in Motiven und Farben einen höheren geistigen Weg ausdrückten.

Nachdem er mir manches aus seinem eigenen Leben berichtet hatte, nahm sein Gesicht plötzlich jenen konzentrierten Blick an, den ich später noch so oft beobachten konnte. Er schien ins Unendliche zu blicken. Plötzlich sagte er: „Fühlen Sie ein Prickeln in der rechten Hand?"

Ich bestätigte es.

„Das wird einmal Ihre heilende Hand!", erklärte der Meister.

Eine mir dringliche Frage möge ich noch stellen, bat er. Ich fragte, ob die Prophezeiung stimme, die ich einmal erhalten hatte, dass ich eine schwere seelische Erkrankung durchzustehen habe.

„Aber nein", erwiderte der Meister, „Sie haben vielmehr ein Prüfungsjahr zu erwarten, doch keine seelische Erkrankung!"

Inzwischen ist ein Jahr vergangen, und ich habe mein Staatsexamen als Heilpraktiker abgelegt. Von seelischer Erkrankung war nicht die geringste Spur zu bemerken. Der Meister hatte recht behalten.

Wodurch unterscheidet sich der echte Eingeweihte von der Vielzahl der Schein-Eingeweihten, deren wirkliches Können nie das Ausmaß ihres Geltungsdranges erreicht? Der echte Eingeweihte spricht wenig. Und was er sagt, hat stets Bedeutung und Sinn. Er zeigt, sofern das notwendig ist, nur echte okkulte Phänomene. Diese sind in der Regel so erstaunlich, dass man wirklich meint, ein lebendiges Märchen zu erleben.

Einige solcher wundersamen okkulten Erlebnisse durfte ich bereits bei einem meiner nächsten Besuche beim Meister erfahren.

Ich hatte bei solcher Gelegenheit einmal heftige Kopf- und Nackenschmerzen. Er sah mir diese Beschwerden sofort an.

„Ihre Aura strahlt heute trüblich-grau. Beim letzten Mal war sie grünlich-blau."

„Ich habe starke Kopfschmerzen, aber weiß deren Ursache nicht", erwiderte ich.

„Diese ist leicht festzustellen", sagte er, „der Mensch ist, symbolisch gesehen, in eine Anzahl von Dreiecken eingeteilt. Wir müssen nun feststellen, welches Dreieck in Ihrem Falle betroffen ist."

Ich wurde gebeten, mich in einen Sessel zu setzen, und der Meister sagte: „Im Geiste gehen wir jetzt alle Ihre Organe durch. Bitte konzentrieren Sie sich fortgesetzt auf ein Dreieck. Komme ich an die Körperstelle, in der Ihre Krankheitsursache liegt, erscheint in meinen Händen als Stigma ein deutliches Dreieck."

Bei der Berührung meines Gesichtes erschien in bei den Händen des Meisters je ein klares, wie mit Lineal gezeichnetes blutrotes Dreieck. Nie zuvor hatte ich ähnliches erlebt. Es stellte sich übrigens heraus, dass meinen Beschwerden eine Erkältung als Folge der Übertreibung Kneippscher Anwendungen zugrunde lag.

Später zeigte mir der Meister dieses Experiment noch oft. Nach geraumer Weise verschwanden dann die Dreiecke, und seine Handflächen waren glatt wie zuvor. Bei mangelnder Konzentration meinerseits erschienen auch zuweilen unvollkommene oder sehr schwache Dreiecke.

Dann durchstrahlte mich der Meister, wie er seine Heilungskraft-übertragung nannte. Er rieb vorher beide Handflächen aneinander, legte mir eine Hand auf die Stirn, die andere in den Nacken. Wohlige Wärme durchströmte mich. Alle Schmerzen waren spontan fort. In gleicher Weise wurden Kopf und Rücken durchstrahlt. Bemerkenswerte Bilder zogen dabei im Geiste an mir vorüber. Einmal wichen die Zimmerwände auseinander, und ich erblickte einen herrlichen Wasserfall und dessen Plätschern. Ein anderes Mal erblickte ich ein helles, goldenes Licht, das mich gänzlich überflutete. Wundervolle Ruhe, vollkommener innerer Frieden wurden mir dadurch zuteil. Danach bemerkte der Guru schlicht: „Nun, Bruder E., können Sie den geistigen Weg nicht mehr verlassen!"

Ich hatte nun eine erste Stufe der Einweihung erlebt und durfte dem Wege zur wahren Erkenntnis folgen.

„Wenn wir die Welt ändern wollen, so müssen wir Menschen uns zuerst ändern", erklärte er mir. „Wie der Makrokosmos dem Mikrokosmos entspricht, so wird der Mensch stets nur seinesgleichen anziehen. Das ist das göttliche Analogiegesetz. Nach diesem wichtigsten Gesetz überhaupt gestaltet sich, um buddhistisch zu sprechen, unser ganzes Karma aus Vergangenheit, Gegenwart und Zukunft. Die Umformung oder Transformation ist die entscheidende Voraussetzung zur Erreichung hoher geistiger Ziele!"

Auf meine Frage nach der genauen Bedeutung der Umformung entgegnete der Meister: „Es ist das Umstellen der Lichter. In der Astrologie finden Sie dafür die Symbole der Sonne für den Geist und des Mondes für die Seele. Der Geist, aber auch der Verstand sind vorwiegend im Kopf lokalisiert. Im Herzen, oder nach alter Überlieferung im Blute, ist die Seele und das Gefühl lokalisiert. Ursprünglich waren Verstand und Gefühl im Menschen eins. Die Trennung erfolgte erst nach dem Sündenfall, der Absonderung, in der der Mensch seinem eigenen Verstande folgen zu sollen glaubte. Auf dem geistigen Wege ist es unsere Aufgabe, Verstand und Gefühl wieder zu einen, denn was oben ist, ist unten und umgekehrt."

Der angebliche Meister erklärte mir die genauen geistigen Übungen zur Erreichung der Umstellung der Lichter, die von den Rosenkreuzern „Chymische Hochzeit" genannt wird. Mit dieser Umformung ist zugleich die höchste Entwicklung unserer fünf bekannten Sinne verbunden. Doch auch der sogenannte sechste Sinn erwacht. Aber zahlreiche Übungen und freudiges, konzentriertes Verharren auf dem Wege zum hohen Ziel sind notwendig.

Der Meister belehrte mich weiter: „Nach dem Gesetz der Dreiheit, die auch dem Vater, dem Sohne und dem Heiligen Geiste entspricht, müssen Körper, Seele und Geist entwickelt werden. Tägliche Übungen im Hatha-Yoga wie das Verharren im Lotossitz, gymnastische und Atemübungen sind unerlässlich. Zur seelischen Entwicklung trägt das mehrmalige tägliche Gebet sowie die gelassene Hinnahme und Meisterung aller unserer angenehmen und unangenehmen Probleme bei. Konzentrationsübungen wie die plastische Vorstellung eines Dreiecks, mancher Buchstaben und die Projektion verschiedener Farbtöne ins All sind geistige Übungen. Dazu gehören auch bildhafte Vorstellungen und Aussprechen von Mantrams wie beispielsweise das AUOM. Die Meditation über das Wesen Gottes ist wichtig und vor allem die stete innere Vollbringung des Lichterumstellens. Abends sollen wir Gewissenserforschung betreiben, uns gute Taten und Gedanken bestätigen, aber negative verwerfen. Allmählich erreichen wir somit eine ständige Selbstkontrolle und die Karma-Auflösung bereits im jetzigen Sein."

Damals fürchtete ich, diesen Anforderungen nicht gewachsen zu sein. Heute weiß ich, dass es möglich ist. Gottvertrauen, Freude und Liebe zum Werk sowie unerschütterliche Konzentration sind nie zu umgehen. Bald stellt sich körperliches und seelisches Behagen ein und die Entwöhnung von Fehlern und Lastern. Bewusst beginnen wir zu leben! Jegliches, auch das geringste Tun erfolgt in dem Wissen, mit Gott zu gehen.

9. Sonne und Planeten im Tierkreis
Friedrich Bernhard Marby
Wassermann

Zum Wesen und Schicksal der Wassermann-Geborenen

Wer in den Tagen 20. Januar bis 19. Februar geboren ist, wird im Allgemeinen zu den Wassermann-Geborenen gerechnet und zwar vom Stand der Sonne aus, denn in dieser Zeitspanne ist die Sonne, von uns aus gesehen, im Zeichen Wassermann.

Nach der Regel der „Alten" gehört das Zeichen Wassermann zu den „festen" Zeichen. Es bildet zusammen mit den Zeichen Stier, Löwe und Skorpion das feste Kreuz.

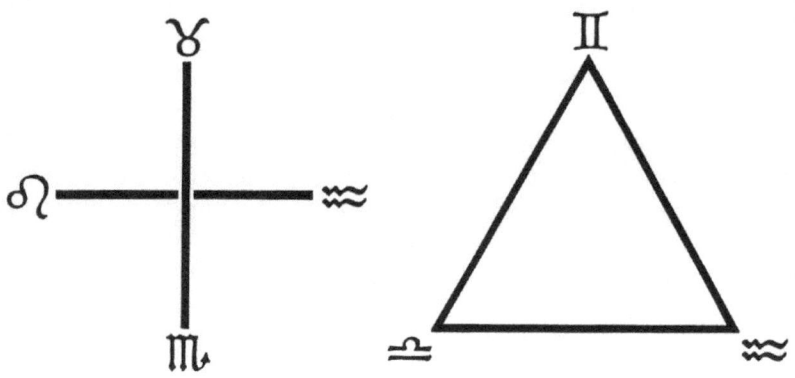

DAS FESTE KREUZ   DIE LUFTIGEN-ZEICHEN

Über die Eigenart des festen Kreuzes an sich habe ich Ausführliches schon bei der Betrachtung der Zeichen Stier, Löwe und Skorpion in diesem Buche gesagt. Aber wie wir dort feststellten, hat ein jedes Zeichen immer seine besondere Eigenart, auch deswegen, weil sie nach einer anderen Einteilung sich auf die feurigen, erdigen, luftigen und wässrigen Trigone und deren Zeichen verteilen. Nach dieser Einteilung wird nun das Zeichen Wassermann auch zu den „luftigen" Zeichen gerechnet.

Die besondere Eigenart des Zeichens Wassermann wäre also „fest" und „luftig".

Nun können wir, wenn wir diese Bezeichnungen begreifen wollen, nicht

38

von unseren irdischen Verhältnissen ausgehen. „Fest" heißt ungefähr „in Ruhe" und „luftig" in auflösender Abstrahlung.

So hatten die Alten durch ihre Zuteilung des Zeichens Wassermann zu den festen und luftigen Zeichen schon die Erkenntnisse der Jüngeren vorweggenommen, die nach der Entdeckung des Planeten Uranus diesen als Herrscher dem Zeichen Wassermann neben dem Saturn zuordneten. Dem zusammenballenden Saturn wurde der durch Atomteilung auflösende Uranus beigestellt.

Wir finden daher unter den Wassermann-Geborenen zwei Grundtypen vor: erst einmal diejenigen, die noch dem Saturn verhaftet sind und sich von ihm sehr schwer freimachen können und weiter diejenigen, die die Schwere der stofflichen und einengenden Bindungen überwinden wollen und sich Schritt um Schritt oder mit einer, wie eine Explosion wirkenden Handlung, freimachen.

Das Zeichen Wassermann ist stark von Gefühlen beeinflusst. Es ist reich an Stimmungen. Groß ist der Reichtum an Gedanken, die aber selten vor anderen Menschen ausgebreitet werden. Wassermann-Geborene wirken oft etwas unentschieden oder wankelmütig. Es ist so als wenn sie lange brauchen um im Innern mit ihren Gefühlen und Gedanken fertig zu werden. Sie vermeiden gerne starke Worte, weichen gerne Auseinandersetzungen aus und zeigen sich lieber nobel oder leicht erhaben. Im Allgemeinen geben sie sich gütig, Streit vermeidend, ehrlich im Auftreten und in der Gesinnung, angenehm im Verkehr mit anderen, jederzeit gefällig und in Kleinigkeiten opferwillig. Sie haben meistens eine ruhige Art an sich, sind geduldig und friedlich. Unter den Wassermann-Geborenen finden wir viele Menschen mit philosophierendem und durchdringendem Denken, wie auch viele Künstler und Erfinder. Es ist in ihrer Art auch die Gabe für Neueinrichtungen auf selbsterfundenen Wegen und viel Organisationstalent vorhanden. Sie sind im Allgemeinen zähe in der Verfolgung ihrer Ziele, in ihrer Arbeit geduldig und gewissenhaft.

Die meisten Wassermann-Geborenen sind dunkelhaarig, feinknochig, oft körperlich etwas grazil gebaut und schnell in ihren Bewegungen. Es gibt unter den Wassermann-Geborenen viele Schönheiten. Sie legen auch meistens Wert auf eine schöne, nicht zu auffällige Kleidung oder betonen ihre Kleidung durch irgendeine Besonderheit. Es ist so als wenn sie auf keinen Fall zum Durchschnitt gehören wollen. Bei minderentwickelten Wassermann-Geborenen kann dieser Trieb auch ausarten und bei großen und starken Gemütsregungen kann sich ein ganz extremes Verhalten zeigen oder ein Spielen und Drohen mit abnormalen Entschlüssen und Taten. Diese Neigung zum Extrem zeigt immer eine mangelnde Reife an. Die meisten Wassermann-Geborenen haben mit dem Leben zu kämpfen und sich einzuteilen, denn die Güter der Erde sind bei ihnen selten im Übermaß vorhanden, außer in einigen Graden des Zeichens Wassermann. Die materielle Lage ist in Hinsicht auf die Finanzen meistens etwas unsicher und Gefahren ausgesetzt. Schädigungen können da durch die eigene Familie oder den Freundeskreis kommen. Wenn ihm aber aus der eigenen Familie oder dem Freundeskreis geholfen wird, so nimmt der (die) Wassermann-Geborene sehr ungern an und man sollte sie ihm fast noch aufdrängen. Im Grunde genommen vermehrt sich der Besitz nur durch die eigene Arbeit, außer durch die Heirat. Aber das durch die Heirat hereinkommende Gut kann dem (der) Wassermann-Geborenen meistens wenig nützen oder es geht verloren oder es wird sonst irgendwie für ihn (für sie) zur Quelle für eine Verstimmung oder eines Übels, das er (sie) selten beseitigen kann. In die Erwerbsatmosphäre spielen auch oft Wohnsitzveränderungen oder Reisen hinein oder ständiges Unterwegssein. Die Zahl der Geschwister ist selten groß, die Verbindung mit ihnen ist später selten innig und irgendwelche Hilfe von ihnen nur in Einzelfällen zu erwarten. Im Gegenteil im Kreise der Geschwister können Schwierigkeiten entstehen und Strömungen auftreten, die dem (der) Wassermann-Geborenen Schaden bringen. Teilhaberschaften mit Geschwistern sollten sehr überlegt und gut beobachtet werden. Im Allgemeinen kann auch der eigene Vater dem (der) Wassermann-Geborenen wenig nützen. Irgendwie verhält er sich mindestens eigenartig oder er lebt ganz seinen eigenen Interessen oder fällt in der Öffentlichkeit unangenehm auf oder ist ein Eigenbrödler. Dagegen wirkt die Mutter in ihrem Bemühen auszugleichen eher günstig, soweit sie es vermag, auf den (die) Wassermann-Geborenen ein und ist auch eher mit ihm (ihr) im Einklang.

Viele Kinder hat der (die) Wassermann-Geborene selten zu erwarten. Die Kinder gehen auch gerne vollkommen eigene Wege und eher sind von ihnen Schwierigkeiten zu erwarten als Nutzen. Die Kinder erleben in ihrer Jugendzeit auch oftmals Unglücksfälle, ja das erste Kind ist in der frühesten Jugend oft in direkter Lebensgefahr. Dass die Kinder später Erbschaften machen ist wahrscheinlich und dass sie später auch zu Zwillingen kommen ebenfalls. Auch bei den (der) Wassermann-Geborenen ist eine gewisse Gefahr durch Verletzungen gegeben, besonders auf Reisen. Große Neigung ist auch zu Verdauungsstörungen gegeben. Der Magen und die Leber könnten besser arbeiten und die Darmfunktion könnte besser sein. Auch treten gerne Nervenleiden und krampfartige Zustände auf. Die liegt meistens in Überarbeitung oder einseitiger Arbeit. Da die Blutzirkulation etwas mangelhaft ist, treten oft frostige Schauer auf. Wassermann-Geborene sollten sich warm halten, nicht zu große Mahlzeiten einnehmen und in der Zusammenstellung der Speisen darauf sehen, dass auch die Nerven etwas davon haben.

Wassermann-Geborene kommen meist früh zur Heirat. Der eine sollte aber dem anderen verständlich gewachsen sein. Bei aller Opferwilligkeit will der (die) Wassermann-Geborene verstanden und geschätzt werden. Da der (die) Wassermann-Geborene so seine (ihre) Stimmungen hat (und oft auch haben will), muss der andere Eheteil behutsam vorgehen, und auch ab und zu ein Lob verlauten lassen oder eine Anerkennung und da das ja einen auch freut, kommt bald die Stimmung wieder in Ordnung. Gerne repräsentiert der (die) Wassermann-Geborene oder der andere Eheteil. Aber das Königtum ist natürlich verpatzt, denn das Königszeichen Löwe ist ja in Opposition zu Wassermann. Man wird sich die große Mühe geben, die Ehe in Ordnung zu halten. Deshalb ist man auch meistens treu, wenn auch Gefühle der Verehrung sich andere Ziele aussuchen können und daran festhalten. Vor allen Dingen wünscht man kein Aufsehen in der Öffentlichkeit. So geht dann die Ehe ihren Weg und hat Aussicht auf Dauerhaftigkeit. Sollte die Ehe aber dennoch zerschellen, so ist der (die) Wassermann-Geborene bei der zweiten Wahl sehr vorsichtig.

In die Gebiete der Magie oder Okkultismus kann der (die) Wassermann-Geborene über die Brücke des Empfindens ziemlich tief eindringen. Es wird sich aber mehr analytisch bestätigen. Der Tod kann schleichende Krankheiten beenden, aber auch durch Entbehrungen in der Gefangenschaft oder im Auslande ausgelöst werden. Viele Wassermann-Geborene fallen auch ihrem Beruf zum Opfer, sei es durch Überarbeitung oder Unfall.

Wassermann-Geborenen ist mindestens auch zeitweise Auslandsaufenthalt beschieden. Es kann sich dabei um Vorhaben irgendwie künstlerischer oder politischer Art oder um Religionsangelegenheiten handeln. Im Auslande liegt auch Unterstützung vor, aber die Freunde wollen auch Teilhaber sein und nicht zu kurz kommen. Sie können sich große Unannehmlichkeiten und durchschlagende Gefahren entwickeln.

Wassermann-Geborene sind durchaus geeignet, selbständig durch das Leben zu kommen oder selbständige Positionen auszufüllen. Die Tätigkeit des (der) Wassermann-Geborenen ist meistens etwas von Geheimnissen umwittert. Sie sind durchaus vertrauenswürdig und wissen unbedingt zu schweigen. Das kann von „oben" her die Stellung sichern, aber von „unten" her erwachsen leicht allerlei Giftpflanzen oder Rankengebilde, die als Schlingen und Fußangeln sich zeigen können. Da können dann plötzliche Entschlüsse, Berufs- oder Positionsveränderungen kommen. Dagegen fehlt es den Wassermann-Geborenen nicht an Freunden, die auch in jeder Hinsicht Nutzen bringen können oder finanziell zu Gunsten des (der) Wassermann-Geborenen eingreifen werden. An Feindschaften muss sich der (die) Wassermann-Geborene gewöhnen. Sie entstehen meistens auf dem Boden des Neides. Feinde können sich auch zusammentun, um den (die) Wassermann-Geborenen zu stürzen, aber die Freunde sind dann auch auf dem Posten.

Alles in allem sollten wir die Wassermann-Geborenen als Menschen ansehen, in denen ein Ringen ist, das von der Bindung an den Stoff und der Schwere des Stoffes sowie von der Sesshaftigkeit und dem Beharrungsvermögen des Stoffes und der Formen befreien will. Darum finden wir die Wassermann-Geborenen sehr viel in denjenigen Berufen, die der Bewegung der stofflichen Dinge und dem Verkehr dienen, so z. B. als Eisenbahner, sei es dort nun als Arbeiter oder Beamter oder Ingenieur, weiter im Schiffsverkehr, in allen Abteilungen und Sparten des Flugverkehrs wie der Herstellung von Autos, Schiffen und Flugzeugen. Alles dasjenige, das mit dem Gebiete der Elektrizität zusammenhängt, gehört ebenfalls unter Wassermann. Dazu kommen alle feiner gebauten Maschinen und Apparate. Wo etwas organisiert wird, wo etwas verflüchtigt wird, so z. B. die festliegenden Werte in Grund, Boden und Häusern, die da katapultiert und zum Handelsobjekt gemacht werden, dann wo der Einzelbesitzer in seiner Eigenart, in der er vielleicht wie ein König auftrat, in seinem Betriebe, in seinem Werke, beseitigt wird und eine Aktiengesellschaft an seine Stelle gesetzt wird, das ist das Zeichen Wassermann oder der in diesem Zeichen herrschende Planet Uranus am Werke. Wassermann und Uranus verändern (oft den Beruf) alles, lösen auf, formen um, organisieren neu und das alles sehr plötzlich, explosionsartig unter Verwendung revolutionierender Methoden, wie ja Wassermann und Uranus oftmals von anderen als revolutionär empfunden werden.

Wir betrachten nun einige Einzelzüge im Wesen und im Schicksal der Wassermann-Geborenen an Hand gewisser Geburtstagsgruppen. Da sind erst einmal die vom 20.-23. Januar Geborenen.

Sie haben im Allgemeinen die Aussicht, materiell sehr voranzukommen.

Bei einigen der in diesen Tagen Geborenen ist großer Reichtum bestimmt zu erwarten. Es kommt darauf an, wie die Aspekte der anderen Planeten zur Sonne sind. Das Wesen der in diesen Tagen Geborenen ist sorglich und ihr Auftreten sehr zurückhaltend und vorsichtig. Immer strebend, machen sie aus ihrem Streben keine großen Worte, sondern buchen ihre Erfolge im Stillen. Angegriffen können sie sehr rabiat tun und versuchen, die Gegner einzuschüchtern, aber sie wissen ihre Möglichkeiten auch dann noch abzuschätzen. Ihre Absichten und Wege hängen sie nicht gerne an die große Glocke. Die Stimmungen sind sehr wechselnd, sie haben selbst damit sehr zu tun und sie lösen eher Mitleid aus als Bewunderung. Sie tun aber geradeaus niemandem etwas und im Allgemeinen sind sie Menschen auf die man sich verlassen kann. Schwach sind die Nerven und die Verdauung. Aber ein liebevoller Zuspruch kann sie wieder seelisch aufrichten und ihnen wieder Freude am Leben geben. Nicht viele Kinder. Wohnlage: Eckhaus oder ähnliche Lage oder auch freistehend.

Die vom 24.-30. Januar Geborenen sind meistens etwas größer als die in den Vortagen Geborenen und etwas lebhafter im Wesen. Aber im Temperament zeigt sich Auf und Ab. Die Blutmischung ist nicht so ganz in Ordnung und die Nerven nicht stabil. Da kann der Wille einmal vorschießen und das andere Mal vollkommen versagen. Sensitiv. Anständig in Gesinnung, durch Sorgen leicht nervös werdend und ein anderes Bild zeigend, ein Bild der Berechnung von Möglichkeiten, die meistens ausbleiben. Persönlich sehr geschätzt, weil immer verbindlich und gefällig. Oft auch in Laune zu großzügig. In Arbeitsbereich starker Ehrgeiz, der zu Zusammenstößen mit dem Kreis der Mitarbeiter und Mitarbeiterinnen führen kann, auch heimliche Feindschaften aus diesen Kreisen.

Geachtet bei Vorgesetzten und in der Öffentlichkeit. Ungern groß hervortretend. In der Liebe meistens einmal scheiternd, da etwas unüberlegt leidenschaftlich. Schnell begeistert, schnell gekränkt. Hier und da wenig Unternehmungsgeist. Allerhand Befürchtungen, die oft ganz unnötig sind, aber Nervenkraft kosten. Dann auch wieder stur, dass man die glatte Wand emporschießen könnte. In Abwehrstellung oft „hoheitsvolle" Haltung und Mienenspiel. Im Elternhause unfrohe Atmosphäre. Heirat unter eigenartigen Verhältnissen. Oft sogar Mussheirat. Schwierigkeiten mit den Kindern. Allmählicher finanzieller Aufstieg. Wohnlage: Freistehendes Haus oder in oder neben der Ecke. Eventuell zwei Ehen. Neigung zu und mehr Glück bei älteren Personen.

Die vom 31. Januar bis 3. Februar Geborenen kommen selten körperlich über Mittelgröße. Fleißig, bei Zielerreichung angenehm, bei Widerständen leicht sehr rabiat, mindestens sehr gereizt. Meistens finanziell erträgliche bis sehr gute Verhältnisse. Im Wesen oft beweglich, unruhig, hastig oder maßlos. Gerne unterwegs. Erfolge in Geschäften mit Massenbedarf (auch Lebensmittel, Vergnügungsstätten, Gerichte). Heimliche romantische Seiten. Wenige Kinder, außer bei den am 30. Januar Geborenen. Wohnlage: mehr mitten in der Straßenzeile.

Bei Geburtstagen vom 4.-7. Februar liegen im Leben viele Gelegenheiten vor weiterzukommen. Besonders die am 4., 5. Februar Geborenen stehen meistens zwischen zwei Möglichkeiten. Hat er (sie) die Gelegenheit zur Heirat, so liegen gleich zwei Möglichkeiten vor. Erst kommt ein dunkel- oder braunhaariger, breitschultriger Typ, dann taucht ein schlanker, blonder Typ auf. Da ist die Wahl oft sehr schwer. Sucht man eine neue Stellung, so ist es das gleiche. Zuerst verhandelt man mit dem braunhaarigen breitschultrigen Typ, und dann meldet sich noch eine andere Firma und der schlanke blonde Typ. So ist es auch mit den Gelegenheiten. Erst hat man lange keine und mit einem Male sind zwei zur gleichen Zeit vorliegend. Im allgemeinen Geschick das Leben zu zimmern. Auch meistens gute Verhältnisse. Scharfer Intellekt. Beweglichkeit. Sinn für Kunst. Oftmals zwei Ehen. Auch illegitime Verhältnisse. Nicht viele Kinder, die sehr verschieden sind. Wohnlage: Mehr an Verkehrszentren, Nähe der Schulen und Lehranstalten.

Ein besonderes Wesen zeigen meistens die vom 8. bis 11. Februar Geborenen. Hier liegt ein sehr starkes Selbständigkeitsgefühl vor. Viel Unternehmungstrieb. Oft Selbständigkeit ohne leitende Position. Das gilt auch für das weibliche Geschlecht. Klarheit, aber auch etwas Kälte des Denkens auch bei Verträgen. Gute Verbindung mit Leuten, die „etwas bedeuten". Bei ungünstigen Aspekten auch Eigenbrötelei. Der Mann der Geborenen kommt zur Selbständigkeit oder erreicht sie oder ist oder wird Beamter. Die Frau des Geborenen stammt aus dem vorstehend angedeuteten Milieu. Oft stark ausgeprägtes Ehrgefühl, das sich auf die materielle Substanz stützt, an der man sehr hängt. Bekannt- oder Berühmtwerden in der Öffentlichkeit. Wenig oder gar keine Kinder. Wohnlage: Meistens an der Sonnenseite inmitten der Straßenseite.

Die vom 12.-14. Februar Geborenen sind mehr ruhiger Natur, in den Kinderjahren oft hellhörend, hellsehend oder hellfühlend. Auch später oft noch. Sehr empfindliche Nerven, die einen großen Aufnahmebereich haben. Gute Kombinationsgabe. Starke Intuition. Oft Leute, die „mit den Augen stehlen", Schrift-„stehler" und Plagiatoren. Oft „Vögel, die sich gerne mit fremden Federn schmücken". Bei ungünstigen Aspekten auch Prahlerei und sogar Brutalität. Triebhaft aus nicht immer klarer Blutmischung von den Vorfahren her. Aber rührig betriebsam und nicht ohne Erfolg. Meistens zwei Ehen. Wenig Kinder oder gar keine. Wohnlage: Oft am Berge oder in der Nähe von Druckereien, Lohgerbereien, Gefängnissen.

Mit den Geburtstagen der vom 15.-19. Februar Geborenen schließen wir die nun in einzelnen Zügen mögliche Betrachtung der Wassermann-Geborenen. In diesen Tagen ist der Kampf um irgendeine Position immer an der Tagesordnung. Vor Unüberlegtheiten muss gewarnt werden. Zu leicht öffentliche Blamage. Menschen die aus irgendeinem Grunde aus dem Rahmen fallen oder einen üblen Ruf haben, drängen sich gerne heran. „Sage mir, mit wem du umgehst und ich will dir sagen", … usw. Also hier Vorsicht! Auch ist die Erwerbsquelle nicht immer sehr angesehen. Aber auch große Idealisten, die um der Wahrheit willen den Kampf mit den Mächtigen auf dieser Erde aufnehmen, wissend, dass sie sich dabei opfern müssen, werden in diesen Tagen geboren. Der Wille ist also gut und das ist viel, sehr viel wert und daher hoch zu achten. Oft Missgeburt. Eventuell auch uneheliche Geburt oder uneheliche Kinder. Das Gerede läuft aber nur zeitweise. Manches wird wieder eingerenkt. Wohnlage: Oft in einer nicht besonders glänzenden Umgebung in unscheinbarem Hause. Oft in der Nähe der Straßenecke.

Soweit unsere kurzen Betrachtungen zum Wesen und Schicksal der Wassermann-Geborenen nach dem Sonnenstande. In allen Fällen kann das hier kurz Gesagte nicht zutreffen. Aber man beobachte selbst.

Fische:
Zum Wesen und Schicksal der Fische-Geborenen

Das letzte Zeichen in der Reihe der zwölf Tierkreiszeichen ist das Zeichen Fische. Die Sonne wandert durch dieses Zeichen alljährlich in den Tagen vom 19. Februar bis zum 21. März. Wer in diesen Tagen geboren ist, hat in seinem Geburtshoroskop die Sonne im Zeichen der Fische und gehört daher unter diesem Gesichtspunkte zu den Fische-Geborenen.

Nach uralter Regel rechnet man das Zeichen Fische zu den „beweglichen" Zeichen. Nach dieser Einordnung bildet das Zeichen Fische mit den Zeichen Zwillinge, Jungfrau und Schütze das bewegliche Kreuz.

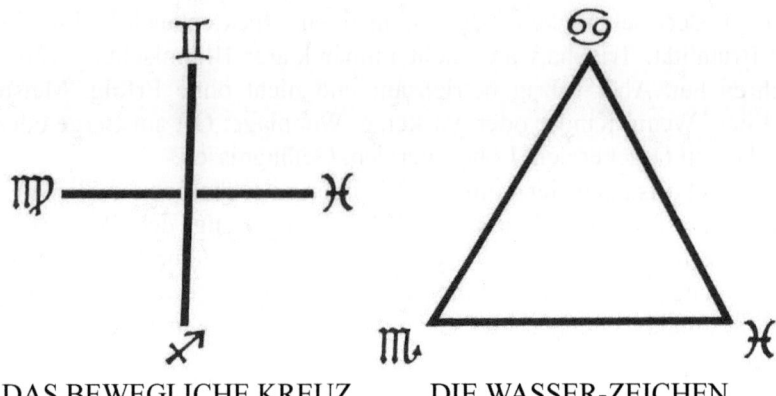

DAS BEWEGLICHE KREUZ   DIE WASSER-ZEICHEN

Entlang anderer Gesichtspunkte rechnet man weiter das Zeichen Fische noch und zwar ähnlich so wie die Zeichen Krebs und Skorpion, zu den wässrigen oder Wasser-Zeichen. Wenn man dann kurz formulieren will, ist das Zeichen Fische, ein Zeichen flutender Bewegung und die Eigenart des Wassers, in Anpassung an vorhandene Formen selbst anzunehmen, offenbart sich auch im Wesen des Zeichens Fische. Dadurch wird das Zeichen Fische leicht zu einem sich unterordnendem Zeichen, das sich dazu hergibt, selbst in Materie und Form unechten und unschönen Dingen und Werten einen gewissen Glanz zu verleihen, oftmals mit einer Hingabe, die Opferung bedeuten und fordern kann. Dass bei diesem Opferungswillen besonders die seelisch feinveranlagten Menschen zu Grunde gehen, ist die Tragik der letzten 2000 Jahre, eben des Fische-Zeitalters. Denn neben dem Jupiter, dem Planeten der Priester und Richter, ist auch noch der Neptun der Herrscher der Fische. Er ist der Planet der (leicht nebelhaften) für den Durchschnittsmenschen unfassbaren Stimmungen, Gefühle und Willens-impulse, oftmals schwankend zwischen den höchsten Idealen und dem giftigen Sumpf trügerischen Irrwahns und dämonischer Besessenheit. Wissen wir das, so verstehen wir die Geschichte der letzten 2000 Jahre und erhoffen bessere und klarere Impulse für das nahe Wassermann-Zeitalter.

Wenn wir ein etwas hartes Urteil über das Fische-Zeitalter sprechen müssen, so treffen wir damit nicht den einzelnen Fische-Geborenen oder die einzelne Fische-Geborene. Im Gegenteil: im Fische-Zeitalter war die Masse ideal eingestellt, wie die Fische-Geborene ohne Frage sind. Aber die Summe der idealen Impulse in der Masse der Völker verführte auch dazu,

46

den leitenden und führenden Kreisen zu wenig auf die Finger zu sehen und ihnen alle macht zu überlassen. So kam es, dass das Geld- und Macht-Denken der Großen in den europäischen Ländern nicht nur den eigenen Völkern die Leibeigenschaft, die Inquisition, die „Hexen"- und „Zauberer"-Verbrennungen und den brutalen Materialismus bescherte, sondern auch anderen Erdteilen die Sklaverei und die Kolonial-Wirtschaft, wie auch die anderen fraglichen Errungenschaften europäischer „Kultur". Erst nach und nach gelang es, die Machtgelüste der „Großen" etwas einzuschränken. Aber wir leiden noch unter den Folgen der vergangenen Jahrtausende, müssen uns immer wieder bemühen die heutigen Tarnungen zu durchschauen und stehen mit offenen Augen schaudernd vor dem Abgrund der in Kürze die ganze Menschheit verschlingen kann.

Die seelische Eigenart der Fische-Geborenen ist Liebe, Fürsorge und Opferwilligkeit. Ihre größte Freude ist, wenn sie anderen Menschen helfen können, und auch die Tiere werden von ihnen umsorgt. Sie wollen selten viel für sich. Mit Zähigkeit und Ausdauer suchen sie immer wieder nach neuen Wegen, um anderen Menschen Gutes zu tun. Für sich selbst wollen sie nicht viel. Dabei haben Fische-Geborene einen lebhaften Geist. Sie sind lernbegierig und für neue Erkenntnisse, Wege und Methoden aufgeschlossen. Innerlich sind sie oft etwas in Unruhe, sie möchten alles recht machen und nichts versäumen und auch das Vorgenommene fertigmachen. Ihr Schönheitssinn zeigt sich besonders auf dem Gebiete der Poesie. Viele Fische-Geborene sind große Kunstkenner, nutzen aber ihre Kenntnisse hier selten aus. Sie sind sehr feinfühlig, eindrucksfähig, einbildungsoffen und im Inneren reich an romantischen Stimmungen und Gefühlen. Diese stoßen sich natürlich oft an dem Leben und Treiben der Welt und dann kann eine große Enttäuschung die Fische-Geborenen erfassen, sie können sich dann in ihren Gedankenbildern sehr verlaufen und auf alles Mögliche und Unmögliche kommen, können dann auch ganz unnötige Befürchtungen gebären, die dann sehr quälen und zu unnötigem und falschem Handeln veranlassen können. Alle Ausführungen in diesem hier vorliegenden Absatz gelten für die höher Fische-Geborenen. Das hier geschilderte Wesen ist aber bei den weniger klar erscheinenden Typen ebenfalls vorhanden, nur mehr verdeckt.

Das liegt auch oft daran das Fische-Geborene sich oft ganz in sich zurückziehen oder in Abwehrstellung gehen, weil sie so viel verkannt werden und weil man ihnen oft unnötig misstraut und sie nicht nach ihrem wirklichen Wert einschätzt und behandelt. Da muss man sich nicht wundern, wenn die feinfühligen Fische-Geborenen oftmals in uferlosem Pessimismus versinken können und überaus nervös und mit der Zeit für allerhand Krankheiten anfällig werden. Es wäre noch übler, wenn die Fische-Geborenen sich weniger gedrängt fühlten immer irgendetwas zu unternehmen. Dabei ist nicht immer alles überlegt. Der beste Wille kann dann unvermutet Widerstände nicht überwinden. Gesteigerte Nervosität und ein fahriges Benehmen ist dann oft die Folge. Und doch ist diese Ursprünglichkeit und das gute Wollen etwas, das die Fische-Geborenen über viele andere Tierkreiszeichen hinaus- und hinaufhebt. Menschlich.

In der körperlichen Größe kommen die Fische-Geborenen selten über die Mittelfigur hinaus. Der Körper ist meist auch etwas gedrungen. Starkknochige Menschen herrschen hier vor. Die Haarfarbe ist je nach den Geburtstagen und den Aszendenten wie den Aspekten unterschiedlich. Die Augen sind meistens blau oder grau. Die Haut ist eher bleich denn rötlich und arm an Runzeln und Falten. Die Haut kann glänzen als wenn Dunst oder Wasser drunter wären. Der Gang ist zumeist aufrecht und bewusst, oft graziös. Immer hält der (die) Fische-Geborene auf gutes Benehmen. Wo er (sie) auf Feindschaften oder Ablehnung stößt, reagiert er (sie) nicht sofort. Auf die Dauer erringt der (die) Fische-Geborene doch die erstrebte Position oder etwas ähnliches. Unter den Fische-Geborenen gibt es sehr viel Sensitive. Da sie die Strahlungen der Umgebung wie der größten Weiten sehr aufnehmen, finden wir unter den Fische-Geborenen auch viele gute Medien. Das hindert sie nicht daran, in der Gesellschaft anderer Menschen an allem teilzunehmen, soweit keine Übertreibungen vorkommen. Viele Fische-Geborene haben heilmagnetische Kräfte und können durch Handauflegen oftmals in kurzer Zeit bei anderen Menschen Krankheiten bessern oder ganz beseitigen. Ausbleiben kann es da natürlich nicht, dass sie sich nachher oft als sehr erschöpft fühlen.

Die blondhaarigen, blauäugigen Fische-Geborenen unterstehen meistens vorzugsweise dem Jupiter, während bei den dunkelhaarigen (hier und da auch dunkeläugigen) Fische-Geborenen mehr die Herrschaft des Neptun durchkommt. Um den 12. März werden auch Menschen geboren, die goldblondes oder rotes Haar haben und mehr dem Mars oder dem Saturn unterstehen.

Fische-Geborene arbeiten emsig und unermüdlich. Sie sind auch für Verbesserung der Arbeitsmethoden und können deswegen Vorgesetzte vor den Kopf stoßen, auch Mitarbeitern lästig werden oder sie misstrauisch machen. In ihrer Arbeit sind Fische-Geborene sehr gewissenhaft. Es ist eine starke seelische Verbundenheit zwischen den Fische-Geborenen und ihrem Arbeitsbereich oder ihrer Firma oder ihrem Verein oder Verband vorhanden. Sie wollen in einem größeren oder kleineren Kreise mitschwingen, sei es nun eine Vereinigung oder ein Freundschaftskreis oder die Familie. Der Interessenbereich ist sehr groß und vielfältig. Selten lebt man stumpf dahin. Neben der Erfüllung der Pflichten nimmt man sich Zeit für eine Ablenkung von den Gedanken des Alltags. Die Schönheit der Natur und wirklicher Kunstwerke können begeistern. Die sensitive Art ermöglicht eine innige Verbindung mit allem Wahrgenommenen, mit allen Wesen und Ereignissen der Umgebung. Fische-Geborene wollen gut sein, wollen Liebe üben, wollen im Gemeinschaftsleben Klippen umschiffen und Härten, die andere bedrängen, mildern.

Die materiellen Verhältnisse der Fische-Geborenen lassen sich durch fleißige Arbeit und Umsicht sowie durch Sparsamkeit sichern und gut gestalten. Selten legt sich der (die) Fische-Geborene auf eine Erwerbsart und Erwerbsquelle fest.

Oftmals wechseln sie auch ihren Beruf oder verändern sich innerhalb ihres Arbeitsbereiches. Durch ihre Vielseitigkeit können sie etwas nervös und vielleicht fahrig erscheinen. Ihre Beweglichkeit kann zu einer auch nach außen wirkenden Unruhe ausarten. Fische-Geborene müssen da alles tun, um zur Stetigkeit zu kommen. So können sie zu Wohlstand gelangen und werden nie Not haben. Die finanziellen Verhältnisse sind auch im Alter gesichert. Oftmals ist sogar Reichtum durch Erbschaften vorhanden, oder wird durch Arbeit für das ganze Leben dauernd errungen.

Die Geschwister werden von den Fische-Geborenen getrennt, einige sterben zeitig, einige können auch den (die) Fische-Geborene schädigen, aber einige auch nützen. Die Geschwister sind sehr verschieden in ihrer Art und ihrem Wesen, sind auch in sehr vielen Fällen sensitiv und ein Bruder oder eine Schwester kann in der Öffentlichkeit sehr von sich reden machen. Geschwister können auch weit entfernt, ja im Auslande wohnen.

Im Elternhaus ist es etwas unruhig. Mindestens ein Teil der Eltern kann sehr früh und plötzlich sterben. Jäh hereinbrechende Ereignisse können im Elternhaus die Lage für die Fische-Geborene sehr ungünstig gestalten. Die Eltern werden selten beieinanderliegend bestattet. Stirbt der Vater früh, so ist die Grablage an der Nordgrenze des Friedhofes. So ist auch meist die Grablage der Mutter, wenn sie zuerst stirbt. Die Eltern sind sehr verschieden in ihrer Abstammung und ihrem Wesen. Da kann es zu Missverständnissen kommen, aber das seelische Band ist trotzdem sehr stark. Der Tod des Vaters besonders kann mit irgendwelchen Unglücksfällen, auch Verletzungen verbunden sein. Oder es liegt sonst ein tragisches Ende vor. Die Vorfahren der Eltern waren meist hochgeachtet und begütert. Alter Blutsadel kann auch vorliegen. Übersinnliche Erscheinungen und entsprechende Erlebnisse spielten im Elternhause eine große Rolle mit. Die aus all diesen Verhältnissen und Bedingungen entstandenen inneren Werte der (des) Fische-Geborenen befähigen meistens sehr zu der Gabe, durch Handauflegen selbst die schwersten Erkrankungen bei anderen Menschen zu beseitigen.

Die Kinderzahl der Fische-Geborenen ist nur in seltenen Fällen groß. Die Haarfarbe der Kinder ist unterschiedlich, ihre Art auch. Bei den Kindern muss sehr auf die Ernährung geachtet werden. Magenleiden sind bei unbedachter Ernährung leicht die Folge oder eine allgemeine Vergiftung der Säfte, die zu vielen Krankheiten und frühzeitigem Altern führen kann. Besonders die dunkelhaarigen Kinder sollten Fleisch meiden.

Fische-Geborene sollten vor allen Dingen auf ihre Füße achten und sie wohl pflegen. Heiße Fuß- und Wadenbäder sind mindestens jede Woche einmal notwendig. Sonst kommt es zu aufgeschwollenen Füßen, Fußleiden und Beinleiden, auch zu wassersüchtigen Erscheinungen die sich schwer beseitigen lassen. Die Flüssigkeitszufuhr sollte nicht zu groß sein. Auch Krankheiten der Eingeweide liegen nahe. Also ist auf reine Kost zu achten. Da Fische-Geborene leicht frieren und da sich durch dieses Frieren auch die Haut schließt, sollte man sich möglichst in der Wärme halten, sonst sind leicht Nierenleiden die Folge. Und auch Nervenleiden. Bei weiblichen Fische-Geborenen hapert es mit der Verfassung der Nerven vor den regelmäßigen Tagen besonders. Ab und zu lieben Fische-Geborene auch eine innere Erwärmung durch ein Anregungsmittel. Es braucht nicht viel zu sein.

Die Gesundheit des Ehepartners (der Ehepartnerin) lässt oftmals zu wünschen übrig. Magenschwäche kann da vorliegen. Verwandte, die man anheiratet, wirken leicht etwas ungünstig auf die Ehe ein. Hier und da kommt es auch zu zwei Ehen. Fische-Geborene bringen aber sehr leicht fertig eine Ehe erträglich oder schön zu gestalten, wenigstens in den meisten Fällen.

Erbschaften von den Eltern sind nicht immer groß zu erwarten. Eher von dem Ehepartner (Ehepartnerin). Mit allen Fragen des Okkulten beschäftigt sich der (die) Fische-Geborene oft sehr. Reisen werden gerne unternommen. Auch Seereisen, die aber nicht immer ohne Gefahr verlaufen. Große Gewinne werden selten auf diesen Reisen oder im Auslande errungen.

Die berufliche Seite ist zum Teil schon besprochen. Berufe bei denen es sich um Flüssigkeiten dreht, liegen nahe (Mineralwasser, Bier, Kaffee usw.). Auch Gastwirte, Kaffeehausbesitzer, Lebensmittelhändler findet man viel und erfolgreich unter diesem Zeichen. Daneben findet man auch viele Fische-Geborene unter den Künstlern. In vielen Fällen werden mehrere Berufe ausgeübt. Der geschäftliche Erfolg lässt selten auf sich warten. Fische-Geborene haben viele Freunde und Feinde. Die Freunde können sehr viel nützen, aber auch sehr viel schaden. Also hat der (die) Fische-Geborene sich zu wehren, sollte sich aber auch nicht immer groß wehren, sondern vielmehr durch entsprechendes Denken solche Dinge zur Regelung bringen.

Wir kommen nun zu einigen Angaben über das Wesen und das Schicksal der an einzelnen Geburtstagen Geborenen. Da sind die vom 18., 19. Februar. Der 18, 19. Februar warnt vor einer Situation, aus der eine sogenannte Mussheirat ersprießen könnte. Zu leicht gewinnt der Ehepartner (die Partnerin) die Oberhand zu sehr oder sonst ist das Zusammenleben zu leicht Trübungen ausgesetzt. Die in diesen Tagen Geborenen nehmen oft zu viel Lasten auf sich. Außerdem sehr strebsam. Vorwärtskommen. Aufstieg. Selten viele Kinder. Wohnlage: Meistens Eckgebäude.

Die am 20., 21. Geborenen können etwas eigenartig veranlagt sein und dabei voller Schüchternheit und unter einem ewigen Druck leidend. Seelische Gespaltenheit kann zu unüberlegten triebhaften Handlungen führen. Große Intelligenz und Künstlerschaft bei vielen. Viel Einzelgängertum. Wenige Kinder.

Die vom 22.-27., zum Teil auch die bis zum 28. Februar Geborenen sind in ihrer Arbeit sehr genau und methodisch. Sie sind meistens körperlich kleiner als die in den Vortagen Geborenen. Ihre pedantische Genauigkeit macht sie tüchtig für irgendwelche Verwaltungsposten. Sie halten ihre Arbeit für sehr wichtig und haben gewisse bürokratische Neigungen, sind auch oftmals Beamte oder werden es einmal und in diesen Tagen Geborenen weiblichen Geschlechts haben die beste Aussicht einmal einen Beamten oder einen selbständigen Geschäftsmann oder einen leitenden Herrn zu heiraten. Die hier Geborenen geben sich gerne etwas selbstverständlich autoritär, auch bewusst und behäbig, reden gerne im Brustton der Überzeugung, können recht würdig tun, sind für eine gute Fassade und nicht immer gerade beliebt. Starkes Strebertum, zähe, vorsichtig, devot, das Ordnungsprinzip betonend, gutes Werkzeug der Vorgesetzten, peinlich genau, belehrend gegenüber Untergebenen. Immer die Pflicht („leider") betonend, Vorteile heischend, materielle Sicherheit über alles erstrebend und dieses Ziel auch meistens erreichend. So ist es in vielen Fällen. Nicht immer. Manchmal schlimmer. In der Familie nach außen der „Herr des Hauses", hintenherum das „Mädchen für alles". Alle sparen sehr. Man kommt zu etwas. Krankheiten: Asthma, Atemnot, Herzgeschichten, Leberleiden. Wenig oder gar keine Kinder. Oft ist ein Kind „sonderbar". Die Wohnlage: zuerst freistehend oder Eckhaus, dann in der Reihe. Betont sei ausdrücklich, dass nicht alle der in diesen Tagen Geborenen so sind oder sich so verhalten. Es kommt ja auch noch auf den Stand der anderen Planeten und der seelischen Reife an.

Die Geburtstage 28. Februar bis 3. März begünstigen wieder ganz andere Wesensseiten und Schicksalsabläufe. Die in diesen Tagen Geborenen nehmen oft in größter Selbstlosigkeit und stärksten Opferwillen Pflichten auf sich. Als hervorstechend, das gilt für alle Fische-Geborenen im Allgemeinen, sei noch erwähnt, dass ein großer Teil der Nonnen und Mönche, Diakonissinnen und Diakone, Krankenpflegerinnen und Krankenpfleger sowie das in den Heilanstalten sonst noch beschäftigte Personal von den Fische-Geborenen gestellt wird. Ja viele Fische-Geborene, besonders die blondhaarigen, haben im Aussehen etwas ähnliches den Menschen, die in den vorstehend aufgeführten Berufen lange tätig sind. Auch der Gang ist typisch. Es wird zuerst meist mit dem Absatz aufgetreten. Selten sieht man überhaupt Fische-Geborene mit hohen Absätzen.

Auf diejenigen, die nun vom 27.2.-3.3. geboren sind, wirkt diese Berufsneigung mindestens zeitweise sehr stark ein. Der Standpunkt und die Losung „Ich diene!" gilt wohl so ziemlich für alle und von Jugend an. Liebesglück, so wie die Menschen oft die Liebe verstehen, liegt nicht viel an oder auf dem Wege der in diesen Tagen Geborenen. Ehre, so wie die Menschen die Ehre meistens auffassen, wird ihnen nicht viel zuteil. Dafür ringen sie sich in der Auffassung der Liebe und der Ehe zu einer höheren Richtschnur und zur Erfüllung höherer Aufgaben unter reineren Gesichtspunkten durch und erfüllen so, als Wertvolle von Wertvollen geschätzt, ihr Dasein, ihre Arbeit und ihr Leben im Dienste an eine Idee, im Dienste an anderen Menschen und oft gerade an den Geschlagenen, Verachteten, Verstoßenen, Kranken und Einsamen ohne viel Aufhebens und viele Worte zu machen. So suchen sie zu mildern und wieder gutzumachen, was eine falsche, heuchlerische und verkommene Ordnung durch ihren Apparat oder durch robuste Menschen oder Irregeleitete oder durch in der Ordnung entstandene Schuld den Menschen zugefügt hat. Sie, diese sich Opfernden, sind wie die Steine im Fundament des Tempels der Menschlichkeit. Diese Tempel waren und sind zu allen Zeiten und in allen Erdteilen und unter der Herrschaft aller Religionen überall gestanden und überall stehen sie heute noch. Wie in allen Glaubensgemeinschaften tragen diese unermüdlich arbeitenden Idealisten der Tat und des Werkes im Dienst an dem Nächsten, von ihrem Fundament aus, das sie selbst sind, die Gebäude, die Organisationen, die Kirchengemeinschaften und kümmern sich nicht darum, dass da Prachtgebäude entstehen, schön für die Augen, stimmungsvoll für diejenigen, die der Ergötzung bedürfen und ehrenvoll für diejenigen, die der Ehre bedürfen, wie sie sie verstehen. Diese alles tragenden und sich opfernden Steine im Fundament kümmern sich auch nicht darum in welche Richtung sich der Hahn auf der Spitze des Gebäudes dreht. Sie bemühen sich nur um den Menschen, dem geholfen werden muss, und erfüllen so gottseidank auch oft nach eigenen Richtlinien und aus eigenem Ermessen unter Selbstaufgabe ihre oft sehr schweren Pflichten an dem Menschenbruder, an der Menschenschwester. Ich weiß: es gibt auch andere mit anderen Gedanken und Hintergründen. Man erkennt und kennt sie bald. Ein jeder Mensch straft belohnt und erlöst sich selbst! (anders geht es niemals) entsprechend der tragenden und entwickelten und ausgefüllten Idee, als Werkzeug dieser Idee. Und die höchste Idee ist die Menschlichkeit! Und der Weg ist das Selbstopfer.

Es soll sich niemand einbilden, dass der Weg leicht, gar romantisch sei! Die langen Tage, die Nachtwachen, das Elend der Kranken und Siechen, ihre Hoffnungslosigkeit und ihre Stimmungen und Launen, die Sterbenden, die Luft und die Ausstrahlungen der Krankheiten, die Spucknäpfe, das Nachtgeschirr, die Eiter, die verschiedenen intimen Krankheiten, Schmerzensgestöhn und Sterben. Dann die Eifersüchteleien unter den Menschen der Umgebung, die kleinen und großen Falschheiten und Hintertragödien, das Regiment mancher Oberin und mancher Vorgesetzten, die Tänzelei um diese, die langen Arbeitszeiten, teils als Dienstmädchen, teils als Reinemachefrau, teils als Handreicherin hie und da. Dann die so kurze freie Zeit. Immer in der Tracht, in der der Körper nicht ausdünsten kann, immer beobachtet, immer irgendwie unter Aufsicht, immer verpflichtet, ein gütig lächelndes Gesicht zu zeigen. Und dabei oft nur ein sehr, sehr knappes Taschengeld oder einen Lohn, der gotterbärmlich niedrig ist und von dem man noch spenden soll oder ans Haus vererben oder ans Kloster. Und bei allem doch ein Menschenkind aus Fleisch und Blut, jung oder mehr gereift, von Gott und der Natur dazu bestimmt Liebe zu geben und zu empfangen, Kinder zu gebären, zu herzen und zu küssen und zu erziehen und dabei einem Menschen alles zu sein, dem Gefährten des Lebens. Was muss da alles unterdrückt werden, was muss da alles abgedrosselt werden, was kann sich da alles verwandeln in Regungen des Neides und des Hasses und andere unnatürliche Neigungen und widerwärtige Komplexe. Und wie kam man zu diesem Leben? Teils auf elterliches Gebot, teils aus der Schwärmerei irregeleiteter Gefühle, aus gutem Willen, aus dem Bestreben zu helfen, aber immer in Unkenntnis und oft in einer leisen Hoffnung, dass doch vielleicht einmal eine Befreiung, eine Erlösung irgendwie winken könne und dann für die meisten, ja fast für alle, das Muss, der endgültige Zwang und die Resignation und nur bei einigen von Anfang an (und selten freudig durchhaltend) das willige Opfer des Selbst.

Es ist das Lied des Zeichens Fische, das hier in vorstehendem erklingt. Das Lied der Menschheit in den letzten 2000 Jahren und das Lied vieler Fische-Geborenen. Ich meine: dieser Aufgaben-Bereich, der hier nun einmal vorliegt und immer vorliegen wird, könnte eine wahrhafte Ordnung auch in anderer Weise gerecht werden. Die Pflege der Kranken und Leidenden sollten mindestens alle jungen Mädchen erlernen und eine Zeit hindurch ausüben. Und, eine anständige Entlohnung mindestens sollte für diejenigen, die ihr ganzes Leben opfern, übrig sein.

Die in den Tagen vom 28.2.-3.3. Geborenen haben meistens, wenigstens eine Zeitlang, schweres Liebesleid zu tragen, fangen sich aber wieder in späteren Jahren und finden irgendwie einen Ausgleich, den das Schicksal für sie aufspart.

Arbeitstrieb und Ehrgeiz, Einfachheit und Genügsamkeit bringen die in diesen Tagen Geborenen im Leben vorwärts in ihrem Rahmen und auf der Bahn auch der seelischen Entwicklung. Falls es zu einer Ehe kommt, ist diese Ehe friedlich und von gegenseitiger Fürsorge getragen. Dasselbe gilt für Freundschaften. Mit vielen Kindern ist selten zu rechnen. Bei allen anfänglichen Schwierigkeiten ist mit einer sicheren Lage auf die Dauer zu rechnen. Wohnlage: meistens in der Straßenzeile, selten freistehend oder Eckhaus.

Die Einflüsse des Sonnenstandes der vom 4. bis 12. März Geborenen sind, abgesehen von den allgemeinen Besonderheiten der Fische-Geborenen, dahin auswirkend, dass die in diesen Tagen Geborenen mehr in der Öffentlichkeit hervortreten. Die in diesem Zeitraum Geborenen, meistens dunkelhaarig, sind mehr impulsiv und mit Energie und Schlauheit am Werke, um ihre Interessen zu fördern und zu verfechten, aber auch in der Familie. Es ist mehr Freude am Leben vorhanden und die guten Dinge dieser Welt werden geschätzt. Sie haben gute Heiratsaussichten. Sie heiraten meistens einen Beamten oder selbständigen Geschäftsmann. Er heiratet meistens eine Beamtentochter oder die Tochter eines selbständigen Geschäftsmannes. Beamtenwitwen heiraten ja selten noch einmal. In der Ehe kommt man materiell vorwärts, Kinder sind in großer Zahl sehr selten. Ein eigenes Haus oder mindestens Grundbesitz liegt am Wege des Schicksals oder ist Erfolg bewussten eisernen Strebens. Die in diesen Tagen Geborenen besitzen viel diplomatisches Geschick oder erwerben sich dieses im Laufe ihres Lebens. Sie sind oft Mittelpunkt ihrer Lieben, da sie für alles und alle sorgen. Sie werden auch oftmals von Freunden oder Freundinnen ausgenutzt und leicht in eine Gerichtssache hineingezogen, die sie eigentlich wenig angeht. Mit der Zeit werden sie dann vorsichtiger. Sie sind immer fleißig und rührig. Die Männer der in diesen Tagen geborenen Ehefrauen sind in ihrer Gesundheit nicht besonders fest, haben meistens ein Leiden oder eine Schwäche der Verdauungsorgane, sind aber sehr gutmütig und fleißig. Die Frauen der in diesen Tagen Geborenen neigen zu Leber- und Gallenstein-Leiden und sollten dieses Leiden nicht so leicht nehmen. Wohnlage: anfänglich Eckhaus, später in der Reihe.

Unter den vom 13.-15. März Geborenen finden wir viele Menschen mit rötlichen Haaren, feinknochig und oft zart gebaut, sorglich, temperamentvoll und mit viel Talent für die Schneiderei und für Arbeiten, die eine größere Geschicklichkeit erfordern. Die ersten Liebeserlebnisse werden in der Erinnerung immer eine große Rolle spielen, deswegen lässt man aber doch dem Partner oder der Partnerin nichts abgehen. Der Vater trat meistens in der Öffentlichkeit hervor. Die eigene Ehe ist stabil und in Ordnung. Kinder können fehlen oder sind nur in geringer Zahl vorhanden. Man kommt materiell vorwärts und kommt auch sonst überall zum Siege. Ein hohes Alter, immer gesichert im Auskommen, ist zu erwarten. Wohnlage: in der Jugend Eckhaus, später aber selten in der Reihe.

Mit den Geburtstagen 16. bis 21. März kommen wir wieder an eine besonders betonte Zone der Sonnenwirkung im Zeichen Fische. Diese Grade betonen sehr die Venusbelange, da die Venus in 27° Fische in ihre Erhöhung, also in starker Wirkung ist. Wichtig ist daher auch, wo im

Horoskop die Venus selbst ihren Platz hat und welche Aspekte sie progressiv zu anderen Planeten bildet. Meist geht schon in den jungen Jahren der in diesen Tagen Geborenen eine große ideale Liebe in die Brüche durch örtliche Trennung und meistens auf Nimmerwiedersehen. Selbst im höchsten Grade selbstlos und opferwillig und sehr liebebedürftig, gelingt es erst oft nach einigen fehlgeschlagenen Versuchen, das rechte Glück zu finden, aber es gelingt meistens. Zum Bruche kann es auch dadurch kommen, dass der (die) Geborene Geheimnisse nicht recht zu wahren weiß und die Tragweite des Vertrauensbruches zu spät erkennt. Aber man kann wohl sagen, dass die in diesen Tagen Geborenen die Partnerin (den Partner) sehr glücklich machen können, wenigstens alles tun, um das zu erreichen. Gegen den 20., 21. ist die Auswirkung des Sonnenortes dann etwas mehr chaotisch. Hier ergibt sich oft eine starke Empfindlichkeit der Nerven, eine sehr sensible Art und eine große Ruhelosigkeit, die sich auch in dauernder Reiselust zeigen kann. Geheiratet wird meistens zwangsmäßig. Kinder sind nicht viel zu erwarten. Die finanziellen Verhältnisse sind meistens gut. Erbschaften liegen auch oftmals vor, aber fast immer muss deswegen prozessiert werden oder man verzichtet. Wohnlage im Eckhaus oder im Hause neben dem Eckhaus, seltener in der Reihe. Freude an einem eigenen Garten, an Blumen und an allen schönen Künsten.

Soweit die kurze Betrachtung der einzelnen Geburtstage nach den Wirkungen des Sonnenstandes bei der Geburt. Diese Betrachtung kann nicht vollständig und erschöpfend sein. Immerhin kennzeichnet sie aber doch einige Besonderheiten des interessanten Zeichens Fische, das wohl stark schicksalsgebunden ist, aber auch sehr viele Möglichkeiten zu einer höheren seelischen Entwicklung aufzeigt und das ist sehr wichtig.

10. Neptun
H. S.

Neptun ist eigentlich eine Mischung von Saturn mit Venus und Jupiter – daher der Planet der Akklamation, des Rufes und der Nachrede (gut oder schlimm). Gut gestellt verleiht Neptun ungewöhnliche Macht der Sympathien, negativ allerlei Wirrnisse und Unklarheiten, Abhängigkeiten und sonderbare Zustände. Er ist der Bringer der unkontrollierten Ideen und Handlungen, die uns heimsuchen, der hinterlistigen Machenschaften, die es auf uns abgesehen haben, uns zu fangen suchen.

Neptun gibt Vorteile (Venus), aber auch Bindungen (Saturn): Daher gehören Ratenzahlungen zu Neptun, auch Ersatzstoffe: Nylon usw.; auch das moderne Versicherungswesen: dem Sterbenden nützt es nichts mehr, für die Erben ist der Tod ein Freund. Versicherung: Jupiter – Venus geht zusammen mit der Plage der Zahlung. Saturn – Neptun kann sogar von Schmerz (Saturn) befreien (Jupiter) durch Narkose, Opium usw.; die Kräfte steigern: Pervitin; Konzentration (Saturn) und Frische (Jup., Venus) bringen Alkohol wie Musik, sind neptunisch, auch Tabak und andere Drogen – auch der Schmuggel und Verkauf seltener Drogen oder Lebensmittel usw.; alle Gifte, Rauschzustände. Neptun hat Beziehungen zum Tode, auch Ausschaltung des Willens, der psychischen und physischen Widerstandskraft.

Neptun der Geist des Wahnsinns, scheinheiliger Gebärden, krankhafter Vergewaltigung, der Säufer, der Dirnen. Er bewirkt die Knechtseligkeit ganzer Völker wie die sexuelle Hörigkeit des einzelnen – er ist der Turnierplatz des Teufels.

Trotz aller Widrigkeiten jedoch ist Neptun, wenn er in den Körper gelangt, die veredelte Venus, die Art Psyche, welche keinen Amor mehr verletzt, die Art Agape und Caritas, welche aus reiner Liebe dient!

Mit sieben Planeten brauchen wir nur zu rechnen bzw. ihren Einfluss als gegeben annehmen; bei Uranus, Neptun und Pluto können nur die bereits für diese Schwingungen höher organisierten Körper individuell aufnehmen und damit wirken. Bei normalen und durchschnittlichen Menschen wirken diese drei nur im Zusammenhang von Massenschicksal (Kollektivbewusst!) und dann eben mehr erleidend und erst später (über diesen Vorgang) zur Befreiung und Erhöhung findend.

11. Ein Ritual von Ariane

Vor dem geistigen Kontakt mit seiner Gottheit soll sich der Übende in diesem Ritual die Hände mit frischen Wasser waschen und einen Schluck kaltes Wasser trinken. Dann spricht er folgendes Gebet einmal:

Möge der Göttliche Strom des Kosmos mich von aller Unausgeglichenheit des Denkens und meines Leibes reinigen, damit ich würdig bin, in die Kathedrale der Seele einzutreten, um die Reinheit und Würdigkeit ihrer Segnungen teilhaftig zu werden.

Dann schließt er die Augen und denkt an die Kathedrale der Seele (Shamballa), imaginiert sich dort hinein, erfühlt den Tempel, bis er an einer Kühle die Atmosphäre feststellt, dass er eingetreten ist in das Heiligtum der Heiligtümer. In den älteren Anleitungen wird zusätzlich von dreifacher *Heilung* gesprochen; in den neueren Ausgaben ist an dieser Stelle nur von Harmonisierung und Reinigung unseres Leibes (der Seele usw.) die Rede. Aber auch eine finanzielle Absicherung tritt ein. Sobald der Kontakt eingetreten ist, spricht der Übende die abschließenden Worte:

Möge die Gnade Gottes und der Segen der Meister diese Verbindung heiligen. – Aum

Dann anschließend die beiden Gebete noch dreimal wiederholen. Die Übungen werden viel leichter gelingen und man hat mit der Zeit nicht mehr so viele schlechte Gedanken.

12. Dämonenhierarchie
Louis

Aus christl.-gnost. Quellen, dem Talmud und der Kabbala wurde im 17. und 18. Jahrhundert in der Zauberliteratur eine Art Rangliste der höllischen Dämonen geschaffen. Bei den Beschwörungen musste der Magier Rang bzw. Funktion eines Dämons kennen, wenn er erfolgreich sein wollte.

Kaiser

1. Luzifer – Herrscher aller Dämonen, Meister sämtlicher Geister, Vater aller Gegengenien

2. Belial – Vizekönig

Herrscher

3. Satan
4. Baalzebuth
5. Astaroth
6. Pluto

Großfürsten

1. Aziel
2. Mephistophiles
3. Marbuel
4. Ariel
5. Aniguel
6. Anifel
7. Barfaee

Großräte oder höllische Räte

1. Abbadon
2. Charnus
3. Milea

4. Lapasis
5. Merapis

Geh. Reichssekretarius

1. Milpeza

Hausgeister, welche die häusliche Zerstörung verwalten;
man zieht sie je nach Mentalität an.

1. Chinicham
2. Pimpam
3. Masa
4. Lissa
5. Dromdrom
6. Lomha
7. Palasa
8. Naufa
9. Lima
10. Pora
11. Saya
12. Wunsolay

13. Linga und Yoni
H.S.

Es wird soviel über die Sexualität geschrieben, gesprochen, ja, es werden sogar Filme, Radiosendungen produziert, welche alle über dieses Thema lang und breit sich auslassen. Doch treffen sie die Wahrheit, kommen sie auf des Pudels Kern?

Und genau diesen göttlichen Ursprungs aller Erscheinungen wollen wir mit dieser kleinen Abhandlung über die Mysterien des reinen Geschlechtskultes wieder offen darlegen. Sie soll eine bewusste Anknüpfung an die Ur-Religionskulte der ältesten Kulturvölker unserer Erde sein, eine meistens bewusste Wiederbelebung des alten Geschlechtskultus in modifizierter Form. Das ist der Dienst am Lingam-Yoni-Kultus, wie so manches andere aus den sogenannten alten Religionsgebräuchen in versteckter Form mit übernommen hat, und im Marienkultus noch heute ausgeübt und perpetuiert wird. Dieser Aufsatz wurde nach dem Grundsatz verfasst: Dem Reinen ist bekanntlich alles rein! Und auf die Reinheit legt die Hermetik bekanntlich großen Wert! Es werden in dieser Zusammenfassung keinerlei Auswüchse erwähnt, sondern die Heiligkeit dieser Schöpferorgane angepriesen. Denn jegliche Entartung ist eine einseitige Form, welche von der Spitze des Berges in den Abgrund stürzen lässt.

Gleichviel wie unsere heutige Gesellschaft, die Vertreter der Lehre der christlichen Kirche, die Männer der staatlich privilegierten Wissenschaft usw. über die Sache eben denken mögen, gleichviel wie verdammenswert auch die Auswüchse und sexuellen Missbräuche des Urgedankens sein mögen, so bleibt es doch eine nicht wegzuleugnende Tatsache, dass die Verehrung der männlichen und weiblichen Schöpfungsorgane die Basis der Religionen aller Kulturvölker des Altertums bildete. Man vergleiche nur die erste Tarotkarte im „Adepten", wo ebenfalls auf diese hohe Symbolik hingewiesen wird.

Die Anbetung der männlichen und weiblichen Schöpfungsorgane muss als die älteste Form eines Gottesdienstes angesehen werden, denn sie sind die Vertreter des elektrischen und magnetischen Fluides.

Diese Anbetung oder Verehrung dieser Organe als Symbole der ewig sich erneuernden göttlichen Ur-Schöpferkraft ist Phallismus, Phallus-kultus, Venus-Vula-Kult oder Lingam-Yoni-Dienst. Das Wort Phallos ist ein griechisches Wort und bedeutet das männliche Zeugungsorgan, daher

Phallismus oder Phallusdienst. Phallos war insbesondere eine plastische Reproduktion des männlichen Zeugungsorgans, das bei den Prozessionen der Bacchus-Feste als Symbol der schöpferischen Naturkraft öffentlich herumgetragen wurde. Man hatte im Griechischen verschiedene Worte und Ausdrücke für denselben Gegenstand, wie z. B. Phallephoria, Phallikos. Ferner wurden die Priester des Phallusdienstes Phallobates genannt, und Ithyphalloi waren Männer als Frauen verkleidet, die unmittelbar hinter dem Phallus in den Prozessionen des Dionysius einherzogen. Dann finden wir die Bezeichnung Phallaphoroi als Namen für Männer in Schaffellen gekleidet, das Gesicht mit Ruß oder schwarzer Farbe beschmiert, die in den Straßen um herliefen, Veilchen, Efeu, Kräuter aus kleinen Körbchen verkauften und kleine Nachbildungen des Phallos, aus rotem Leder gefertigt, umhertrugen. Das Wort ist zusammengesetzt aus Phallos, ein Stab oder eine Stange mit einem Penis am Ende, und aus Phero, ich trage.

Zwei Merkmale sind es, die beim Studium der Geschichte des Phallusdienstes besonders hervortreten und unsere Aufmerksamkeit fesseln. Erstens das hohe Alter des Phallusdienstes und die ungeheure Ausdehnung, die derselbe über alle Teile der Erde gehabt hat.

Betreffs seines Alters ist es unmöglich, irgendeinen historischen Datum oder eine bestimmt zu definierende Zeit als die Entstehungszeit des Phallusdienstes zu bezeichnen, man weiß eben nur, dass er schon im vorgeschichtlichen grauen Altertum vorhanden war. Genauer gesagt bei den Lemurianern war der Beginn auf Erden. Und was seine Ausbreitung anbetrifft, so war während vieler Jahrtausende der Phallusdienst der herrschende Religionskultus in den höchstentwickelten und menschen-reichsten Staaten der betreffenden Zeiten der Erde.

Göttliche Verehrung wurde bei den Asiaten dem Phallus und der Vulva gezollt, bei den Ägyptern, Griechen und Römern dem Priapus, bei den Kanaanitern und den Götzen dienenden Juden dem Baal-Peor. Die Bilder oder Symbole dieser Organe kann man in der Wanddekoration sehen, welche in Form eines Bandstreifens rund um den Zirkus zu Nimes läuft, ferner über dem Portal der Kathedrale von Toulouse und verschiedener Kirchen in Bordeaux. Der französische Forscher d´Ancarville hat zwei Bände geschrieben, um zu beweisen, dass Phallus-Verehrung die älteste Form der Gottesverehrung ist.

Die Zeugungsglieder sind die geheiligten, edelsten und wertvollsten Teile des menschlichen Körpers, indem sie das Symbol der Vereinigung für die zartesten Beziehungen der ehelichen Verbindung waren, der Sitz der

Reproduktion des Geschlechtes und der Erhaltung der Familie, des Volkes, der Rasse waren.

Da man durch diese Organe eine reiche Nachkommenschaft bewirken kann, wurde aus ihnen ein heiliger Gegenstand, dem man göttliche Anbetung schuldig wurde; und so entstand der Geschlechtskult, dem ganz gewiss jeder unreine Gedanke fern lag. In seinen Uranfängen war der strenge, heilige Ernst dieses Dienstes durch keine Frivolität und keine lasterhaften Auswüchse und Missbräuche verfälscht und geschändet.

Lassen wir Voltaire sprechen: Es ist unmöglich, annehmen zu wollen, dass verdorbene und ausschweifende Sitten ein Volk zur Begründung von religiösen Zeremonien führen konnte. Man muss vielmehr zugeben, dass der Grundgedanke der war, einer Gottheit Ehren und Opfer darzubringen unter dem Symbol des lebenerzeugenden Organs, und dass dieser Kultus zur Zeit der einfachsten und reinsten Sitten entstanden ist. Dass der Ursprung des Phallus-Vulva-Kultus ein reiner und aus naivem, einfachem Gemüt hervorgegangen war, das steht ohne Zweifel fest. Es war eben nichts anderes als eine allegorische Verehrung der mystischen Vereinigung zwischen Männlich und Weiblich, die durch die ganze Natur als die einzige Möglichkeit der Erhaltung und Fortpflanzung des Lebens sich dokumentiert. Selbst an den Geräten, Einrichtungen, Möbeln unserer christlichen Kirchen etc. finden wir derartige Symbole.

Je sorgfältiger man die Religions-Systeme der Alten studiert, desto klarer wird es dem Forscher, dass Geschlechts-Kultus die Basis von allen Religionen war. Das Zwitter-Element in den Religionen stellt auch die Geschlechts-Anbetung dar. Die Gottheiten wurden „Er-Sie" genannt und als Figuren halb Mann, halb Weib dargestellt. Dies sollte ein bildlicher Hinweis sein, dass man nur durch den Ausgleich der seelischen Eigenschaften und durch eine Vereinigung beider Seiten zu wahren Gottverbundenheit gelangen kann.

Über die Entstehung der Zwitter (herm-aphroditische Personen, abgeleitet von Hermes und Aphrodite) ist folgende Sage bekannt: Ein Sohn des Merkur (Hermes) und der Venus (Aphrodite) liebte die Nymphe Salmacis, indem er nun seine Geliebte in heißer Liebe umfing, flehte er die Götter an, sie möchten beide zu einer Person verschmelzen. Dieses Gebet fand Erhörung und so entstand die herm-aphroditische Form oder deutsch der Zwitter.

Es wäre durchaus nur zu wünschen, dass auch unsere Zeit den Phallus resp. die Vulva als menschliche Reproduktionsorgane wieder als etwas Heiliges anstatt als etwas Satanisches, Sündhaftes und Unsittliches betrachten würde. Unsere Zeit würde dadurch nur an Sittlichkeit gewinnen, aber gewiss nicht verlieren.

Befremden wird es die meisten Leser, wenn sie hören dass selbst an den hehrsten christlichen Kathedralen unserer Tage die Wahrzeichen eines ehemaligen Phallus-Vulva-Dienstes übrig geblieben sind! Doch ist es eine nicht wegzuleugnende Tatsache, dass die Türme unserer Kirchen, ganz besonders gewisse Formen derselben, nichts anderes sind als ehemalige Verkörperungen des Phallus, wie sogar gewisse Kirchen und Kathedralen in der Art ihrer Anlagen gewaltige Nachbildungen von Lingam-Yoni (die monumentale Darstellung der Vereinigung der männlichen und weiblichen Schöpferorgane) sind.

Ein volkstümlicher Gebrauch verbindet aber unsere heutige Zeit noch mit dem urgrauen Altertum und seinem Gottesdienst. Das ist der Maibaum. Wenn auch der moderne Städter nichts mehr vom Maibaumtanz, Maifest mit dem Dorfmaibaum weiß, so wird doch in verschiedenen Gegenden Europas, und besonders in vielen Dörfern Englands noch heute im Mai der Maibaum aufgerichtet zur Feier des Wiedererwachens der zeugenden Naturkraft des neuen Lebens, und dieser Maibaum, der mit Girlanden geschmückt wird, um den die Jugend in bunter Reihe unter frohen Gesängen herumtanzt, ist nichts anderes als der Phallus von einer Vulva umrahmt aus einer vergangenen Zeit, das Symbol der zeugenden und schöpferischen Gotteskraft!

Doch es liegt in der Natur sämtlicher Geschlechts-Zeremonien, dass selbe leicht sinnlich ausartet und zu Missbräuchen führt. Auch die Tantras wurden mit solcher Symbolik versehen, weswegen sie dann in sexuelle Orgien entarteten.

Die indischen Lingam und Yoni wurden mit den Göttern Shiva und Shakti identifiziert, um aufzuzeigen, dass man mit zwei Ur-Prinzipien arbeitet, mit dem aktiven elektrische und dem passiven magnetischen Fluid. Nur wurden diese heiligen Symbole ins materielle Verdreht und dadurch entehrt.

Gewisse Mystiker sehen die beiden Prinzipien, die durch den Linga und die Yoni symbolisiert werden, überhaupt in allen möglichen Gegenständen und Dingen in der Natur u. s. w., die entweder gehöhlt sind oder senkrecht zum Himmel streben. So z. B. die Erde, der See, ein Boot, ein Brunnen, ein Teich, die Höhlung der Hand, Felsenrisse, Höhlen werden als zum Prinzip Yoni gehörig klassifiziert, während Berge, besonders solche, die eine Kegelform haben, Türme, Pyramiden, konische Hügel, Masten, Bäume,

Obelisken, loderndes Feuer als zum Prinzip, das durch Linga symbolisiert wird, gehörig betrachtet werden.

Alle Legenden um die Schöpferorgane deuten nur darauf hin, dass es sich um die beiden wichtigsten symbolischen Teile oder Prinzipien im Kosmos handelt, mit denen die Gottheit aus dem Akasha heraus sich zum ersten Mal schöpferisch offenbarte. Die verschiedenen Geschichten sollten dies nur veranschaulichen, wie wichtig die zwei Prinzipien in der Natur sind, wie reichhaltig ihre Symbolik ist. Am deutlichsten sieht man das in Form des Mannes und der Frau. Deshalb hat Franz Bardon unterhalb des AUM in einer Kugel die beiden Gottheiten in sexueller Vereinigung in Rot und Blau gezeichnet, um dadurch ihre wahre Macht zum Ausdruck zu bringen. Die Deutung ist weitreichend: Einmal wird auf die Gleichwertigkeit zwischen Mann und Frau verwiesen, auf die Schöpferkraft beider, dass nur beide vereint schöpferisch wirken können, das man in sich die beiden Prinzipien Plus und Minus zum Ausgleich bringen muss, dass man sich im Endeffekt zur Gottheit emporheben kann, um schöpferisch zu arbeiten. Das wäre die hermetische Erklärung von Linga und Yoni!

Alle Formen der irdischen Verehrung, der Orgien, der ausgelassenen Feste und Feiern, der Anschauungen der Logen, Orden und verschiedenen mystischen Verhöhnungen, sind Abarten der Reinheit und somit für die Entwicklung konträr. Die beste Form der Verehrung ist die in sich selber, in dem man diese beiden „Gottheiten" ihren gebührenden Platz im menschlichen Körper übergibt: Links magnetisch – rechtes elektrisch!

Die Hindus stellen sich eine Säule vor, die von den höchsten Spitzen bis ins Zentrum der Erde reicht und 84000 yoijans hoch, an der Spitze 32000 breit und an der Basis 16000 im Umfang ist. Selbe hat eine runde Form und steht mit dem schmaleren Ende im Mittelpunkte der Erde. Eine ähnliche Idee herrschte zu Cleanthes Zeit im Westen. Cleanthes behauptete, die Erde habe die Form eines Konus, diese Form bezog sich aber wohl auf den Berg Meru in Indien. Dieser Berg wird wie folgt beschrieben: „Der Berg Meru ist gänzlich aus Stein, 68000 yoijan hoch, 10000 im Umfang und von der gleichen Stärke von oben bis unten. Die tibetanischen Priester behaupten jedoch, dass er viereckig ist und die Form einer umgekehrten Pyramide habe. Einige der Buddha-Anhänger sagen, dass er die Form einer Trommel habe, mit einer Erhöhung in der Mitte, wie die Trommeln in Indien meistens sind. Sie nehmen diese Form an, um durch dieselbe die symbolische Vereinigung der beiden Urprinzipien und schaffenden Urkräfte der Welt anzudeuten. Meru ist der heilige oder Ur-Linga, und die Erde, in die er hineinragt, ist die mystische Yoni oder Urmatrix, geöffnet und ausgedehnt gleich der Padma oder Lotos. Die Konvexität im Mittelpunkt stellt den os tincae oder Nabel Wischnus vor. Die physiologischen Mysterien des Lingam-Yoni-Kult werden auch durch die Lotusblume symbolisiert, welche sowohl die Erde, wie das zeugende und das gebärende Prinzip vorstellt. Der Keim oder Stempel ist beides, Meru und Linga; die Blütenblättchen sind die Berge, welche den Meru umgeben, sie versinnbildlichen auch die Yoni; die vier Blätter der Calyx sind die vier Regionen der Elemente, und die Blumenblätter sind die verschiedenen Inseln im Ozean, die Jambu umgeben; das Ganze schwimmt auf den Wassern gleich einem Boot. Die Hindus sagen nicht wie die Chaldäer, dass die Erde die Gestalt eines Bootes (Arche) habe, sondern sie behaupten, dass zur Zeit der großen Flut (die biblische Sintflut oder Sündflut) die zwei Urkräfte (des Zeugens und des Gebärens) die Gestalt eines Bootes (Yoni) mit einem Mast (Linga) annahmen, um das menschliche Geschlecht zu erhalten. Da dieses symbolische Boot auch Argha genannt wurde, so ist daraus wohl die biblische Arche entstanden. In der Ark-Maurerei wird den heutigen Mitgliedern gewiss ganz unbewusst, diese phallische Idee der Arche perpetuiert. Bei den Ägyptern bedeutete Argha oder Cymbium ein Gefäß, Napf oder Platte, in der Früchte und Blumen der Gottheit geopfert wurden. Dieses Gefäß musste, wenn es die richtige Form haben sollte, bootähnlich sein. Iswara wurde auch Arghanata, der Herr des bootgeformten Gefäßes, genannt. Osiris wurde als der Befehlshaber, der Herr, der Argha dargestellt, und dieses Boot wurde von vielen Männern auf den Schultern getragen. Diese Männer nannte man Argonauten.

Tacitus erzählt, dass die Sueven einem Schiff göttliche Verehrung zollten, dieses Schiff war zweifellos gleich der Argha ein Typus der mystischen Yoni. Steinbilder der mit dem Linga vereinten Argha findet man überall in Indien als Götzenbilder. Dieselben werden mit Blumen geschmückt, und über den Linga wird Wasser gegossen. Der Rand stellt die Yoni und die fossa navicularis dar, und statt dem Linga wird oft Iswara, in der Mitte des Bootes aufrecht stehend, abgebildet.

Die Saiva-Anhänger unter den Hindus graben oft einen Teich in der Form einer Yoni, um gewisse Gnadenbeweise der Gottheit zu erlangen. Das Wasser, welches in diesem yoni- oder arghageformten Teich ist, stellt Wischnu vor, der eine Personifikation der Feuchtigkeit im Allgemeinen ist und in diesem besonderen Falle Wischnus Nabel bedeutet. Wenn nun der fromme Saiva-Hindu findet, dass die erhofften Gnadenbeweise der Gottheit ausbleiben, so wird unter großen Feierlichkeiten und besonderen Zeremonien, die je nach der Stellung des Hindu mehr oder weniger kostbar und glänzend sind, an einem besonders heiligen und glückverheißenden Tage ein Mast in die Mitte dieses Yoni-Teiches versenkt und eingerammt. Der Mast stellt Schiwa respektive den Linga vor, und damit wird die typische Vereinigung der beiden Urkräfte feierlichst vollzogen. Diese Zeremonie der Einführung des Mastes in den Teich wird gewöhnlich die Hochzeit des Lingam und der Yoni genannt.

14. Wie erlangt man okkulte Kräfte
W. Q. Judge

Die Zucht des Geistes
oder die Pflege der Verinnerlichung (Konzentration).

Die geistigen Übungen, denen sich die nach spiritueller Erkenntnis Ringenden zu unterziehen haben, werden gemeinhin unter der Bezeichnung: Ausbildung des Selbsts zusammengefasst; ich kann diese Bezeichnung jedoch nicht billigen und ziehe vor, sie „Zucht des Geistes" zu nennen. Denn obwohl der erstere Ausdruck bei oberflächlicher Betrachtung jene Übungen allerdings ziemlich treffend zu bezeichnen erscheint, so ist er vom theosophischen Standpunkte aus doch ungenau; denn letzterem zufolge ist das Selbst dasjenige, was in den indischen Schriften mit *Ishwara* bezeichnet wird, nämlich jener Teil des unsterblichen Geistes, der in jedem menschlichen Körper eingeschlossen ist. Dass dies die indische Auffassung ist, daran ist nicht zu zweifeln. In der Bhagavad Gita Kap. 15 heißt es nämlich: „Ein ewiger Strahl von Mir, der ein individuelles Dasein in der irdischen Welt erlangt hat, zieht die fünf Sinne und die (irdische) Seele an sich, welche der Natur angehören. Sobald nun Ishwara sich einverleibt oder sich vom Körper trennt, reißt er diese mit sich, etwa wie der Wind die Wohlgerüche der Blumen mit sich führt. Das Ohr beherrschend, das Auge, das Gefühl, den Geschmack, Geruch wie auch das Gemüt, knüpft er dadurch zwischen sich und der Sinnenwelt eine Verbindung an." Und in einem früheren Kapitel wird „der höchste Geist in diesem Körper der Zuschauer und Ermahner, der Erhalter, der Genießer, großer Herr und auch höchste Seele" genannt; und weiter: „Die höchste unsterbliche Seele, obwohl im Leib und mit ihm verknüpft, wird doch durch dessen Handlungen nicht befleckt."
An anderen Stellen dieser Schrift wird eben dieser Geist das Selbst genannt wie in jenem berühmten Sanskrit-Spruch: „Atmanam atmana pashya", was so viel heißt wie: „Erhebe das Selbst durch das Selbst"; und desgleichen durch alle Upanishaden hindurch, wo das Selbst stets dasselbe wie das Ishwara der Bhagavad Gita bedeutet; auch Max Müller glaubt, diesen wichtigsten Begriff in den Upanishaden am besten mit „Selbst" übersetzen zu sollen.

Hieraus aber ergibt sich, dass es so etwas wie Ausbildung dieses Selbsts, da es seinen Wesen nach unsterblich unveränderlich, unbefleckbar ist, nicht geben kann. Nur infolge unzulänglicher Ausdrücke sind einige neuere Forscher und Schriftsteller dazu verleitet worden, von „Ausbildung des Selbsts" zu sprechen, während sie doch einräumen müssen, dass dieses Selbst nicht ausgebildet werden kann. Sie meinen aber damit „solche von uns zu betreibende Ausbildung oder Übungen, die uns – obwohl noch auf Erden – befähigen sollen, die Weisheit des allwissenden und göttlich-reinen Selbst in uns widerzuspiegeln und seinen Weisungen Folge zu leisten".

Da der Ausdruck „Ausbildung des Selbsts" stets eine Erklärung benötigt, wie er zu verstehen ist, so ziehe ich es vor, ihn ganz abzutun und ihn durch einen solchen zu ersetzen, der jedes Missverständnis ausschließt. Auch noch aus einem andern Grunde sollte der fragliche Ausdruck verworfen werden, weil er nämlich leicht die Meinung erweckt, es handle sich dabei um etwas Selbstisches; denn da man dabei glauben könnte, dass man damit nur etwas für sich „selbst" bezwecke, so würden wir uns dem Verdacht aussetzen, dadurch eine Scheidewand zwischen uns und unseren anderen menschlichen Brüdern aufrichten zu wollen. Nur dann könnten wir uns dieser Bezeichnung, ohne Widerspruch zu befürchten oder eine Erklärung zu benötigen, bedienen, wenn wir einräumten, uns mit selbstsüchtiger Absicht ausbilden zu wollen. Hierdurch aber kamen wir sofort mit dem obersten Grundsatze in Konflikt, den die theosophischen Lehren so oft und nachdrücklich betonen, dass nämlich die Vorstellung vom persönlichen Selbst ausgerottet werden müsse.

Da wir natürlich weit davon entfernt sind, diesen Fundamentsatz zu verneinen, so drängt sich uns auch die Notwendigkeit auf, einen solchen Ausdruck zu finden, gegen den sich keine derartige Einwendungen erheben. Dieser sollte die in den betreffenden Übungen wesentlichen Dinge, nämlich das Werkzeug, die Handlung und den Handelnden, ebenso wie der Beweggrund zur Handlung tunlichst andeuten, also die Selbsterkenntnis, das was erkannt oder getan werden soll, und den, welcher erkennt.

Dieser gesuchte Ausdruck ist: Die Zucht des (eigenen) Geistes. Die Inder nennen sie Yoga; übersetzt heißt dies so viel wie Vereinigung, nämlich mit dem höchsten Wesen, oder wie es auch heißt: „Der Gegenstand spiritueller Erkenntnis ist das höchste Wesen".

In den alten Büchern finden wir zwei große Abteilungen von Yoga, nämlich: Hatha-Yoga und Raja-Yoga.

Hatha-Yoga besteht in einer Kasteiung des Leibes, mittels deren gewisse Kräfte entwickelt werden. Es handelt sich dabei um Annahme gewisser Stellungen, die das Werk unterstützen, sowie um gewisse Methoden der Atmung, die in Verbindung mit anderen Kunstgriffen Veränderungen im Körper hervorrufen. Im 4. Kap. der Bhagavad Gita wird wie folgt auf sie Bezug genommen: „Einige Andächtige opfern das Gehör und die anderen Sinne in den Flammen der Selbstentsagung. Andere opfern durch Einziehung und Ausstoßung des Atems, indem sie die Kanäle der Ein- und Ausatmung verschließen und so nach Herrschaft über den Atem streben. Andere opfern das fleischliche für ihr geistiges Leben dadurch, dass sie sich der Nahrung enthalten".

In verschiedenen Abhandlungen werden diese Methoden im Detail auseinandergesetzt, und unzweifelhaft kann man sich mittels derselben verschiedene anormale Kräfte zu eigen machen. Jedoch sind dieselben namentlich für Leute im Westen, wo es an erfahrenen Gurus oder Lehrern gebricht, mit Gefahren verknüpft. Diese bestehen darin, dass der nicht Unterwiesene, dadurch dass er den Vorschriften der Hatha-Yoga entspricht, schädliche Einflüsse um sich wach ruft. Er versetzt nämlich dabei seine natürlichen Funktionen zuweilen in gewisse Zustände, wo er für eine Weile einhalten sollte, was er jedoch infolge mangelnder Kenntnis unterlässt, wodurch er sich eben nachteilige Folgen zuzieht. Also nochmals: Hatha-Yoga zu befolgen ist eine schwierige Sache und zwar eine solche, die, wenn betrieben, nicht eher ganz aufgegeben werden darf, als bis Meisterschaft und ganzer Erfolg erzielt wurde. Bei uns im Westen gibt es nur Wenige, die sich von Natur aus zu solch unaufhörlicher und schwieriger Arbeit auf den Verstandes- und Astral-Ebenen eignen. Durch ihre Neuheit, sowie durch den augenfälligen Preis, den sie in Gestalt von sichtbaren physischen Ergebnissen bietet, zur Hatha-Yoga gereizt, fangen sie dieselbe ohne Kenntnis der Schwierigkeiten an und hören nach einem kürzeren oder längeren Versuch wieder auf, ziehen sich aber damit sehr unerbetene Folgen zu.

Der wichtigste Einwurf gegen die Hatha-Yoga besteht aber darin, dass sie lediglich den materiellen und halbmateriellen Menschen, d. h. den Leib betrifft, und dass daher, was bloß durch ihn gewonnen wird, beim Tode wieder verloren geht.

Die Bhagavad Gita kommt hierauf auch zu sprechen und beschreibt diese Folgen mit den Worten: „Alle diese im Opfern Erfahrenen haben allerdings ihre Sünden durch ihre Opfer getilgt. Jedoch nur der gelangt zur

Vereinigung mit dem höchsten Wesen der von der von einem Opfer übrig gelassenen Ambrosia ist." Das bedeutet so viel, dass die Hatha-Yoga-Übung bloß das Opfer selbst darstellt, während die Raja-Yoga die aus dem Opfer entstehende Ambrosia oder „die Vollendung spirtueller Ausbildung" ist, und diese erst führt zum Nirvana. Die Mittel, um „die Vollendung spiritueller Ausbildung" zu erlangen, werden also in Raja-Yoga oder, wie wir sie nennen wollen, in der Zucht des Geistes gefunden.

Wenn diese Zucht vollendet ist, dann steht jenes göttliche Erkenntnisvermögen zu unserer Verfügung, das zwar unser unveräußerliches Erbe, gemeinhin aber sich uns beständig entzieht. Was man nämlich sonst wohl Erkenntnis nennt, ist nur ein intellektuelles Auffassen äußerer sichtbarer Formen, in denen sich gewisse Wirklichkeiten veräußerlicht haben. Das wissenschaftliche Wissen von den Mineralien und Metallen ist nichts anderes als eine Klassifikation materieller Erscheinungen und eine bloß empirische Errungenschaft; es weiß, wozu gewisse Mineralien und Metalle dienen und welches einige ihrer Eigenschaften sind. Gold ist, wenn rein, als weich, gelb und äußerst dehnbar bekannt, und durch eine Reihe von Zufällen wurde sein Nutzen als Arznei und in verschiedenen Künsten entdeckt; doch noch bis zum heutigen Tage wird darüber gestritten, ob das Gold im rohen Erz mechanisch beigemengt oder in ihm chemisch gebunden enthalten sei. Ähnlich verhält es sich mit den Mineralien; ebenso sind die Kristall-Formen bekannt und klassifiziert. Gleichwohl hat sich die Wissenschaft zu der Erkenntnis hindurchgerungen, dass wir auf diese Weise das Wesen der Materie nicht erkennen können, dass wir vielmehr nur gewisse uns durch die Materie dargestellte Erscheinungen auffassen und, wie sie sich ändern, verschieden bezeichneten als: Gold, Holz, Eisen, Stein usw. Ob aber die Mineralien, Metalle und Pflanzen noch weitere Eigenschaften besitzen, die nur durch andere noch unentwickelte Sinne begriffen werden konnten, davon weiß die Wissenschaft nichts. Gehen wir von unbeseelten Gegenständen zu den Menschen über, so hilft uns dieses gewöhnliche Wissen auch nicht weiter. Wir haben menschliche Körper mit verschiedenen Namen und von verschiedenen Rassen vor uns, über die äußeren Phänomene aber wird unser Alltags-Intellekt nicht hinausdringen. Von jedem Menschen glauben wir, dass er nach an ihm gemachter Erfahrung einen gewissen Charakter habe. Diese Meinung ist aber nur eine vorläufige; denn niemand kann behaupten, die guten oder üblen Eigenschaften desselben zu kennen, wohl wissen wir, dass mehr an ihm ist, als wir beurteilen können, aber was können wir nicht sagen; es entzieht sich uns durchaus. Und wenn wir uns selbst betrachten, so sind wir über uns ebenso unwissend wie über unsere Mitmenschen; daher stammt der alte Spruch: „Jedermann weiß, was er ist, niemand aber weiß, was er sein wird". Eine Unterscheidungskraft muss uns aber doch innewohnen, deren Pflege und Entwicklung uns in den Stand setzt, alles zu wissen, was wir wissen wollen. Dass es in der Tat eine solche Fähigkeit gibt, wird von Lehrern des Okkultismus gelehrt, und der Weg, sie zu erwerben, besteht in der Zucht des (eignen) Geistes.

Es wird gemeinhin übersehen oder nicht geglaubt, dass der innere Mensch, der allein diese Kräfte besitzen kann, sich gerade so zur Reife auswachsen muss, wie ja auch der physische Leib erst reif werden muss, wenn seine Organe ihre Funktionen völlig erfüllen sollen. Ich verstehe hier unter dem inneren Menschen nicht das höhere Selbst, den oben erwähnten Ishwara, sondern jenen Teil von uns, welcher Seele oder astraler Mensch oder Vehikel usw. genannt wird. Alle diese Ausdrücke unterliegen der Verbesserung und sollten wir uns nicht streng an die von verschiedenen Schriftstellern gegebenen Erklärungen derselben halten. Wir erwähnen hier nur: erstens den jetzt sichtbaren Körper, zweitens den inneren Menschen – nicht den Geist; und drittens den Geist selbst.

Jene Kräfte des astralen Leibes, nämlich die des zweiten oder inneren Menschen, schlummern bei den meisten Menschen noch und sind bei ihnen nur zum kleinsten Teil entwickelt. Das innere Wesen ist so zu sagen mit dem Körper Zelle für Zelle, Faser für Faser unentwirrbar verwickelt. Es existiert im Körper etwa wie die Faser der Mango-Frucht im Mango. Die im Inneren dieser Frucht befindliche Nuss breitet sich mit ihren Tausenden feiner Fasern ganz durch das umliegende gelbe Fleisch hindurch aus, und wenn man davon genießt, macht die Trennung des Fleisches von der Faser große Schwierigkeit. Dementsprechend ist es auch nicht leicht, den Körper nach Belieben zu verlassen und im Doppelgänger herumzustreifen.

Die darüber mitgeteilten Berichte mögen einer starken Einbildungskraft, Täuschung oder anderen Ursachen zugeschrieben werden. Vielfach gibt der Umstand zu Irrtümern hinsichtlich dieser Doppelgänger Anlass, dass ein Hellsehender sehr leicht ein bloßes Gedankenbild einer Person für die Person selbst hält. Tatsächlich wird von den Okkultisten, die die Wahrheit kennen, das Austreten aus dem Körper nach Belieben und das Herumstreifen in der Welt aus obigen Gründen als eine recht schwierige Sache betrachtet. Bevor jemand in seiner astralen Form herumwandeln kann, muss er sie erst sorgfältig Faser um Faser aus dem sie umgebenden Blutbrei, aus den Knochen, Schleim, Galle, Haut und Fleisch herausziehen. Und dies ist weder leicht, noch rasch ausführbar, noch alles auf einmal zu bewerkstelligen; erst jahrelanges sorgfältiges Trainieren und zahlreiche Versuche befähigen hierzu; und es kann bewusster Weise erst dann geschehen, wenn der innere Mensch sich zu einer mehr als bloß unverantwortlichen, zitternden und kaum zusammenhängenden ätherischen Gallerte entwickelt hat. Diese Entwicklung und dieser Zusammenhang wird durch Zucht des Geistes erreicht.

Nach dem, was mich Experiment und Unterricht gelehrt haben, ist es auch keineswegs richtig, dass wir uns im Schlaf herumbewegen, unsere Freunde und Feinde aufsuchen oder in entfernten Gegenden irdische Freuden kosten. Allerdings vermag der Mensch, sobald er sich einigermaßen durch Zucht seines Geistes konzentriert hat, den Körper gänzlich zu verlassen, bis jetzt aber sind solche Fälle selten.

Die meisten Menschen bleiben ihrem schlummernden Körper ganz nah. Um die verschiedenen Bewusstseinszustände durchzumachen, welche Fähigkeit sich ja vielfach verbreitet findet, bedarf es gar keiner Entfernung vom Körper; um ihn aber verlassen und uns meilenweit von ihm weg entfernen zu können, müssen wir erst den hiezu erforderlichen Ätherleib erworben und dessen Kräfte zu benutzen gelernt haben.

Dieser ätherische Körper hat nun seine eigenen Organe, welche das Wesen oder die Grundlage der leiblichen Sinne des Menschen bilden. Das äußere Auge ist lediglich das Werkzeug, durch welches die eigentliche Sehkraft die Tätigkeit des Sehens ausübt, auch das Ohr hat seinen inneren Meister, nämlich die Kraft zu hören, und so fort mit jedem Organ. Diese eigentlichen Seh-, Hör- usw. Kräfte im Inneren entstammen eben dem Geiste, den wir gleich anfangs erwähnt haben; jener Geist nähert sich den Sinnes-Objekten, indem er sich der verschiedenen Sinnes-Organe bedient; sobald er sich aber zurückzieht, versagen die Organe auch ihren Dienst, gerade so wie ein Nachtwandler sich mit offenen Augen, ohne wirklich zu sehen, umher bewegt, obgleich seine Augen vollständig normal und unversehrt sind.

Gewöhnlich kann zwischen den inneren und äußeren Organen keine Grenzlinie beobachtet werden; das innere Organ erscheint zu eng mit dem äußeren verknüpft, als dass es für sich separat unterschieden werden könnte. Sobald aber die Zucht des Geistes begonnen hat, so fangen die verschiedenen inneren Organe an, gleichsam zu erwachen und sich aus den

Fesseln ihrer körperlichen Gegenstücke zu befreien; auf diese Weise beginnt der Mensch seine Wahrnehmungsfähigkeiten zu verdoppeln; seine körperlichen Organe werden dadurch nicht beeinträchtigt, sondern bleiben auf ihrer Ebene nach wie vor gebrauchsfähig, er erwirbt sich also eine neue Garnitur von Sinnen, die er auf einer ihr eigentümlichen „Ebene" verwenden kann.

Hier und da kann man Fälle beobachten, in denen gewisse Teile dieses inneren Leibes sich durch irgendwelche Umstände über den übrigen Teil hinaus entwickelt haben. Zuweilen ist der innere Kopf allein entwickelt und der Betreffende kann dann hellsehen oder hellhören, oder es ist nur eine Hand entwickelt, während alles übrige noch nebelhaft und schwankend ist. Ist dies z. B. mit der rechten Hand der Fall, so wird der Besitzer derselben imstande sein, gewisse Erfahrungen zu machen, die derjenigen „Ebene" angehören, welcher die rechte Hand entspricht, also der positiven Seite der Berührung und Empfindung.

In all diesen anormalen Fällen handelt es sich aber stets um einen Mangel an Geisteszucht; die Betreffenden haben erst einen Teil fortgestoßen wie vergleichsweise ein Hummer sein Auge am Ende des dasselbe tragenden Gefüges ausstößt; oder nehmen wir jemanden, der sonderbarerweise nur eins der inneren Augen, etwa das linke, entwickelt hat, so hat dieses Auge zu einer ganz anderen „Ebene" Beziehung, als zu welcher die Hand gehört, und die sich da zeigenden Erscheinungen sind ebenso verschieden; der Betreffende ist nämlich ein Hellsehender von gewisser Art, indem er nur das erkennen kann, was sich auf seine einseitige Entwicklung bezieht; in Bezug auf viele anderen Eigenschaften der gesehenen oder gefühlten Dinge aber weiß er durchaus nichts, weil die hiezu erforderlichen Organe noch nicht entwickelt sind; er verhält sich etwa wie ein nur 2-dimensionales Wesen, das unmöglich das wissen kann, was 3-dimensionale wissen, oder wie wir gegenüber 4-dimensionalen Wesenheiten. Beim Wachsen dieses ätherischen Körpers kann man verschiedene Dinge an ihm beobachten.

Anfänglich nimmt er ein wolkiges unbestimmtes Aussehen an, und es bilden sich da, wo sich die Organe dem Gehirn, Herzen, den Lungen, der Milz, Leber usw. entsprechend zu entwickeln beginnen, gewisse Energie-Zentren. Der Verlauf der Entwicklung ist derselbe wie bei der Bildung des Sonnensystems und er wird tatsächlich durch unser Sonnensystem geleitet und beeinflusst.

Wenn die Zucht des Geistes ohne Unterbrechung fortgesetzt wird, so fängt diese wolkige Masse an, Zusammenhang zu gewinnen und sich als ätherischer Körper mit verschiedenen Organen auszugestalten. Sobald sich die letzteren entfalten, müssen sie auch benutzt werden. Versuche sind mit ihnen anzustellen, Proben und Experimente. Tatsächlich muss es der ätherische Mensch ebenso machen wie das Kind, welches erst kriechen muss, bevor es gehen kann, und erst gehen lernt, bevor es rennen kann. Wie aber auch das Kind viel weiter zu sehen und zu hören vermag als zu kriechen oder zu gehen, so fängt dieses Wesen gewöhnlich auch erst an zu sehen und zu hören, bevor es die Nähe des Leibes verlassen und sich auf eine weitere Reise begeben kann.

Es treten dann gewisse Hindernisse auf, welche – wenn recht verstanden – uns sehr gewichtige Motive für Ausübung verschiedener Tugenden an die Hand geben, die uns in unsern Schriften auferlegt werden und unter dem Ausdruck „Universelle Brüderschaft" zusammenzufassen sind.

Eins dieser Hindernisse besteht darin, dass man zuweilen diesen nebelhaften Körper heftig erschüttert, auseinandergezogen oder gar in Stücke zerrissen sieht, welche sofort das Bestreben haben, in den fleischlichen Körper zurückzufliegen und mit ihm ihre ursprüngliche Verwickelung wieder einzugehen. Dies rührt von Zorn oder Ärger her, und aus diesem Grunde haben die Weisen auch stets die Notwendigkeit von Gleichmut und Gemütsruhe betont. Lässt der Jünger in sich Zorn oder Ärger aufkommen, so wird der Einfluss hiervon vom ätherischen Leib augenblicklich empfunden und zeigt sich in einem unkontrollierbaren Erzittern, das – vom Zentrum ausgehend – die bis dahin aneinander-hängenden Teilchen heftig von einander reißt. Geht es mit dem Zorn weiter, so wird die ganze Masse sich auflösen und wieder ihre natürliche Stelle im Leib einnehmen. Die sich hieraus ergebende Wirkung besteht darin,. dass wieder eine lange Zeit verstreicht, bis der ätherische Leib von neuem gebildet werden kann. Und jedes Mal, wo sich solches ereignet, tritt auch dasselbe Resultat ein. Dabei macht es durchaus keinen Unterschied, was den Zorn oder Ärger veranlasst hat; denn so etwas wie „berechtigten Zorn", der diesen unvermeidlichen Konsequenzen nicht unterläge, gibt es bei diesem Entwicklungsprozess nicht. Ob deine Rechte ungerecht und offenkundig verletzt wurden oder nicht, das ist ganz irrelevant, Zorn und Ärger sind eben eine Kraft, die in der beschriebenen Weise sich auswirken muss. Also Zorn und Ärger sind strengstens zu vermeiden, und dies ist nicht anders möglich, als dass Barmherzigkeit und Liebe – absolute Nachsicht – geübt werden.

Jedoch auch ohne Zorn oder Ärger kann noch etwas Ähnliches eintreten.

Die ätherische Gestalt mag vollständigen Zusammenhang und scharfe Begrenzung erreicht haben, doch bemerkt man dann zuweilen, dass sie statt rein, klar und frisch zu sein, anfängt eine trübe und unangenehme Färbung anzunehmen, welcher Zustand der Fäulnis vorangeht, die jeden einzelnen Teil durchdringt, jeden weiteren Fortschritt ausschließt und schließlich so auf den Jünger zurückwirkt, dass sich Zorn oder Ärger von neuem einstellt. Dies ist die Folge von Neid. Neid ist nicht bloß eine Lappalie, die kein greifbares Ergebnis nach sich zöge, sondern er hat eine mächtige, in seinem Bereich ebenso schädliche Wirkung wie Zorn und Ärger. Er verhindert nicht bloß jede weitere Entwicklung, sondern zieht in des Jüngers nächste Umgebung Tausende übelwollender Wesen aller Art herbei, die sich auf ihn stürzen und in ihm jede üble Leidenschaft erwecken oder fördern. Der Neid muss daher ausgerottet werden, und man kann sich seiner, so lange die Idee der Persönlichkeit noch verstattet wird, nicht entledigen.

Eine andere Wirkung wird auf diesen ätherischen Leib durch Eitelkeit und Ehrgeiz hervorgerufen. Eitelkeit beruht auf jener großen Täuschung der Natur; sie erzeugt in der Seele irrtümliche oder bösartige Bilder aller Art und beeinträchtigt das klare Urteil dermaßen, dass abermals Zorn, Ärger oder Neid entstehen müssen, oder aber ein solcher Weg beschritten wird, auf dem äußere Ursachen eine gewaltsame Zerstörung des Wesens nach sich ziehen, wie dies sich in folgendem Falle zutrug: der Betreffende hatte in der Zucht des Geistes beträchtliche Fortschritte gemacht, gestattete aber zuletzt der Eitelkeit die Oberhand. Für das innere Gesicht ergeben sich hieraus sehr merkwürdige Bilder und Vorstellungen, welche nach und nach ihn so beeinflussten, dass er in seine Sphäre ganze Horden schier unbeschreiblicher Elementel herbeizog, wie sie von okkulten Forschern nur selten beobachtet werden. Diese legten, wie das ihre Art ist, auf ihn Beschlag und bewirkten eines Tages rings um seinen astralen Körper eine Art ätherischer Explosion, ähnlich der vom gefährlichsten Sprengstoff erzeugten. Die Folge hiervon war, dass seine ätherische Form plötzlich zerrissen, und die ganze Natur des Betreffenden infolge sich erhebender Gegenwirkung alteriert wurde, worauf derselbe nach Begehung entsetzlichster Exzesse bald in einem Siechenhause starb.

Und Eitelkeit kann nur durch sorgfältige Pflege jener Selbstverleugnung und Demut vermieden werden,wie sie sowohl Jesus von Nazareth wie Buddha gelehrt haben.

Ein anderes Hindernis bildet die Furcht; jedoch ist diese nicht das schlimmste, vielmehr ein solches, welches mittelst Erkenntnis zum

Schwinden gebracht werden kann; denn Furcht ist stets die Folge der Unwissenheit. Ihre Wirkung auf die ätherische Form zeigt sich in einer Zerknitterung oder einem Zusammenschrumpfen derselben, oder auch in einem Gerinnen und Zusammenziehen. Mit Zunahme der Erkenntnis. jedoch lässt diese Zusammenziehung nach, und es stellt sich die normale Beschaffenheit der ätherischen Form wieder her. Furcht ist dem Frost vergleichbar, der den Prozess des Erstarrens nach sich zieht.

Erfolg in der Zucht des Geistes kann nicht der erlangen, der sich ihr nur zeitweise unterzieht, vielmehr wird nur der etwas erringen, der „mit Hinblick auf das zu erreichende Ziel einen festen Vorsatz gefasst hat und ihn unablässig durchführt. Die Forscher unseres 19. Jahrhunderts sind nur zu geneigt, zu glauben, dass im Okkultismus Erfolge etwa so erzielt werden könnten wie in der Schule oder auf der Universität, nämlich durch Lesen und Lernen gedruckter Worte. Ein vollständiges Wissen alles dessen, was jemals über Geisteszucht geschrieben wurde, wird in dem hier behandelten Gebiete noch nicht die geringsten Kräfte entfalten; nicht dass ich Buchwissen für Überflüssig hielte, aber dasselbe ist ohne Geisteszucht ebenso nutzlos wie Glauben ohne Werke. An einigen Orten nennt man das Buchwissen glaube ich „bloße Augen-Erkenntnis", und in der Tat ist es nichts anderes, und ähnlich verhält es sich mit der ganzen so viel gepriesenen Kultur unserer entarteten Zeiten.

Gleich anfangs nannte ich diese Übung Raja-Yoga; sie enäußert sich all jener physischen Bewegungen, Stellungen und Vorschriften, die lediglich auf die jetzige Persönlichkeit Bezug haben, und leitet dagegen den Jünger zu Tugend und Altruismus als Basis, von welcher auszugehen ist. Dies wird von den Forschern öfters verworfen als beherzigt; so viel auch in den letzten 1800 Jahren über die Rosenkreuzer, ägyptische Adepten, Geheime Meister, Kabbala und wundervolle magische Bücher gesagt wurde, dennoch suchen jene führerlosen, durch diese Dinge angezogenen Jünger so lange sie sagen, dass die Vorschriften zur Tugend nur für Kinder und Sonntags-Schulen, nicht aber für sie seien, vergeblich Unterweisung und Zugang zum Tempel der ersehnten Lehre. Und so finden wir denn auch in allen europäischen Sprachen Hunderte von Büchern sich mit Riten, Zeremonien, Anrufungen und anderen Obskuritäten abgeben, die zu nichts weiter als zu Verlust an Geld und Zeit führen. Und nur wenige dieser Schriftsteller besaßen mehr als „bloße Augenerkenntnis." Allerdings erfreuen sie sich zuweilen eines bedeutenden Renomees, aber nur eines solchen, das einem Ignoramus von noch Ignoranteren zugestanden wird.

Der sogenannte große Mann, wohl wissend, wie gefährlich es seinem Rufe wäre, wenn er verlautbaren wollte, wie wirklich gering sein praktisches Können ist, schwatzt über „Erscheinungen und Elementel", über „Lebenselixier und den Stein der Weisen", hält aber seinen Lesern die Geringfügigkeit der von ihm erworbenen Fähigkeiten und die Unsicherheit seines eigenen geistigen Zustandes wohlweislich verschwiegen. Der Suchende mag es ein für allemal wissen, dass die Tugenden weder ignoriert, noch auf sie verzichtet werden kann; sie müssen durchaus einen Teil unseres Lebens bilden und ihre philosophische Begründung muss verstanden werden.

Fragt man nun aber, ob die Ausübung der Tugend als Zucht des Geistes allein zum Ziele zu führen vermag, so muss die Antwort verneinend lauten, wenigstens was dieses Leben betrifft, vielleicht aber einst in einem späteren; allerdings nämlich häuft ein tugendhaftes Leben viel Verdienst an, und dieses wird dem Tugendhaften dereinst eine Geburt in einer weisen Familie verschaffen, wo die eigentliche Geisteszucht etwa beginnen kann; oder jenes Verdienst lässt ihn in einer Familie Gottergebener oder solcher geboren werden, die, wie es in der Bhagavad Gita heißt, schon weit auf dem „Pfade" vorgeschritten sind, doch solch eine Geburt, sagt Krishna, ist schwer zu erlangen und die Tugenden allein werden daher nur selten rasch zu unserem Ziele führen.

Wir müssen uns fest zu einem Leben beständiger Arbeit nach dieser Richtung hin entschließen. Die Trägen oder Vergnügungssüchtigen tun besser, dieses Vorhaben von vornherein aufzugeben und sich mit den für jene abgesteckten bequemen Pfaden zu begnügen, die „Gott fürchten und den König ehren." Ungeheure Untersuchungs- und Versuchsgebiete müssen durchschritten werden, unerwarteten Gefahren und unbekannten Gewalten setzt man sich aus, und alle müssen sie überwunden werden; denn in diesem Kampfe „wird weder Pardon verlangt noch gewährt." Große Wissensmengen müssen erworben und festgehalten werden, nicht durch Bitten ist das Himmelreich zu erlangen, sondern es muss mit Sturm genommen werden, und das einzige Mittel, den Willen und die Gewalt zu erlangen, sich seiner zu bemächtigen und es fest zuhalten, besteht in der Ausübung der Tugenden einerseits, zugleich aber in haarkleiner Selbsterkenntnis andererseits. Es kommt die Zeit, wo wir einsehen werden, weshalb auch nicht ein einziger hingeworfener Gedanke von uns ignoriert, nicht ein einziger vorüberfliegender Eindruck uns verloren gehen darf. Dies ist begreiflicherweise keine leichte Aufgabe, sondern ein gigantisches

Werk. Hast du jemals darüber nachgedacht, dass der flüchtige Anblick eines Gemäldes oder ein einziges augenblicklich im Geräusch der Welt wieder verlorenes Wort leicht die Veranlassung zu einem Traum liefert, der dir die Nachtruhe vergiften und am folgenden Tage auf das Gehirn rückwirken kann? Alles und jedes muss geprüft werden. Wenn du dies vernachlässigt hast, so musst du beim Erwachen am nächsten Tage im Gedächtnis jedes Wort und jeden Umstand des vorigen Tages rückwärts verfolgen und wieder hervorsuchen, wie der Astronom den Himmelsraum nach dem Verlorengegangenen durchsucht; ja auch ohne solchen besonderen Beweggrund musst du in deine Vergangenheit rückwärts zu gehen lernen, sorgfältig und im Detail alles Geschehene, alles, dem du den Zutritt in dein Gehirn erlaubtest, gewissenhaft durchmusternd, und einer strengen Prüfung unterziehend, und das ist ein gar schwieriges Ding.

Doch kehren wir nochmals zu den unechten Adepten, den renommierten Meistern zurück und fragen wir, ob sie reine Absichten hatten oder nicht, Eliphas Levi z. B. hat so viele gute Dinge geschrieben, und seine Bücher enthalten eine Unmasse geheimnisvoller Winke; mit seinem eigenen Munde jedoch verrät er sich. Mit großem Aufwande berichtet er über die Erweckung des Schattens des Apollonius; Wochen vorher mussten alle erdenklichen Vorbereitungen getroffen werden, und in der bedeutungs-vollen Nacht wurden absurde nekromantische Verrichtungen ausgeführt. Und was war das Ergebnis? Je nun, bloß dass der sogenannte Schatten auf einige Augenblicke erschien, und Levi sagt, dass sie es nie wieder versucht haben. Irgend ein gutes Medium unserer Tage könnte den Schatten des Apollonis ohne alle Vorbereitungen auch herbeizitieren, und wenn Levi ein echter Adept wäre, so hätte er den Toten eben so leicht sehen können, wie er sich an dessen Bild in einem Buche wendete. Durch derartige einzelne Versuche und rein äußerliche Vorbereitungen werden in Wirklichkeit die bloß geschädigt, die sich damit abgeben. Und das närrische Herumpfuschen mancher Theosophisten mit Praktiken der Yogins Indiens, von denen sie kaum den achten Teil verstehen und sie für sich allein unzulänglich sind, wird sie zu noch weit schlimmeren Ergebnissen führen, als der von Eliphas Levi berichtete, höchst fragwürdige Versuch.

Da wirr jetzt mit unserem westlichen Geiste zu rechnen haben, dem diese Dinge ungewohnt und der mit falscher Beziehung und falscher Logik überladen ist, so können wir doch nur da anfangen, wo wir jetzt stehen; erst wenn wir unseren jetzigen Besitz geprüft und unsere jetzigen Kräfte und geistigen Mechanismus kennen gelernt, können wir hoffen, auf den rechten

Weg zu kommen.

Über okkulte Kräfte und ihre Erwerbung

Tausende von Leuten gibt es in den Vereinigten Staaten innerhalb der „Theosophischen Gesellschaft" wie außerhalb derselben, die der Überzeugung sind, dass es gewisse außerordentliche okkulte Kräfte gäbe, die der Mensch sich zunutze machen soll. Solche Kräfte, wie Gedankenlesen kommende Ereignisse voraus zu schauen, die Beweggründe anderer zu enthüllen, Herzutragung von Gegenständen u.dgl. sind die gesuchtesten, fast immer aber mit selbstsüchtigen Absichten: Der eine will die Zukunft erforschen, um in Papieren zu spekulieren, der andere, um seinen Konkurrenten zuvor zu kommen; ja, derartigen Gelüsten wird hier und da von Leuten und sogar Gesellschaften Vorschub geleistet, indem sie in ihren Betrogenen illusorische Hoffnungen nähren und sich die Anrufung dieser Kräfte mit eitel Geld bezahlen lassen.

Sogar einige unserer Mitglieder sind schuldig nach solch wunderbarer Erkenntnisfrucht mit denen gesucht zu haben, die die Allmacht, wenn angängig in Gold umsetzen möchten.

Eine andere Klasse Theosophisten hatte allerdings einen hiervon verschiedenen Standpunkt eingenommen; sie glaubten nämlich, dass gewisse Adepten – die wirklich überall hin sehen und hören, feste Körper durch den Raum schaffen, geschriebene Botschaften in beliebiger Entfernung zugleich mit lieblichem Erklingen astraler Glocken erscheinen lassen können, – sich ins Mittel schlagen und durch Ausübung derselben Kraft ernste Schüler jene okkulten Töne hören lassen sollten, wodurch jenen letzteren leicht jede Auskunft und Hilfe ohne Telegraph oder Postdampfer übermittelt wurde. Dass diese Wesen sich aber mit dergleichen Dingen nicht befassen, ist nachgerade zur Genüge bestätigt worden; denn das Himmelreich wird nicht verschenkt, sondern es muss mit Sturm genommen werden; zwar liegt es vor uns, zum Eintreten und Besitz davon zu nehmen bereit, jedoch erst nach einem Kampfe, der nach errungenem Siege den Helden ermächtigt, in ungestörtem Besitze desselben zu verharren.

Da viele diese Regeln vergessen zu haben scheinen, so erlaube ich mir, ihnen folgende Worte eines jener echten Adepten zu unterbreiten, welche sie suchen:

„Das Hörenlassen okkulter Töne ist keineswegs eine so leichte Sache, wie man glaubt. Diese Fähigkeit ist keinem von uns gegeben worden; denn die eiserne Regel gilt: Diese Kräfte muss jeder sich selbst erwerben, und wenn erworben und zum Gebrauch bereit, so liegen sie immer noch still und in ihrer Möglichkeit schlummernd wie gleichsam die Räder in einer Spieldose, es muss dann immer erst noch der Schlüssel gedreht werden, um sie in Gang zu setzen . . . doch jeder ernsthaft angelegte Mensch kann solche Kräfte durch Übung erwerben. Ebenso wie die Sonne jedermann ohne Ansehen der Person bescheint und die Luft einem jeden Lebenskraft verleiht, so gibt es auch darin keine Bevorzugung. Die Kräfte der All-Natur liegen vor Euch; nehmt Euch davon also, was ihr könnt."

Dies ist gewiss deutlich und ganz in Übereinstimmung mit der heiligen Schrift, wo es heißt: „Wenn die Materialien alle zugerichtet sind und bereit liegen, so wird auch der Baumeister erscheinen", und wenn wir die gesuchten Kräfte durch Entwicklung derselben aus unserem innern Wesen erworben haben, so wird der Meister auch bereit und imstande sein, ihre Ausübung zu bewerkstelligen.

Jedoch – auch hier liegt dann noch ein wichtiger Punkt: Wenn nämlich der Meister auch in der Lage ist, den Schlüssel aufzuwinden und so den Mechanismus in Gang zu setzen, so kann er sich doch auch noch weigern, den notwendigen Impuls zu erteilen; denn aus Gründen, die mit den Motiven und der Lebensführung des Jüngers zu tun haben, mag es dem Meister für eine Weile ratsam erscheinen, die Ausübung jener Kräfte, welche „still und schlafend in ihrer Möglichkeit liegen", noch nicht zu gestatten. Ihren Gebrauch gut zu heißen, könnte bei diesem zum Ruin anderer führen, bei jenem sein eigenes persönliches Unglück oder doch eine Verzögerung seines wahren Fortschritts nach sich ziehen.

Daher sagt der Meister, dass er häufig genug die Ingangsetzung verweigern und überhaupt die Bewegung der Räder verhindern müsse.

Vor Euch liegen die Kräfte der All-Natur, nehmt Euch davon, was ihr könnt!

15. O.T.O.
Aus dem „Internationalen Freimaurer-Lexikon"

Dort steht auf Seite 835: „Templer, Orientalische, Orientalischer Templerorden, O. T. O. (Organ „Oriflarnme"), war eine Gründung des Abenteurers Theodor Reuß in Verbindung mit Dr. Carl Kellner, Wien, und dem Theosophen Dr. Franz Hartmann, die Männer und Frauen aufnahm, Zusammenhänge mit der regulären Freimaurerei behauptete, aber nicht hatte. Der O. T. O. gab vor, eine „Acadernia Masonica" zum Studium aller maurerischen Systeme, eine „die reine und heilige Magie des Lichtes, die Geheimnisse der mystischen Vollkommenheit und alle Formen von Yoga lehrende Körperschaft von Eingeweihten zu sein", in der sich die „gesamte geheime" Weisheit und Erkenntnis von mindestens zwei Dutzend Orden und Riten konzentriere und die in der „weißen Sexualmagie" den Schlüssel besitze, der alle maurerischen und hermetischen Geheimnisse erschließe. Nach einer von Reuß 1906 (?) in London herausgegebenen Konstitution stellte der „alte" Orden eine Reorganisation einer angeblich vorher bestandenen rosenkreuzerisch-esoterischen „Hermetischen Brüderschaft des Lichts" (Hermetic Brotherhood of Light) dar. Der O.T.O. pflegte sexuell-magische Hatha-Yoga-(Stellungs-)Übungen, die als „Transmutation der Reproduktionsenergie" zur „Stärkung der ewigen Gotteskraft auf der Irdischen Ebene" bezeichnet wurden. Reuss war auch ein Gegner – wie Gregorius – der Ehe! Laut „Jubiläumsausgabe" der „Oriflamme" von 1912 konnte niemand Eingeweihter werden, der nicht vorher die drei Johannisgrade der Freimaurerei empfangen hatte. Diese wurden aber vom O. T. O. missbräuchlich selbst erteilt. 1916 eröffnete Reuß die O.T.O. Großloge „Mystica Veria", der die Gründung der Loge „Libertas et Fraternitas", Zürich, folgte. 1917 wurden die Grade des Systems an den Memphis-Misraim-Ritus angeglichen. Für kurze Zeit zog der Orden auch Rudolf Steiner in seinen Bann, der bis 1914 als stellvertretender Großmeister dem Orden angehörte. Zunehmend gewann Crowley hier an Einfluss, der Orden selbst löste sich in den zwanziger Jahren in einen Haufen konkurrierender Unternehmungen auf.

16. Die abartigen Praktiken des OTO
Aus Königs „Der OTO Phänomen Remix"

Ich fasse folgende Aussagen aus dem obigen Buch zusammen, welche auf den Seiten 13-27 beschrieben wurden:

Praktiken und Geheimnisse des O.T.O.

Zum Verständnis des Gnostikers beginnen wir mit der Kosmogonie ihrer leicht divergierenden Weltanschauungen. Irgendwann am Anfang ist für ihn das Universum auseinandergebrochen – entweder verschuldet durch den weiblichen Aspekt eines Schöpfers oder aufgrund eines Mittlers zwischen dem Göttlichen und dem Profanen. Das Göttliche hat sich daraufhin beinah vollständig aus der Materie zurückgezogen. Das gesamte Universum steht im unsichtbaren Prozess Gott zu werden (und nicht zum Demiurgen, dem Weltenschöpfer). Der Gnostiker will nun das Universum heilen oder die Gottwerdung beschleunigen, indem er die wenigen Spuren des beinah vollständig entschwundenen Göttlichen, den Logos, wieder in den Himmel, ins Pleroma, zurückbringt. Für den wahren Magier hingegen ist der im Materiellen hängengebliebene Logos (oder dessen Spuren) das Wort: nun fleischgewordenes Göttliches (Am Anfang war der Logos); ein Machtinstrument, mit dessen Hilfe Überirdischem und Irdischem der Wille aufgezwungen werden kann. Deshalb braucht der Magier Schöpferworte und Rituale, um der Materie und den Geistern Herr zu werden. Für den Gnostiker hingegen ist alles ein Hinstreben zurück ins Himmlische, ein Heimfinden a la Novalis: „Hinüber wall' ich und jede Pein wird einst ein Stachel der Wollust sein!"

Magier und Gnostiker leben in zwei Welten zur gleichen Zeit. Während sich jedoch der wahre Magier der jenseitigen Welt bedienen will, um über die diesseitige und sich zu herrschen, sucht der Gnostiker nach einer göttlichen Realität, d. h. einem veränderten Bewusstsein in der diesseitigen, die er nur als Schatten der jenseitigen erlebt. Er verbindet sich mit dem irdischen Demiurgen! Manche Gnostiker erleben, dass Sexualität als Schlüssel oder Tür in andere Realitäten verwendet werden kann (hievon gibt es auch hinduistische, buddhistische, taoistische Auffassungen). Sie unterscheiden dabei zwischen asketischer und libertinistischer Anschauung. Es ist richtig, dass alle Gnostiker Sperma-Gnostiker sind. Im Kontext des

O.T.O. ist von diesen zu sprechen. Ich werde die komplexen gnostischen Traditionen nur ansatzweise anklingen lassen, jedoch weder die umfangreiche Literatur, weder die Kosmologie-Entwürfe im Einzelnen, noch die Historie zurückliegender Gnostischer Gruppierungen streifen: Ich springe direkt zu den Gnostikern dieses Jahrhunderts und vernachlässige meistens die magischen Weltanschauungen. Auch R. L. Hubbard nannte seine Scientology zurecht „gnosticism", in: „False Purpose Rundown", 5. Juni 1984.) Dieses Kapitel streift den Ursprungsort der modernen Gnosis, nämlich deren weltliche Ebene, wo die Historie der organisierten Gnostiker am meisten beeinflusst wird. Dies rechtfertigt die Nennung dessen, was oberflächlich gesehen aus einer banalen Froschperspektive heraus voreilig zum Umfeld Klatsch reduziert werden könnte. Es ist keinesfalls beabsichtigt, damit die Boulevard-Neugier zu befriedigen, jemanden anzuprangern oder an der zunehmenden Öffentlichisierung und Skandalisierung des ehemals Privaten in der Medienlandschaft teilzunehmen.

Erlösung

In einer Welt zu existieren, die subjektiv als verfault erlebt wird (ein gnostischer Ausdruck), schreit nach Erlösung. Diese Erlösung aus dem Tal der Tränen, der „Hölle", der „drückenden Bürde" findet ihren Anfang beim physischen Körper. Sie wirkt in höhere Sphären hinein (z. B. die gefühlsmäßige Ebene und den Intellekt), und schreitet stufenweise fort, bis der Mensch (mit Hilfe des gesammelten Logos) seinen ursprünglich angestammten göttlichen Platz im himmlischen Pleroma wieder ein-nehmen kann. Dieses Pleroma, sei es nun „innerhalb" des Menschen oder „außerhalb" im Weltraum (Himmel) definiert, ist der gnostische „Gegen-Ort" zur verfaulten Erde. Zwei Wege können eingeschlagen werden, um die Verfaultheit zu verlassen: sie zu meiden und dadurch zu beherrschen, das hermetische Konzept; oder sie aufzulösen, indem man sie völlig durchlebt, der sinnliche Weg. Auf einer höheren Ebene kann man es umgekehrt ausdrücken. Der sinnliche Weg führt zur Schwächung des Bösen, indem man sich ihm notwendigerweise hingibt. Der sinnliche Gnostiker umarmt die Sünde, um die Verrottung der Welt zu erleben und will als Phönix aus ihrer Asche aufzeigen. Sexuelle Orgien schwitzen den göttlichen Logos aus, der ins Pleroma, ins Akasha, eingeht. Der Hermetiker hingegen verabreicht gegen die verlockende Materie die Herrschaft über den Körper

84

und die Erde als Medizin, damit es zu keinen Vergiftungserscheinungen kommen kann.

Für die Schwarzkünstler transportiert nur das Sperma den Heiligen Logos, das Akasha wie es Franz Bardon richtig beschreibt. Frauen weisen weibliches Sperma, Vaginalsekret auf, und dienen daher nur für die Zwecke des Mannes. Ist eine Erlösung ohne zur Ganzheit des zuvor Auseinandergerissenen zurückzukehren möglich? Wäre eine Vollkommenheit möglich, die verschieden wäre von derjenigen des ursprünglichen Schöpfergottes, eine ohne weiblichen Aspekt, ohne Sündenfall? Falls der Gnostiker Gebrauch von der Frau machen will, dann soll sie allein als Öffnung (Vulva) zu höheren Wesenheiten und Bewusstseinszuständen dienen, wie z. B. wenn der Gnostiker dann vielleicht ihr Vaginalsekret auf eine Kristallkugel schmieren will, um im Akasha Einblick zu gewinnen. Findet er als Gnostiker Sinn im Gebrauch des Menstruationsblutes? Ist er christlich orientiert, dann nennt er ihr Blut „Das Blut Christi" und konsumiert es als „religiöse Nahrung", um Visionen zu bekommen. Er vermeidet sozusagen das Zeugen. Ein Hermetiker hingegen ist bei jeder sexualmagischen Operation rein schöpferisch und setzt Ursachen mit seiner gleichberechtigten Frau gezielt ins Aksaha. Hatha-Yoga oder Runenmagie ist eine der Bedingungen, um den Körper zu beherrschen, bevor man ihn als Tempel benützen kann. Im Westen wurde die Runenmagie als Körpergymnastik missverstanden, die den Körper wendig und den Geist gelassen machen soll. Die ursprüngliche Bedeutung des Wortes Rune bezieht sich auf Vereinigung und er wurde entwickelt, um mit der Quelle allen Seins Verbindung aufzunehmen.

Also: Fast alle gnostischen Bewegungen, seien es nun die alten, traditionellen, oder die neuen modernen, weisen allein dem Mann die Erlösungsmöglichkeit- und aufgabe zu. Deshalb war und ist in der Fraterntias Saturni die Frau ein minderwertiges Geschöpf. Denn der sinnliche Gnostiker benützt ALLE Frauen, um das Pneuma auszuschwitzen.

Der „Okkulte Kreis" um Kellner, ca. 1895

Während Madame Blavatksy vor unsauberen und von den Meistern missbilligten Yogapraktiken, sexuell-rituelle Stellungen warnte, lernte und lehrte Kellner genau diesen „Hatha-Yoga" der linken Hand, der sich an die Philosophien von Samkhya, Advaita und seines Freundes Franz Hartmann (1838-1912) lehnte. Er vertiefte sich in Meditationen, um frühere

Inkarnationen wieder zu durchleben, in denen er seine Frau als die Große Göttin anbetete. Er selber sah sich als babylonischen Priester. In einer seiner Villen befand sich ein fensterloser Kellerraum, in dem laut der „oral History" der Familie die alchemistischen Riten stattfanden, um das sexuelle Elixier herzustellen. Techniken dieses Kreises waren u. a. der Gebrauch von bewusstseinserweitemden Drogen oder die Fokussierung eines besonderen Wunsches auf einen Talisman.

Nach Carl Kellners Tod 1905 führte Reuss Kellners sexuellen Hatha-Yoga in ein freimaurerähnliches System über, in dem die ersten sieben rituell verliehenen Grade zur Öffnung der Chakras dienten und die letzten sexual-magischen Wissensgrade nur noch „per communicatio" verliehen wurden. Im Manichäismus ist die Materie böse, also ein Ort der Verwesung. Obwohl sich der Manichaismus in seinen Schriften ausdrücklich asketisch äußert, aber für egoistische Zwecke, gibt es auch anderweitige Berichte. Ohne ins Detail gehen zu wollen: Es gehört zum festen Bestandteil des Manichäismus, dass sich Engel mit den Archonten geschlechtlich vereinigen und so deren schlechte Fesseln lösen. Archonten sind die Mächte, die das zwiebelschalen-artig aufgeteilte Universum bewohnen und die Menschen versklaven. Der Singular Archon ist der Demiurg, der Weltengestalter oder Schöpfer. Durch die Vermählung des Guten mit dem Schlechten werden die Seelen reingewaschen, und was übrig bleibt allen Arten auf der Erde beigemischt.

Die Sexualorgane gelten als heilig und eine Heilige Messe bildet symbolisch die permanente Neu-Schöpfung des Universums ab. Grundgedanke ist hierbei, dass durch die sexuelle Zusammenarbeit von Frau und Mann die geistige Weiterentwicklung gefordert wird. Die sexuelle Ebene als Spiegel des kosmischen Schöpfungsaktes. Von Eingeweihten durchgeführt, erhält die Abbildung der Ur-Schöpfung Verstärkung. Somit bleibt die göttliche Eigenschaft der Schöpfung erhalten, nämlich ewig und immerwährend zu sein, anstatt einmalig und vorbei. Dies unterscheidet sich vom Christentum, das Gottes Schöpfungsakt einem bestimmten und vergangenen Zeitpunkt zuordnet. Die sinnlichen Erregungszustände, die sich innerhalb von Frau und Mann während eines Geschlechtsaktes aufstauen, entstammen nicht allein den physischen Berührungspunkten, sondern auch der Polarität Frau-Mann per se. Richtig angewandtes Atmen leitet die Ströme in die richtige Richtung. Bewusstsein und Ego machen dem Göttlichen Platz. Diese Sexualenergien werden sodann mithilfe weiterer Atemtechniken gespeichert, und deren Transmutation verwandelt

den Magier in einen Seher. Dazu verwendeten sie bewusstseins-
erweiternden Drogen während des Sexualaktes und die Fokusierung von
sexuellen Energien auf ein materielles Medium wurde unternommen, um
sich Wünsche zu erfüllen. Reuss lehnte magisch-rituelle Masturbation im
Vergleich zu Aleister Crowley als Selbstpeinigung und widernatürlich ab.
Zentralgeheimnis von Reuss´ O.T.O. blieb jedoch Richard Wagners
„Parsifal". Der Speer wurde zum Phallus, während der Gral, natürlich die
Vagina, die Grals-Speise enthielt: Sperma und Vaginalsekrete. Reuss'
O.T.O.-Gesellschaft nahm eine Art sozialistisches Utopia zum Ziel, in dem
die Mutter (mit Referenzen zur christlichen Maria) Zentralstelle im
öffentlichen und sexuellen Leben einnehmen sollte: in der Gemeinschaft
der Neo-Christen O.T.O. Crowley übernahm die gnostische Auffassung, das
irdische Ur-Christentum wieder einführen zu wollen.

Nach Reuss Tod 1923 wollte Crowley das „Lebenselixier" unter dem
Namen Amrita als „Magische Medizin" gewerblich vertreiben und
Patienten gemäß „O.T.O.-Methoden" heilen: mit Yogapraktiken und
Sexualsekreten. Wie viele andere z. T. imaginäre Orden, benützte Crowley
den O.T.O., um seiner Anhängerschaft das Geld aus der Tasche zu ziehen.
Zu diesem Zweck behauptete er, Sex sei um der puren Lust willen zu
vermeiden, sondern immer als Gebet zu seiner eigenen Gottheit (die unter
den verschiedensten Namen auftrat: Aiwaz, Baphomet, Sheitan)
aufzufassen – letztlich als Gebet zu seiner eigenen Person, die mit einem
erigierten Penis identifiziert wurde. Crowley selber sah sich gerne als
Messiah.

In Crowleys VIII Grad ejakulieren seine Anhänger (heute noch) auf
mittelalterliche Dämonensiegel oder meditieren mit Hilfe der Statue eines
goldenen Phallus, um in Kontakt mit dem eigenen Heiligen Schutzengel
oder Überich zu gelangen. Im IX-Grad-Akt werden die Sexualsekrete (inkl.
Sperma) aus der Vagina gesaugt und, wenn nicht als heilig konsumiert, auf
ein Siegel gebracht, das einem Dämon gebietet, einen bestimmten Wunsch
zu erfüllen. In seinen „Emblems and Mode of Use" beschrieb Crowley die
Art und Weise wie ein Talisman mit Sperma zu bestreichen sei, um
irgendwie Geld herbeizuschaffen. Bis in die 70er Jahre hinein war dieses
Papier dermaßen geheim, dass dessen Besitz gleichzeitig den IX-Grad
O.T.O. bedeutete.

Crowley spielte mit den verschiedensten sexualmagischen Methoden. Eines
der O.T.O.-Geheimnisse ist die Anbetung des alten Templeridols Baphomet
als „Inner Head of the Order". Während die Fraternitas Satumi versucht(e),

die Ideen des Großen Tiers als fleischlichen Egregor zu inkarnieren. Dieses Wesen kann man mithilfe verschiedener Techniken fleischlich als verkörperte Idee verstofflichen, wozu Crowley einen weiblichen Partner empfahl, den es solange bis die Schwängerung eintritt, astrologisch bedeutsam zu begatten gelte.

Im XI-Grad, dem hauptsächlich homosexuellen Grad, der jedoch auch Menstruationsblut miteinbezieht, identifiziert sich der Praktiker mit einem ejakulierenden Glied. Blut (oder Kot), das beim Analverkehr oder durch rituelle Opferung anfällt, soll den Dämon anziehen, Sperma ihn „am Leben erhalten", da er das verkörperte Tier darstellt. Während der geheimste Tempel im IX-Grad der Uterus ist, fungiert als dessen Gegenstück im XI-Grad die Prostata – ihr wird besondere Bedeutung zugeschrieben, da sie 256 magische Säfte absondern soll. Crowley übertrug seine Frauenfeindlichkeit auch in seine O.T.O. Rituale. Er sah keine Verwendung für die Vaginalsekrete und schrieb Frauen keine Göttlichkeit zu. So konnte er sich auch keine lesbische Sexualmagie vorstellen. Er betrachtete den Mann als Hüter des Göttlichen Lebens; die Frau aber als nur zeitlich beschränkt zweckmäßig, als Schrein für die Gottheit, aber nicht als Gottheit selbst, was grundlegend falsch ist! Frauen existierten für Crowley allein zum Gebrauch der Männer. Sein Idealweib: robust, lebhaft, gierig, einfühlsam, bereit und gesund. Anders gesagt, sein Interesse galt allein dem Körper der Frau. Er wollte keine geistige oder intellektuelle Beteiligung ihrerseits. Seine Hauptwerkzeuge zur Erleuchtung blieben der Verzehr von Samen, Kot, Drogen und der Genuss von Schmerz.

Nur halbwegs die Pflichten der „Manichäischen Auserwählten" übernehmend (nämlich durch Konsumation das Göttliche Licht wieder einzusammeln, das der Logos spermatikos spurenweise im Menschen hinterließ, als er wieder ins Pleroma zurückkehrte), vernachlässigten Crowley und Reuss nicht den „asketischen" Aspekt des Manichäismus und konzentrierten sich auf die Herstellung des Göttlichen Licht-Körpers, der durch Konsumation die Rückkehr in den Heiligen Bereich des Himmels, das Pleroma, ermöglichen sollte. Dieser Licht-Körper ist die aus Sperma, Vaginalsekreten und Menstruationsblut bestehende Hostie wurde aus der Gnostisch Katholischen Messe a 1a O.T.O. und dem IX-Grad O.T.O. eine Parodie der christlichen Eucharistie, was vor allem die Konsumation der Hostie (die auch als Universalmedizin eingesetzt wird) betrifft.

Crowley gab eine genaue Rezeptur zur Herstellung seiner Hostie schon Jahre bevor er dem O.T.O. beitrat. Heutzutage sind Variationen im

Gebrauch. Zur Vermeidung einer HIV-Infektion empfiehlt der amerikanische 1977 gegründete O.T.O. (Caliphat), die Hostie bei 70° im Ofen zu backen. Im III-Grad Initiationsritual wird ebenfalls ein Kelch gereicht, der einen „bitteren Entwurf" enthält. Es werden deshalb empfohlen: Angostura bitter, Femet Branca, or a mixture oj vodka und potodered myrrh. Ein bisschen Asche von nach dem Originalrezept hergestellten Lichtkuchen (Liber AL III; 23) darf der Hostie jedoch beigefügt werden.

Bei der Konsumation sind eingeweihte Techniken, Rituale, zu beachten. Die Aufnahme geschieht durch die Schleimhaut des Gaumens, da die Magendarmsäuren die die feinstoffliehen Essenzen enthaltenden Proteine zersetzen würden, bevor die Geist-Körper-Symbiose stattfinden könnte. Im Mund muss also auch mit einer zerstörenden Wirkung des Speichels gerechnet werden, derzufolge die Zeitdauer anzupassen ist, in der die Hostie unter dem Gaumen behalten wird.

Crowley benützte außerdem eine ganz besondere Mischung für seine Hostie. Zwischen 1920-23 frönte er den Drogen Kokain, Äther und Heroin, der Kotverzehr und sadomasochistischen Phantasien, in denen er als Sklave fungierte. Im Sadomasochismus kommen alle Formen religiöser Frömmigkeit zum Ausdruck (knien, beten, verehren, opfern, anrufen, bestrafen) und werden in ihren Idealrollen ausgelebt: die perfekte Superiorin zu entdecken und den perfekten Sklaven (Crowley). Das ewige Schuldgefühl überträgt sich auf das Umfeld des Sklaven und verschmutzt dieses: wer Crowley liebte oder zu ihm zärtlich wurde, musste also von ihm vernichtet werden, denn Crowley konnte nur das Unerreichbare lieben: den Großen Abwesenden Vater und seine unpersönliche Scharlachrote Hure (was ja ein Amt, also eine ritualisierte Stereotype, war), die auf ihm, dem selbsternannten Tier, reitet (so auch seine Tarot-Karte). Die Selbstverleugnung äußerte sich im Schutz des Prinzips Thelema, die Abstumpfung des Körpers im Drogengenuss und yogischen Körper-übungen. Die lustbetonte Minderwertigkeit suchte sich im Widerstand gegen alle Vernunft. Auf diese Weise wurde Crowley gezwungen, die Grenzen seines persönlichen Gottes, der Logik, zu erkennen und die Selbstzerstörung soweit zu treiben, dass die Möglichkeit rationalen Denkens zerstört wurde. Crowley drückte seine Schuldgefühle durch Kotverzehr aus: Indem er über andere (seine Anhänger und die Nicht-Thelemiten) Gericht hielt und sie bestrafte, machte er sich einerseits zu seiner eigenen Obrigkeit (der Ewigen Großen Abwesenden Vaterfigur), suchte jedoch anderseits selber nach Schutz. Zusammen mit seinem religiösen Verlangen, vor einem höheren Wesen (seinem Schutzengel) die Kontrolle zu verlieren, als Botschafter einer höheren Macht zu fungieren (also selber brauchbares Manipulationsmaterial zu werden), suchte er mit offenen Armen nach der tödlichen Wunde der Selbstauslöschung mithilfe der Selbsterniedrigung durch vollständige Identifikation mit dem Niedrigen. Der Kot der Scharlachroten Hure reinigte den Sklaven und er konnte außerdem eine göttliche Reliquie, die ihm Energie zuführte, ergattern.

17. Der OTO und die Templer oder was man über die FOGC wissen muss!
Hohenstätten

Diesen Aufsatz fasste ich unter der Aussage zusammen, dass der ehemalige Großmeister der F. S. und Mitglied eines 99er Ordens meinem Freund Anion mündlich mitteilte, dass nicht nur die F. S. von der FOGC gegründet wurde, sondern deren Vorläufer der OTO auch. Wenn man genauer in dieser Richtung forscht, so trifft man unweigerlich auf weitere Parallelen, die diese Aussage bestätigen:

„Besondere Erwähnung verdient das Malteserkreuz. Die Form des Malteserkreuzes ist so allgemein bekannt, dass es hier nicht erst beschrieben zu werden braucht. Das Malteserkreuz wird heute noch vom Papste als hoch geschätzte Auszeichnung an verdiente oder hochstehende Mitglieder der katholischen Kirche verliehen. Dieses Kreuz hat seinen Namen daher, dass seine besondere Form aus Malta stammt. Man hatte dort vier große Phalli in Kreuzesform aus hartem Granit gemeißelt, die in der Mitte auf einem Kreise standen. Die späteren Ritter des Malteser-Ordens oder St. Johannis-Ritter von Malta änderten die Form des Kreuzes dahin, dass sie die vier Arme oder Phalli in vier Dreiecke verwandelten, welche mit der Spitze auf dem Kreise in der Mitte ruhen. Dieses Kreuz hat auch große Bedeutung in der Freimaurerei, besonders in der sogenannten Hochgrad-Maurerei, die die Templer-Tradition perpetuiert", schreibt der Gründer des OTO Theodor Reuss in seiner Schrift „Lingam und Yoni. Wem fällt dabei nicht das Sieglzeichen von Frater Daniel in seiner „Sexualmagie" ein, welche die gleiche Symbolik zugeschrieben bekommt.

F.S., die Templer und der Ursprung der FOGC.

Weiteres schreibt Reuss: *„Indem somit keinerlei Zweifel mehr darüber sein kann, dass das Kreuz kein ausschließlich christliches Symbol ist, sondern als Zeichen des Lebens und der ewigen Wiedergeburt tausende von Jahren vor der Geburt Christi gegolten hat, bleibt nur noch übrig darauf hinzuweisen, dass das Kreuz auch ein phallisches Symbol ist, worüber ausführlich und eingehend später noch geschrieben werden wird. An dieser Stelle genügt es vorläufig zu konstatieren, dass der Querbalken – des Kreuzes das passive Element, das weibliche Reproduktionsorgan,* *darstellt, und der senkrechte Balken I stellt das aktive Element, das männliche Reproduktionsorgan, dar. Die Vereinigung der beiden zum Kreuze + ist Lingam-Yoni, die Vereinigung von männlich und weiblich, von positiv und negativ, von passiv und aktiv oder ein Symbol der mystischen Hochzeit. "*

Janus (lateinisch Ianus) war der römische Gott des Anfangs und des Endes. Er gehört zu den ältesten römischen Göttern und zur ursprünglichen römischen Mythologie. Er ist ein rein römischer Gott und hatte keinen nachweisbaren Kult außerhalb Roms und keine Entsprechung in der griechischen Mythologie.

Seine Herkunft ist unbestimmt, unterschiedliche Sagen schildern ihn als Kind Saturnus und Entorias. Er soll im goldenen Zeitalter als König über Latium geherrscht und auf dem Ianiculum gewohnt haben. Es heißt auch, er habe den vor Jupiter fliehenden Saturnus bei sich aufgenommen. Venilia soll seine Frau gewesen sein. Seine Tochter Canens sei mit König Picus von Laurentum vermählt gewesen.

Ovid erzählt auch von Cardea, die ursprünglich eine Nymphe im Hain des Helernus am Tiber war. Diese machte sich ein Spiel mit ihren Verehrern, die sie vorausschickte zum Platz eines Stelldicheins, nur um ihnen zu entwischen, sobald diese sie aus dem Auge ließen. Das gelang aber bei dem doppelgesichtigen Janus nicht, und so musste Cardea sich ihm ergeben. Janus verlieh ihr aber zum Dank die Herrschaft über Schwellen, Türscharniere und Türgriffe.

Eine mythische Erzählung des Pseudo-Plutarch macht ihn zum Bruder der Entoria, der von Saturnus unter die Sterne versetzt wurde.

Die frühesten Abbildungen von Janus (auf den Münzen, die Servius Tullius prägen ließ) zeigen ihn mit einem Doppelgesicht, vorwärts und rückwärts blickend, daher die Beinamen Geminus („der Doppelte"), Bifrons („der Zweistirnige"), Biceps („der Zweiköpfige"). Vierköpfig erscheint er auf Münzen Hadrians, daher Quadriformis („der Viergestaltige") und Quadrifrons („der Vierstirnige"). Die häufigste Darstellung des Gottes erfolgte aber, eventuell nach griechischem Vorbild von gewissen Hermes- und Apollonbildern, den Doppelhermen, eben doppelköpfig. Der so genannte Januskopf gilt deshalb als Symbol der Zwiespältigkeit (etwas ist „janusköpfig" = etwas ist „sich von zwei entgegengesetzten Seiten zeigend").

Nach einer sehr gewöhnlichen Darstellung zählte Janus in der rechten Hand 300, in der linken 65 Steinchen, was auf die Einteilung des Jahrs in 365

Tage hindeutet. Auf anderen Bildern hatte er in der Rechten einen Stab, in der Linken einen oder mehrere Schlüssel, als Symbol der Gewalt des Wächters der Himmelspforte, des Bewegers der Angeln des Weltalls, des Aufschließers und Zuschließers des Himmels, der Wolken, des Landes und des Meeres (daher Claviger, Clusius, Patulcius).

In allegorischen Darstellungen der vier Jahreszeiten verkörpert Janus den Winter.

In republikanischer Zeit erschien das Haupt des Janus auf dem Avers der 1-As-Münze.

Janus war ursprünglich ein Licht- und Sonnengott, das männliche Gegenbild der Jana oder Diana, und wurde erst allmählich zum Gott allen Ursprungs, des Anfangs und des Endes, der Ein- und Ausgänge, der Türen und der Tore, zum Vater aller Dinge (auch der Quellen) und aller Götter. Sein Name gehört zur gleichen Wortfamilie wie ianua, der lateinischen Bezeichnung für Tür und ianus für jeden unverschlossenen gewölbten Durchgang. Nach ihm ist auch der Monat Januar benannt. Alle Kalenderdaten, die Anfänge symbolisierten (sog. Kalenden), waren ihm gewidmet. Das Hochfest des Janus, das Agonium, wurde am 9. Januar des römischen Kalenders gefeiert.

Janus symbolisiert die Dualität in den ewigen Gesetzen, wie etwa Schöpfung-Zerstörung, Leben-Tod, Licht-Dunkelheit, Anfang-Ende, Mann-Frau, Zukunft-Vergangenheit, Links-Rechts usw. Er ist die Erkenntnis, dass alles Göttliche immer einen Antagonisten in sich birgt. Beide Seiten der Dualität entziehen sich dabei immer einer objektiven Wertung und sind damit weder gut noch schlecht.

Janus wurde auch als Erfinder des Ackerbaues, der bürgerlichen Gesetze und gottesdienstlichen Gebräuche verehrt. Besondere Bedeutung hatte Janus für Unternehmungen, für die er Schutz und Unterstützung gewähren sollte. Bei Opferhandlungen wurde mit der Anrufung Janus begonnen. Er fungierte als Mittler zwischen Menschen und Göttern.

Das bedeutendste Heiligtum des Ianus war der Janustempel auf dem Forum Romanum. Der Bau dieses Tempels wurde dem sagenhaften König Numa Pompilius zugeschrieben, der den Dienst für Ianus in Rom eingeführt haben soll.

Der sogenannte Janusbogen in Rom ist kein Heiligtum, das dem Ianus geweiht wurde, sondern ein säkulares Bauwerk (Quadrifrons), das in der Renaissance fälschlicherweise als Janustempel gedeutet wurde.

In der bildenden Kunst der Neuzeit wurde Janus nur selten dargestellt. Eine

Säule mit Januskopf erscheint auf der linken Seite in Nicolas Poussins „Tanz des Lebens" einer Komposition von verschiedenen Allegorien der Zeit. In ähnlichem Zusammenhang erscheint Janus als Gestalt mit zwei Köpfen, einem jugendlichen und einem greisenhaften, im „Triumph der Geschichte über die Zeit", einem Fresko von Anton Raphael Mengs.

Zwei Gemälde von Louis de Boullogne und Charles André van Loo haben die Schließung des Janus-Tempels durch Augustus zum Thema. Eine mehr allegorische Darstellung des gleichen Vorgangs zeigt ein Gemälde von Peter Paul Rubens.

Um diesen Januskopf dreht sich nun das Weitere. Jeder Orden der Templer besitzt einen Januskopf, welcher bedeutet: Nichts ist, wie es scheint! Er besteht aus einem scharfgeschnittenen Gesicht, auf dessen zweiten Seite ein Totenkopf ruht. Auf dessen Haupt, beide vereint, durch eine dreistufige Krone, welche andeutet, Herr über die drei Welten zu sein. Diesen Kopf gab und gibt es heute noch. Amenophis beschreibt die Arbeit mit diesem Kopf der Templer in seinem Aufsatz „Baphomet" in den „Blättern für angewandte okkulte Lebenskunst". Doch dieser Aufsatz stammt aus einer älteren schriftlichen Fassung.

Warum wird dies so gemacht bei den Templern? Ganz einfach, weil nicht nur der Großmeister in der Lage ist, diesen Gott immer zu evozieren, wenn er es möchte. Denn die Gottheit ist dermaßen mächtig und erscheint mit seiner gesamten Gewalt, welcher ein unausgeglichener Zauberer nie und nimmer standhalten kann. So steht es auch im „Frabato". Der Großmeister sah seinen Gott nur sehr selten. Deshalb stellt dieser Kopf eine Verbindung zwischen dem Orden und der Gottheit dar, der immer gefragt werden kann, wann die Fraters ein Problem geklärt zu wissen haben wollen. Verbunden mit dem Ritus der Verehrung, gekleidet mit den Logenmänteln, einer Kordel um die Hüften, die durch eine Lasche gebunden ist, stehen sie mit erhobenen Händen in der Man-Rune in Kreisform um den Kopf, welcher sich auf einem vierbeinigen Tisch befindet. Vier Füße = vier Elemente, und rufen ihren Gott herbei. Durch den Januskopf tut er sich kund und spricht zuweilen auch stofflich-materiell aus seinem Mund der Statue und gibt den Brüdern Anweisungen, welche sie alle Befolgen.

In der F. S. hat Großmeister Gregorius ebenfalls einen Kopf hergestellt, den er Gotos nannte und ihn sogar belebt, welcher von dem Mitgliedern der Loge verehrt wurde. Warum hat er das gemacht? Weil er sah, dass dies bei den 99ern so gang und gäbe war und er das bei seiner Loge nachahmen wollte und tat.

Reuss schrieb in seiner Schrift „Was sie über die Freimaurerei wissen sollten" folgende Hinweise, dass der OTO auf der Tradition der Templer bzw. der FOGC aufgebaut war.

Nicht alle Mitglieder des Orden bekamen das Heiligtum, den Kopf auf vier Beinen zu sehen. Die niederen Grade mussten sich mit „Symbolen" begnügen, die höheren Grade verehrten ihn sogar durch Küsse auf dieses Haupt. Da alle Schwarzmagier unfähig sind, hellzusehen bzw. in die höheren Sphären mental zu Reisen, waren und sind sie gezwungen, den Ritus ihres Gottes durchzuführen. Ein weitere Grund, warum sie z. B. nicht ihren Gott evozieren liegt darin, dass er eine ungeheure Kraft und

Der Janus-Kopf

95

zerstörerische Gewalt vertritt, mit der er selbst vor dem Großmeister erscheint. Wie wir aus dem „Frabato" wissen, hatte der Großmeister starke Probleme mit dieser Schwingung, trotz Pakt, standzuhalten und nach Entlassung war er total erschöpft. Diese Frater sind nicht im mindestens ausgeglichen und richtig gottverbunden, was einen Schutz bei Evokationen darstellt.

Wie hat man sich nun eine solche Zeremonie, deren Zweck allein in einer Zukunftsbefragung bestanden haben kann, vorzustellen? Uns wird berichtet, dass zu bestimmten Zeiten, d. h. bei Konstellationen, die besonders auf das jenseitige Wesen wirkten, stiegen die Ordensmeister unter Anführung des Großmeisters in feierlicher Prozession, lange, geweihte Kerzen tragend, in einen geheimen unterirdischen Raum hinab. In der Mitte des an sich kahlen Raumes, der wahrscheinlich kreisförmig oder elliptisch war, stand eine Säule ungefähr bis Mannshöhe hoch. Die obere Fläche wies eine halbkugelige Höhlung auf. Darin ruhte das auf einer Kugel befestigte Haupt des Großen Tieres. Nun bildeten die Ordensmeister eine magische Bruderkette, indem sie sich an den Händen fassten und umkreisten würdigen Schrittes die Säule, laut die nach dem Ritus des Liber Consolamenti vorgeschriebenen Gebete intonierend. In den Nischen der Wand brannten Gefäße mit Räucherstoffen, die magisch arbeitenden Meister in einen gewissen Trancezustand führend. Nach diesen Vorbereitungen nahm der Bruder Magier, der nicht immer der Großmeister zu sein braucht, die Evokation des Wesens vor, d. h., er bat das jenseitige Wesen namens Baphomet, sich zu manifestieren. Man spricht in den Prozessakten auch von einem magischen Lehrer der Tempelherren, einem geheimnisvollen „Alten vom Berge", wahrscheinlich ein „Einsiedler", der ungeahnte Kräfte in sich entwickelt hatte und deutet auf ihren Gott hin. Nach einer Zeit der Bemühungen manifestierte sich der Dämon, indem er mit Hilfe der im magischen Bruderkreis gesammelten magnetischen Kräfte das „Haupt" demjenigen zuwandte, dem er eine Botschaft übermitteln wollte. Dieses Sprechen war selbstverständlich nicht wie das natürliche Sprechen über die Schallwellen. Die Brüder hörten dennoch die Sprache laut in sich, da ja ihre inneren Sinne genügend geschult sein mussten, wollten sie überhaupt zur Meisterwürde aufsteigen. Und der Führung dieses Baphomets verdankten die Tempelritter ihre Macht und ihre Erfolge bald zweihundert Jahre lang. Sei es nun, dass die Unzucht und das Wohlleben der Templer auch die Ordensmeister erfasste, so dass sie unfähig und unrein wurden, diese Zeremonie später erfolgreich auszuführen. Sie verloren ihre

Fähigkeiten, weshalb das Große Tier die Ordensmeister vor dem Spiel des Königs Philipp IV nicht warnen konnte und sie mussten blind der Gefahr entgegeneilen, wie gewöhnliche Menschen. So konnte beim Prozess nur noch ein Kunstwerk vorgewiesen werden, welches man als völlig unwichtig befinden musste, mangels Kenntnis von dem wahren magischen Zweck desselben.

In seinen Buch „Was man über die Freimaurerei wissen sollte" gibt uns der Autor einige interessante Hinweise auf die Templer, welcher unser Meinung nach ein Orden der 99er war. „Der Inhalt der Hochgrade dieses Ordens ist die alte orientalische Templer-Freimaurerei und die Pflege des wahren Okkultismus", schreibt er in seinem zweiten Vorwort. Des Weiteren gibt er den Hinweis, dass sie sich versammeln „zu ihren Arbeiten bei verschlossenen Türen und beobachten über alle ihre Arbeitsangelegenheiten strengstes Stillschweigen, wodurch die Freimaurerei eine geheime Gesellschaft ist."

Etwas später behauptet er zu recht, dass „die Freimaurerei aber gewisse Beziehungen und Analogien um Templerherrn-Orden hat", der ja nachweislich eine Teufelsverehrung praktizierte und dieses „Andenken des Templerordens soll" aufrecht erhalten werden!

Nach Reuss ist es „erwiesen, dass diese Logen im Zusammenhang mit jenen alten templerischen Bruderschaften standen, die sich der Kenntnis der Gnosis und der ägyptischen Geheimnisse rühmen konnten, und dass sie in dem Meistergrad auch das Material einer Anzahl höherer Grade verarbeitet hatten!"

„Die Freimaurerei ist über die ganze zivilisierte Welt verbreitet. Der Freimaurerbund ist jedoch keine über die ganze Welt sich erstreckende äußerliche Organisation. Die Freimaurer der verschiedenen Logen in ein und demselben Lande, sogar in ein und demselben Orte, arbeiten nach verschiedenen Systemen oder Lehrarten – je nach ihrer ländlichen-traditionellen Mentalität –, auch nach verschiedenen Riten und Zeremonien, die sich im Laufe der Jahrhunderte herausgebildet haben und sich ... doch bis auf den heutigen Tag als selbstständige Systeme erhalten haben. Allen Systemen gemeinsam ist nur die Idee des Bundes."

Der Ursprung sämtlicher Riten und Lehren stellt aber nach Reuss – genauso wie es Quintscher und Frater Daniel schrieb – Ägypten dar, das Land der Mysterien und Einweihungen.

Da Th. Reuss nach Ellic und Howe´s Buch „Merlin Peregrinus" in der bis jetzt nicht nachweisbaren Loge „Ludwig" aufgenommen wurde, können wir mit unserer analogen Spekulation einen Schritt weiter gehen und behaupten, dass es sich hierbei um den FOGC handeln könnte. Denn in seiner Schrift über Freimaurerei gib er die Instruktionen dieser Loge bekannt: „Die Freimaurerei ist also so alt, wie die menschliche Kultur. Die Freimaurerei ist das Bestreben den Urgrund aller Dinge zu erforschen. Sie ist das Streben den Zweck des menschlichen Daseins zu ergründen. Sie ist das Streben nach Erkenntnis des Schöpfers aller Welten. Sie ist das Streben nach Selbsterkenntnis, nach Selbstvervollkommung. Die Freimaurerei hat kein Geheimnis, sondern ist ein Geheimnis (so wie es Bruder Giovanni der F.S. sagte). Dieses Geheimnis kann niemals verraten werden. Denn es kann auf offenen Markte laut verraten werden. Der Hörende hört es nicht und der Sehende sieht es nicht, es sei denn, er hat es in seinem Innersten erlebt. Und der es erlebt hat, dem bleibt es das kostbarste Geheimnis seines Lebens. Die Freimaurerei kennt keinen Unterschied des Volkes, des Standes, der Geburt oder des Geschäftes."

*

Dr. Hemberger, ein Kenner und Könner sämtlicher Logen und Orden, bringt in seinen Büchern „Pansophie und Rosenkreuz" manchmal Informationen, die man nicht außer acht lassen sollte, da sie mehr den esoterischen Grundcharakter entsprechen, als irgendein geschichtlich relevantes Buch eines Möchte-Gern-Esoterikers. Ich hab die interessanten Bemerkungen des Herrn Doktor zusammengefasst, damit sich jeder sein eigenes Bild machen kann:

„Das Urwissen wurde den Zeremonien der Assassinen entnommen (den Yezziden), die die Templer beeinflussten. Die höheren Grade (im OTO) enthalten die magischen Formeln und höchsten Geheimnisse der Magie und Mystik, deren Ursprünge in den alten (gnostisch-schamanistisch-blutigen) Religionen des Altertums liegen". (Seite 44 in Band I – „Pansophie und Rosenkreuz")

Des Weiteren behauptet er auf Seite 45, dass *„dessen zentrale Mystik die altägyptischen Rituale und die Gnosis enthalten".* Schreibt nicht auch Quintscher in seinem „Habu Cadis", dass diese Form der Magie auf die alten ägyptischen Einweihungen zurückzuführen sind? Selbst Gregorius – Großmeister der F. S. – bestätigt das in seiner „Sexualmagie"! Sind wir dann nicht wieder bei der Philosophie der FOGC?

„Um den Weg der alten Gnosis zu gehen, oder eine Renaissance des alten Templerweistums herbeizuführen, müsse man zuerst die gesamten christlichen (=menschlichen) *Lehren gleich welcher Prägung in den*

98

Abyssos (Hölle) *werfen!"* (Seite 47)

„Vorraum, Sanctuarium mit dem OTO-Altar und Sanctuarium Sanctuarium, Saintissium mit Baphometstatue symbolisieren die Dreizahl Saturns. Über die drei Stufen der blauen Logengrade (=Lehrling, Geselle und Meister) führt der weg zum Jupiterheiligtum der Erkenntnis. Da dessen Zeichen und heilige Zahl nach esoterischer Meinung die Vier ist, brennen dort vier Lichter, je zwei rechts und je zwei Links." (S. 48)

„Es ist dem Gefühl zuzuordnen. Auf dem roten Altartuch, das Liebe, Leben, Kraft, Vital- und Essphäre symbolisiert, sind rechts und links Pentagramme mit der Spitze nach unten weisend angebracht. Es sind die Zeichen des Baphometkultes und der Dämonenbeschwörung. Sie beweisen das Bestreben des Ordens, mit den Phänomenen des sogenannten Astrallichtes zu arbeiten, dem Hüter der Schwelle, dessen Signum das Saturnzeichen über den Fünfstern ist. Dass der Baphomet-Kult ein im Grunde orientalischer Sexualkult ist, zeigt das in der Mitte (des Altartuches) befindliche Dreieck, dessen Spitze nach oben weist und das die zeugungsbereiten männlichen Geschlechtsteile zeigt". Dies ist auch ein Teil des Siegel dieses Gottes, und weist auf die den Gott der Erde verehrenden Templer oder auf die FOGC hin. (S. 48.)

„Die (zentrale) *Baphomet-Gestalt findet man in den Logentemplen mancher Hochgradsystem der Freimaurerei wie des OTO. Nach kabbalistischer Zählweise ergeben die zwanzig Kerzen und das Phallussymbol die Saturnzahl Drei, aus der Quersumme von 21. (20+1=21). Der OTO-Kult ist also ein Saturndienst! Saturn ist der Hüter der Schwelle, Herr des Astrallichtes und zugleich in seiner geoffenbarten Gestalt der Boch von Mendes, der „Ram od Satan" oder der Baphometos. Die Baphometrituale* (vgl. die Zeichnungen von Frater Daniel. Der Hrsg.) *arbeiten in den Hochgraden grundsätzlich sexual-magisch!"* (S. 49)

„So ist es ... „für die wissenden Esoteriker kein Geheimnis, dass der Orientalische Templer Orden (OTO) nicht nur auf dem Weistum vorchristlicher Gnosis aufgebaut ist, sondern dass er auch sehr geheimgehaltene Sexualkulte pflegte." (S. 50)

„Man behauptet, dass die Verbindung mit blutmagischen Praktiken durch entsprechende Rituale der Priester (Messen, Kulthandlungen, Liturgien) Kontakt mit den uralten Dämonen früherer Jahrtausende möglich sei. Das Traditionswissen der alten Templer sei wirksam trotz Christentum und Aufklärung." (S. 51)

„Besonders die Ordenssymbole, Sigille, Wappen und Zeichen enthüllen

Herkunft, Geschichte und Verhaltensweisen dieses „Kartells" esoterischer Bünde." (S. 55)

*

Zum Abschluss möchte ich noch auf das letzte Zitat von Dr. Hemberger verweisen, wo auf die Beherrschung der vier Elemente hingewiesen wird: *„Die Ritter werden als Templeisen bezeichnet. Sie tragen den tiefschwazen Mantel mit den chrom-gelb-farbenen Balkenkreuz. Dieses stellt die vier Elemente dar, deren Beherrschung erarbeitet werden soll!"* (S. 62) Ich glaube, dass damit alles Notwendige gesagt wurde und man endlich die Zusammenhänge der Templer, der FOGC und des OTO erkennt, die nur in der esoterischen Symbolik ihre Urgründe erfahren können.

Der OTO-Altar mit seiner wahren Symbolik, wie in Dr. Hemberger in seinem Buch beschrieben hat. Darüber befindet sich in manchen Logen noch der Kopf des Gottes der Templer.

18. Welche Zeit ist am besten zur Konzentration geeignet?
Max Heindel

Antwort: Die Morgen- und Abendübungen sollen den Schüler in bewusste Berührung mit den inneren Welten bringen. Morgens ist die beste Gelegenheit dafür, da der Geist sich nachts dem physischen Körper entzieht und zur Zeit des Erwachens soeben aus der unsichtbaren Welt wiederkehrt. Der Geist lässt nachts den physischen Körper auf dem Bette liegen. Durch seine Rückkehr wird des Morgens der Körper erweckt und unser Bewusstsein durch die Sinnesorgane auf die materielle Welt konzentriert. Wordsworth sagt in seiner schönen „Ode an die Unsterblichkeit" (Ode to Immortality) sehr zutreffend:

> Geburt ist nur ein Schlaf und ein Vergessen;
> Die Seele, die mit uns ersteht als Lebensstern,
> Hat anderswo ihr Heim und kommt weit her:
> Nicht ganz vergessend, noch vollkommen nackt,
> Wie eilende Wolken himmlischer Herrlichkeit
> kommen wir von Gott unsrer Heimat.

> Wir leben im Himmel während unserer Kindheit.
> Die Schaden des Kerkers beginnen sodann
> Sich fest um das wachsende Kind zu schließen:
> Noch immer sieht es das Licht und seinen Quell;
> Es fühlt ihn in seiner Freude.

> Der Jüngling, täglich weiter fort vom Osten wandernd.
> Ist immer noch vertraut mit der Natur
> Von herrlicher Erscheinung immerdar umschwebt
> Als Mann erst sieht er seinen Stern langsam verschwinden
> Und schmelzen in das Licht des grauen Alltages.

Im Lebensmorgen, während der Kinderjahre, werden die inneren Welten aus unserem Leben ausgeschlossen. So sind wir des Morgens, wenn wir erwachen, ebenfalls in engerer Berührung mit der Geisterwelt als zu irgend einer anderen Tageszeit. Darum ist es auch morgens am leichtesten dorthin zurückzukehren. Der Schüler soll daher seine Übung sofort nach dem

Erwachen unternehmen, ohne seinen Sinn erst abschweifen zu lassen. Er sollte besonders darauf achten, dass, während er sich auf ein hohes Ideal konzentriert, jeder Muskel seines Körpers vollkommen schlaff ist. Es ist ratsam, sich auf die ersten fünf Verse des Evangelium Johannes zu konzentrieren. Entweder auf einen Satz nach dem andern oder auf den Sinn des Ganzen auf einmal. Das bringt ihn mit kosmischen Schwingungen in Berührung. Er sollte sich so sammeln, dass er nichts um sich hört und sieht. Wenn ihm das gelingt, werden sich die Szenen der Begierdenwelt vor seinem inneren Gesichte auftun. Zuerst nur unzusammenhängend, mit der Zeit aber klarer und klarer. Übung macht den Meister...

19. Mein Besuch bei Herrn Tränker
H.D.H.

Ich kann mich nicht für die Authentizität des Artikel von der Internetseite pararreligion.ch verbürgen, den ich zitiert wiedergebe, aber zumindest klingt er sehr interessant:

„Im Alter von circa 20, etwa 1950, wohnte ich in Berlin (US-Sektor), wo ich seinerzeit in amerikanischen Diensten stand. Ich bekam eine Menge amerikanischer Publikationen, in denen auch A.M.O.R.C. warb (z. B. „Popular Mechanics"). Da habe ich einfach hingeschrieben und wurde so Mitglied bei A.M.O.R.C., San José. Von dort habe ich dann die A.M.O.R.C.-Bibel bekommen: „Self Mastery and Fate with the Cycles of Life" von Lewis. Ich weiß nicht, ob dieses Buch (ich habe es noch) heute noch in der Form verwendet wird und in deutscher Übersetzung vorliegt. Kurze Zeit darauf teilte mir R. Lewis (wohl Junior) die Anschrift eines weiteren A.M.O.R.C.-Mitglieds in Berlin (Britischer Sektor) mit: Hr. Erich Johansson, ein Deutsch-Este, mit dem ich dann Verbindung aufnahm. Er war ursprünglich Hauslehrer bei der Zarenfamilie, war bei deren Ermordung jedoch nicht im Hause, sondern kam erst wenige Stunden später „zur Arbeit"; hatte infolgedessen kein besonders gutes Verhältnis zu den Sowjets, da er auch 1945 aus Riga flüchten musste. Man darf nicht vergessen – 1950 war fünf Jahre nach dem Kriege, Berlin war weitgehend zerbombt, die Nachwirkungen des Krieges waren noch allgegenwärtig. Jemand, der heute, im Jahre 2009 um die 20 Jahre alt ist, kann sich wohl von diesen Zuständen keine Vorstellung machen. Was darüber aus Büchern/Filmen zu entnehmen ist, ist meistens gefärbt und überwiegend erst etwa 50 Jahre später vom Hörensagen erstellt; etwa so, wie jemand 1950 über Dinge, die um 1900 passiert waren, geschrieben hätte. Bis dahin war ich spirituell gewissermaßen „heimatlos". Ich war bei der Freimaurerloge „Urania", GLL; das befriedigte mich allerdings nicht – das war eher Vereinsmeierei, und so suchte ich weiter. Ich legte mir eine ziemliche umfangreiche einschlägige Bibliothek an. Etwas später gründete ich in Berlin mit Erlaubnis von Lewis das Pronaos Berlin (ca. 10 Mitglieder) unter der Jurisdiktion von San José und gab später, selbst bezahlt, eine kleine Pronaos-Zeitschrift heraus. Ich bekam die Lehrbriefe aus San José und musste auch keine Beiträge bezahlen, solange die Außenhandelsangelegenheiten der BRD nicht geregelt waren

(Übertragung von Geld ins Ausland).

Übrigens zählte zu den Berliner A.M.O.R.C.-Mitgliedern auch der bekannte Georg Thomalla, für den ich aus San José einen A.M.O.R.C.- Siegelring beschaffte. Ich weiß nicht, wie er zu A.M.O.R.C. gekommen war. Er gehörte ursprünglich auch nicht zu meinem Pronaos-Kreis. Ich hatte in der Zeitschrift angegeben, dass man über mich die von A.M.O.R.C. San José angebotenen Utensilien beziehen könne und daraufhin meldete er sich. Ich beschaffte diese Dinge über eine US-Feldpostnummer.

In der Zwischenzeit wurde die Jurisdiktion Deutschland in München unter dem Großmeister Martin Erler etabliert. Erler hatte 1949 den A.M.O.R.C. wieder in Deutschland eingeführt – wovon ich bis 1950/51 nichts wusste.

Der Name Eduard Munninger, der sich als österreichischer Nachfolger der „Fraternitas Rosicruciana Antiqua" von Arnoldo Krumm-Heller sah, war mir nur aus der Literatur bekannt. Dessen Ordensbezeichnung AAORRAC (Antiquus Arcanus Ordo Rosae Rubeae Aureae Crucis) tauchte in den englischen Lehrbriefen (ich bekam ja nur diese) u.a. als Authentizitätsbeweis für A.M.O.R.C. auf. Dass Erler meinte, Munningers Orden sei jedoch eine völlige Neugründung und dem A.M.O.R.C., damals unter Erler selber, angeschlossen gewesen, wusste ich nicht – wir haben über M. nie gesprochen.

Johansson und ich führten zusammen die in den englischen Lehrbriefen angegebenen Rituale aus (Gesamtrituale oder Treffen mit den übrigen Berliner Mitglieder fanden nicht statt – wir korrespondierten nur miteinander oder trafen uns einzeln).

Im Rahmen der Lehrbriefe sollten auch Experimente zur Sichtbarmachung der Aura durchgeführt werden; dabei sollten farbige Umrisstönungen durch andere Farben willensmäßig überlagert werden. Da das das recht umständlich vonstatten ging, baute ich ein Gerät, mit dem per Fernsteuerung verschiedenfarbige Umrisse an die Wand projiziert werden konnten. Das Gerät schickte ich vereinbarungsgemäß an E. Ob er es verwendet hat, ist mir nicht bekannt. Es funktionierte elektromechanisch-optisch; die Elektronik war damals noch nicht so weit. (In einem etwa schuhkartongroßen Metallgehäuse befanden sich mehrere Projektions-lampen, vor die je ein Farbfilter [rot, blau, grün, gelb] mit menschenförmigem Ausschnitt sowie entsprechende Optiken geschaltet waren, die die jeweilige Farbsilhouette durch ein verstellbares Projektionsobjektiv auf die Projektionsfläche – beispielsweise eine weiße Wand – warfen. Die verschiedenen Lampen konnten durch eine drahtgebundene Fernsteuerung geschaltet werden. Die Lampen waren so schwach gehalten, dass die Farbsilhouette gerade noch wahrnehmbar war, damit die mental erzeugten Interferenzen erkannt werden konnten).

Johansson besaß die Anschrift Hr. Tränkers, der im Sowjetsektor Berlins wohnte (ich meine, in Pankow). Möglicherweise hatte er sie von Lewis bekommen. Lewis und Traenker waren, soviel ich weiß, seit 1934 verkracht. Danach fand die FUDOSI statt, an der auch Vertreter der Église Gnostique Universelle teilnahmen. FUDOSI wurde in den Lehrbriefen ebenfalls als Authentizitätsbeweis angegeben. Da wir der Ansicht waren, dass die Bücher von Tränker und sein O.T.O., Pansophia usw. mit den sozialistischen Ideen der Sowjets und der damaligen Machthaber der Sowjetischen Besatzungszone auf die Dauer nicht harmonieren würden, fuhren Herr J. und ich etwa 1953 zu T. (die Mauer war damals noch nicht errichtet worden) und boten ihm an, in den US-Sektor Berlins überzusiedeln, was ich hätte veranlassen können.

Ich wusste zu diesem Zeitpunkt noch nicht, wie weit T. mit Crowleys O.T.O. zusammenhing – ich nahm an, dass Crowleys O.T.O. fernab von Tränkers O.T.O. war. Ich wusste nur, dass es über die Bezeichnung O.T.O. zwischen allen möglichen Leuten Probleme gab.

Die Sowjets – ähnlich wie das Dritte Reich – wussten mit Esoterik nichts anzufangen, und stuften sie sogar als potenziell gefährlich ein. Zu den „Besatzungszonen" weiß ich nur, dass Freimaurerei – weil im 3. Reich verboten – nach dem Krieg in den drei westlichen Zonen gefördert wurde. Die okkulten Vereinigungen waren – bis auf wenige – dort ebenfalls zugelassen. Was sich im Osten in dieser Beziehung abspielte, kann ich nicht sagen.

Ich vermute, dass Heinrich Tränker (1880-1956) und Arnoldo Krumm-Heller (1879-1947) beide das Berlin des Zweiten Weltkrieges überleben konnten, weil sie sich während des 3. Reiches und nachfolgend nicht „hervorgetan" haben, d. h. keine offiziellen Aktivitäten, wie Gründungen, Bücherausgaben vorgenommen haben, die für das betreffende Regime gefährlich werden konnten; entsprechende Bücher wären vermutlich Buchverbrennungen anheimgefallen.

Tränker zeigte uns seine „Schätze", im wesentlichen die Bücher und übrigen Schriften, die er in seinem Keller aufbewahrte; sie befanden sich hauptsächlich in Regalen und lagen auf Tischen und in Kartons. Seine Wohnung war im Hochparterre; unter dem Teppich im Wohnzimmer befand sich eine Falltür, durch die man in den Keller gelangte – was mir damals einigermaßen imponierte.

Die Wohnung hatte „unteres Bürgerschichtmilieu" – früher besaß er ein Schloss! – und die Einrichtung war ziemlich durcheinander. Es roch irgendwie unangenehm. Ich glaube, man kann T.´s Haltung so ausdrücken: kein politisches Bewusstsein. Ihm sagte das, was da politisch vorging, offenbar überhaupt nichts; er schien nicht einmal realisiert zu haben, dass er sich in einem sowjetisch besetzten Gebiet befand. Wir sprachen über seine Bücher – weniger über O.T.O. – die er uns dann eben im Keller zeigte. Er schien auch davon überzeugt zu sein, dass er seine Bücher problemlos veröffentlichen könnte. Die Stimmung war etwas merkwürdig: wir, also Johannsson und ich, waren etwas hastig, da Besucher aus Westberlin im Sowjetsektor nicht gerade gern gesehen waren und auch misstrauisch, weil wir ja nicht wussten, wie und ob Tränker sich im Osten arrangiert hatte; und Tränker und Frau schienen ebenfalls misstrauisch zu sein – insbesondere Frau T. –, weil sie wohl nicht wussten, was wir im Schilde führten. Möglicherweise gab er ein mangelndes politisches Bewusstsein auch nur vor. Sie hätten auch meinen können, wir wollten nur an seine Werke und Dokumente heran. Tränker und seine Frau lehnten die Übersiedlung ab. Sie gaben für Ihre Ablehnung keine besonderen Gründe an – nein, sie wollten einfach nicht. Unser Besuch hat auch kaum länger als zwei Stunden gedauert. Wir sprachen auch nicht über eine eventuelle Organisation, der er vorstand, sondern nahmen an, dass seine Pansophia (oder O.T.O.) während des 3. Reiches „eingeschlafen" war. T. erwähnte auch nichts Diesbezügliches, auch keinen Korrespondenzkreis. Tränker machte mir zwar keinen senilen Eindruck, jedoch war er etwas, na sagen wir „starr" in seinen Reaktionen. Wir hatten dann keinen weiteren Kontakt mit ihm und ich weiß nicht, was aus ihm geworden ist. Mir ist auch nicht bekannt, woran er dann kurze Zeit später gestorben ist.

Es wäre sicher interessant, einmal Einblick in die STASI-Akten zu nehmen, um zu sehen, was die über ihn zusammengestellt hatten. Die haben sich sicher mit ihm beschäftigt – schon um sicherzustellen, dass er in der DDR keine unerwünschte Organisation aufzieht.

Anfang der 50er meldete sich Martin Erler bei mir und wir vereinbarten, dass er nach Berlin kommen und die Mitglieder des Pronaos Berlin kennenlernen sollte. Das tat er auch, und wir hatten einen kleinen Konvent, den er arrangiert hatte, mit einem (für damalige Verhältnisse im geteilten Berlin) üppigen Essen. Eines Tages, 1954, teilte mir E. (telefonisch oder schriftlich) mit, dass er A.M.O.R.C. verlassen habe. Wir vernahmen dann auf Umwegen, dass sich in Baden-Baden eine neue A.M.O.R.C.-Jurisdiktion für Deutschland gebildet hatte. Die Hintergründe für diesen Wechsel sind mir nicht bekannt – die Baden-Badener meldeten sich bei mir auch nicht – und soviel ich weiß, auch nicht bei anderen Mitgliedern des Pronaos Berlin. Wir in Berlin führten eine weltweite Korrespondenz mit A.M.O.R.C.-Kapiteln und Pronaoi – nur nicht mit Baden-Baden. Ich hatte damals u.a. Kontakt zu einem Würdenträger der Kopten in Kairo, der in Kairo scheinbar auch ein A.M.O.R.C.-Pronaos führte. Über dessen Mitgliederzahl diskutierten wir nicht, wie ich auch keine Vorstellung von der A.M.O.R.C.-Mitgliederzahl in Deutschland hatte.

Erler gründete 1956 dann im Raume München einen deutschen ORA-Kreis (Ordo Roseae Aureae), dessen Großmeister er wurde. Ich trat dann von A.M.O.R.C. zu ORA über (Formalitäten waren scheinbar nicht erforderlich). Die Aufnahme-Urkunde kam aus den Niederlanden und war von einem „Erleuchteten" an (dessen Namen ich mich nicht erinnern kann, da sich das Dokument z. Zt. nicht in meinem Besitz befindet) unterschrieben. Ich habe niemals mitbekommen, dass Mitglieder der Fraternitas Saturni auch im ORA-Kreis gewesen sein sollen, wie später erzählt wurde.

1959 zog der A.M.O.R.C. in Deutschland von München nach Überlingen. Um in München aus dem Vereinsregister gestrichen zu werden, musste die Mitgliederzahl des Vereines wohl auf unter drei Mitglieder sinken. Alle A.M.O.R.C.-Mitglieder bekamen deshalb ein Formular, mit dem sie unterschrieben, dass sie von München nach Überlingen wechselten. Da ich kein Mitglied von A.M.O.R.C. Deutschland war, wurde ich da nicht einbezogen. Ich hatte nur von Erler gehört, dass der deutsche A.M.O.R.C.-Sitz in Überlingen sei.

Es ist merkwürdig, dass Berlin von diesen Dingen vollständig isoliert war. Wir hörten weder von A.M.O.R.C.-Deutschland/neu noch von A.M.O.R.C. San José etwas darüber. Wenn Erler mich nicht informiert gehabt hätte, hätte ich von dem Wechsel überhaupt nichts mitbekommen. Mir schienen die A.M.O.R.C.-Aktivitäten in Deutschland damals recht chaotisch zu sein – einer wusste nichts vom anderen, oder wollte nichts wissen, aus welchen Gründen auch immer.

Ich siedelte 1962 von Berlin nach Fribourg/Schweiz über, wo ich bis 1969 wohnte und arbeitete. Dort lernte ich auch H.J. Metzger kennen. Wir hatten uns später für Treffen in Bern verabredet. Wir trafen uns dort mit mehreren seiner Mitglieder in einem Restaurant. Es waren jeweils etwa 8 Personen zugegen. *Kann sein, dass er in Bern geschäftlich/beruflich zu tun hatte oder dass er dort seine Mitglieder, die dort in der Umgegend wohnten, traf. Ich kann nicht mehr sagen, auf welche Weise ich mit Metzger in Kontakt gekommen war; jedenfalls nicht in Stein – ich war auch nie in Stein. Ich bezog Gewürze, Kräuter u. dgl. von ihm. Er wollte mich anwerben, aber da ich mit Johansson in Berlin u. a. auch das Phänomen Crowley – den ich als Psychopath empfand – studiert hatte, lehnte ich ab. Johansson hatte etliche Bücher über/von Crowley, die er mir auslieh. Vorher hatte ich von Crowley nichts gehört; ich nahm an, dass Tränkers O.T.O. eigentlich ein Synonym für seine, Tränkers, Pansophia war. Johansson und ich hatten ein ziemlich weites „esoterisches" Spektrum erworben, und wir befassten uns mit allem Einschlägigen, dessen wir habhaft werden konnten – hatten von den laufenden Organisationen allerdings kaum Kenntnis. Mit Metzger und seinen Leuten hatte ich über dieses Thema nie gesprochen – eher über Allgemeinplätze. Metzger konnte wohl nicht ausmachen, was er von mir halten sollte.*

Wie auch in Berlin, so war ich auch in Fribourg beruflich sehr stark eingebunden, so dass ich meist wenig Zeit hatte, die Dinge intensiv zu betreiben. Manchmal hintereinander sehr intensiv, dann wieder streckenweise überhaupt nicht oder sehr wenig.

Ende 1969 zog ich wieder nach Deutschland, wobei ich natürlich alles – auch meine Bücher – mitnahm. Durch verschiedene Ereignisse gingen mir jedoch nach 1976 die meisten meiner Bücher verloren – einschließlich der Pansophia-Bücher von Tränker. Ich musste mir danach langsam wieder eine neue Bibliothek aufbauen, wobei ich an vieles, das ich vorher hatte, nicht mehr herankam.

Nach dieser Zeit wurden die ORA-Konvente für das Gebiet Stuttgart in Geisslingen/Steige abgehalten, an denen recht viele (ich schätze etwa 30) ORA-Mitglieder, auch Schweizer Mitglieder, teilnahmen. Dr. Gottmann mit seiner Frau (einer Inderin), Buddhisten aus Überlingen – wo sie im buddhistischen Sinne sehr aktiv waren –, waren ebenfalls von A.M.O.R.C. zu ORA gewechselt und nahmen an diesen Veranstaltungen teil. Er ist 2005 in Überlingen verstorben. ORA-Mitglied war dort auch Dr. Emil Rehm, der das Buch „Bewährte homöopathische Rezepte" im Turm-Verlag herausgegeben hat. Wegen des Bezuges zur Homöopathie hat er möglicherweise Verbindung zu Krumm-Hellers Rosenkreuzergruppe? Oder (wegen des Verlages) zu Lorber? Da in Geisslingen auch so viel vereinsgemeiert wurde und nach meiner Beobachtung etliche Machtkämpfe stattfanden, beschlossen Hr. Murer mit seiner Frau (Schweizer Mitglieder aus Luzern) und ich, dort nicht mehr hinzugehen, denn von einem Orden erwarteten wir etwas anderes. Hr. Murer ist inzwischen verstorben.

In meiner Berliner Zeit, also bis 1962, besuchten Johansson. und ich (J. starb allerdings etwa 1958) mehrmals den Verleger Schikowski in seiner Buchhandlung, wo wir uns über alle möglichen Themen unterhielten. Da ich mich seinerzeit sehr intensiv mit der Kabbalah beschäftigte und zu einigen neuen Erkenntnissen gekommen war, schlug Schikowski vor, diese Arbeiten von ihm in Buchform verlegen zu lassen. Dazu kam es jedoch wegen meines Fortzuges aus Berlin nicht mehr. Bei Schikowski wurde das Thema F.S. nicht berührt."

20. Gebete:
H.S.

Diese Gebete habe ich dem Buch „Maria Hilf" entnommen, welche einen universellen Charakter haben. Nicht nur dies, sondern sie wirken auch rituell, weil sie durch ihren „Reim" die Gottheit direkt ansprechen. So sagte es Ariane. Wer einen Wunsch, eine Bitte oder seiner Gottheit besondere Verehrung zusprechen möchte, der kann sie an die Mutter-Gottes richten. Man kann noch spezifischer werden, indem man die Gebete an Maha Lakschmi richtet, an die Glücks-Göttin, die einem die „Wünsche" schneller erfüllen wird. Das AUM am Ende ersetzt das Amen und hat eine bessere Wirkung. So sagt es auch Dr. Lomer in seinen „Lehrbriefen":

Hymnus – Ave maris stella

Stern auf diesem Lebensmeere
Mutter Gottes, voll der Ehre,
Allzeit Jungfrau, sei gegrüßt!
Du bist uns die Himmelspforte,
Du hast seit des Engels Worte
Eva´s Namen uns versüßt.

Gib uns Frieden mit Bestande,
Löse auf der Sünden Bande,
Blinde führ´ zum wahren Licht.
Böses treib´ aus uns´rer Mitte,
Was uns nützen kann, erbitte,
Und dein Herz entziehe nicht.

Er wird deine Bitt´ erfüllen,
Der um unser Heiles willen,
Selbst dein Sohn geworden ist.
Lass uns, Jungfrau, dir gefallen,
O du einzige unter allen,
Die du lauter Liebe bist.

110

Lass bei Gott uns Gnade finden,
Mach uns frei von unsern Sünden,
Mach uns alle mild und rein.
Gib, dass durch ein keusches Leben
Deine Kinder sich bestreben
Deiner Liebe wert zu sein.

Du woll´st hier uns sicher leiten,
Dass wir finden ew´ge Freuden,
Einst mit dir in Jesu Reich.
Gott der Vater sei gespriesen,
Ehre sei dem Sohn erwiesen
Und dem heiligen Geist zugleich.

AUM

*

Alma Redemptoris Mater
(Erhabene Mutter des Erlösers)

Treue Mutter unsers Herrn!
Himmelspforte, Meersstern!
Unterstütze liebreich alle,
Dass sie auferstehn vom Falle.
Du allein vermochtest nur
Zum Erstaunen der Natur,
Mit dem Jungfrauenkranz in Ehren
Deinen Schöpfer zu gebären.
Gabriels, des Engels Mund,
Machet dir die Botschaft kund
Zeig Erbarmen allen Sündern;
Bleib Mutter deinen Kindern!

AUM

Ave Regina coelorum

Heil dir, Himmelskönigin!
Heil dir, Engelsherrscherin!
Aus dir, Wurzel, Gnadentor,
Ging das Licht der Welt hervor.
Höchste Jungfrau, freue dich!
Schönste, welcher keine glich!
Heil der Frauen Zier und Krone,
Bitt für uns bei deinem Sohne!

AUM

*

Zum Abschluss noch zwei Gebete, deren Wirkung sich aus dem Sinn ergibt:

Bitte um Erleuchtung

O allwissender Gott, der Du stets auf meinen Wandel acht hast und alle meine Tritte zählest, vor dem keine Gedanke verborgen ist: Erleuchte doch meinen Verstand, dass ich genau erkenne, was ich heute böses getan oder gutes unterlassen habe, dass ich meine Bösartigkeit einsehe, alle Sünden bereue, tödlich hasse und sie mehr als alles Übel, ja als den Tod selbst fürchte. Darum bitte ich Dich, o allmächtiger Gott Vater, durch deinen Sohn Jesum Christum, unserem Herrn. AUM

*

O Gott, merke auf meine Hilfe,
Herr eile mir zu helfen.
Ehre sei dem Vater.
AUM

21. Albanesische Volkslieder.
Musallam – Sättler

Die Originaltexte zu den folgenden Übersetzungen – für deren Genauigkeit und Richtigkeit ich im Allgemeinen bürgen kann – wurden von mir auf einer Reise durch Südalbanien (Frühling 1910), und zwar in der Gegend von Avlona, Delvino und Janina gesammelt. Nr. 1, 2, 5 und 6 sind nach dem mündlichen Vortrag aufgezeichnet, Nr. 3, 4 und 7 erhielt ich handschriftlich. Vorliegende sieben Nummern sind nur eine Auswahl; sie gehören sämtlich dem toskischen Dialekt an. Die Veröffentlichung der ganzen Sammlung, Text und Übersetzung, soll erst später in einem ausführlichen Werke über meine Albanienreise erfolgen. Dieselbe fiel gerade in jene Periode des Gegenaufstandes, als dieser auch nach Südalbanien überzugreifen drohte. Daher zeigen manche von den Liedern, z. B. Nr. 2 und 5, einen ganz aktuellen Inhalt. Ihren poetischen Gehalt darf man freilich nicht zu hoch anschlagen. Besonders die letzterwähnten Zeitgedichte sind, was Reim und Versbau betrifft, ziemlich nachlässig behandelt; es wurde offenbar mehr Sorgfalt auf die Einzelheiten des Ereignisses als auf die Darstellungsform verwendet. Die liederfrohen Albanesen besingen alle erdenklichen Vorfälle. Hat doch einer meiner Bekannten, ein ehemaliger Kawasse des griechischen Konsulates in Avlona, den ich fotografiert hatte, sogar diese Tatsache in Verse gebracht. Das betreffende Gedicht wurde, als zu unbedeutend, allerdings nicht unter die vorliegenden Proben aufgenommen.

Zuletzt gestatte ich mir noch die Bemerkung, dass ich keineswegs Albanologe (der Ausdruck stammt von Dr. Pekmezi) bin. Das Material, das ich hier und anderwärts veröffentliche, ist nur eine gelegentliche Beute, sowie man etwa ein glitzerndes Ding einsteckt, das man am Wege findet, ohne erst seinen Wert genau zu prüfen. Die Bewertung dieser Lieder für die Volkskunde, speziell als Beiträge zur Kenntnis des Schkjipetaren-Volkes, ist Sache der Fachmänner, und falls sich jemand dafür interessieren sollte, so bin ich gern bereit, auf eine einfache Anfrage hin genaue Kopien der Originaltexte zur Verfügung zu stellen.

I. Lied von der Geliebten.

1. Genosse, wo weilt mein Lieb? – Bei einem April-Veilchen, dort, wo ich

sie in Gedanken nicht vermutete.

2. Deine Lippen sind Rosen, – der Hals wie Lampenschimmer, – unbezahlbar deine Brüste – weder mit der Bank von Ägypten – noch mit Edelsteinen; – das Auge ist 300 Napoleon wert.

(Wörtlich: me banko nl Misiri. Gemeint ist die Bank in Alexandria, von deren Schätzen im Volke die übertriebensten Vorstellungen herrschen.)

3. O du Lamra, weiß wie ein Stern, – weißes Lamm der Herde! – Dir bgebürt ein goldener Sitz; – möge der Mann sterben, den du hast!

4. „Lass ihn sterben, ich mag ihn nicht. – Er ist für mich ein Krüppel. Ich will mir einen wackern Mann nehmen, um mich mit ihm zu vergnügen!"

II. Das Lied von Chimara.

1. Am 25. April beschloss die Ratsversammlung – zu Konstantinopel und ordnete an: – zwei Abteilungen Soldaten schickte sie – mit Geschützen und Munition: – die sandte sie nach Chimara.

2. Hinsandte sie auch zwei Kriegsschiffe – mit zwei Abteilungen Soldaten. – Sie kamen, uns zu beschießen. – Es kam ein Mutessarif – als Befehlshaber mit einigen Offizieren. – Sie kamen, uns zu vernichten.

3. Sie erschienen in Chimara, – wollten Antwort sogleich, – denselben Tag, dieselbe Stunde.

4. Alle Alten kamen zusammen, – hielten in Chimara eine Versammlung; – einer schaute den andern an. Die armen Alten hatten Grund: – es gab keine lange Frist, – nur 30 Stunden.

5. Die Alten fassten einen Entschluss. – Sie gingen zum Pascha und sprachen: Pascha, wir haben einen Entschluss gefasst. – Magst du uns augenblicklich vernichten, – unsere Vorrechte geben wir nicht auf!

6. Es gingen Etliche nach Konstantinopel, – um die Besatzung wegzubringen; – sie gingen hinein in den Rat. – Der Vezir mit dem ganzen Rate – unterredete sich mit dem Sultan, – dass sie bleiben, so wie sie sind: – Heil, Chimara! sagten sie.

III. Liebeslied des Mädchens.

1. Ibrahim, großer Pascha, mein Herr, – wer hat dir Böses von mir hinterbracht? – Nimm doch nicht solche Verleumdungen über mich an; – dich habe ich geliebt und dich liebe ich!

2. Wehe, Knabe, ich gehe zugrunde durch dich, – da du mir deinen Mund

entziehst, du sehr Schlimmer! – Nach Belieben, Knabe, betrachte mit den Augen – die zarte Gestalt, gleich der Zypresse!
3. Deine Lippen sind Myrtenblüten; – möge Gott dir verzeihen! – Entweder töte mich oder gib mir ein Heilmittel!

IV. Janina.

1. Diese Burg mit der Mauerbrüstung, – ein Löwengeschlecht möge sie innen haben: – Ali Pascha mit sieben Getreuen, – dass er die Kanonen mit Feinden fülle!
2. Ach Janina, Janina! vergebens – treffe dich Feuer, um dich zu zerstören! – Übel bekommt´s mir, dass ich selbst dich aufgerichtet, – da weder ich noch meine Kinder dich bewohnen sollen.
3. Meine Söhne, das Judengeschlecht, und mein Hund – verlassen mich, den Greis, treulos. – Es köpfe sie Sultan Mahmud, dass der Hund die ganze Familie ausrotte!

V. Nik Dhim, der Türkentöter.

1. Bravo, Nik Dhim, bravo! – Damals, als man dich aussandte – mit der Post von Delvino,
2. Da machtest du dich auf in Begleitung deines Neffen – mit einigenBriefen, die nach Vlor bestimmt waren. – Jene, die dich schickten, hatten Furcht, – daher gingen sie nicht selber.
3. Und siehe, auf offener Straße – lauerten Räuber euch auf. Wehe, Nik Dhim, dass sie euch auflauerten – bei einer Quelle in der Nähe von Radh´im.
4. Sie griffen nach deinen Waffen: Giaur! riefen sie, ergib dich! – zu Ende ist dein Tag, zu Ende dein Leben!
5. Du aber, Nik Dhim, wehrtest dich wacker: – Ich will mich, bei Gott, nicht ergeben! – Und durchbohrtest den einen mit dem Messer, – einen andern traf deine Pistole ins Auge.
6. Dich fand der neue Tag schon jenseit des Gebirges, – das Tageslicht inmitten der Einöde; – doch schreckte dich nicht etwa das Gewissen.
7. Und wo du vorüberkamst, – sangen dir die Vöglein – und grunzten die Schweine des Waldes:
8. Nik Dhim, du Pallikar, – hast zwei verruchte Türken umgebracht. – dich selbst gerettet – und dem Dorfe Ehre gemacht!

6. Lied von einem reichen Chimarioten, den seine Hirten umbrachten.

1. Eine Woche im Oktober sattelte er seinen Rotgaul – und machte sich auf nach Dekati.

2. Schlug den Weg über das goldene Bnenej ein und den Weg über Loghara, – wo sie ihn sahen und er sie sah.

3. Als er mit ihnen zusammentraf, – fingen sie ihn mit List – beim Durchschreiten des Waldgebirges.

4. Es kam ein Regen und Sturm, – da machte Mitro den Vorschlag: – Auf, in die Höhle, Kapetan! sagte er.

5. Lass uns dort eine Zigarette rauchen. – Und sie stiegen hinauf zur Höhle; – dort rief dann Mitro:

6. Zu ende ist dein Tag, Kapetan! Und sie durchbohrten ihn – mit dreizehn Messerstichen.

7. Das Pferd entwich zu Tale; – unten im Dorfe Vangilaj, – dorten machte es Halt.

7. Liebeslied des Jünglings.

1. Warum kommst du nicht heraus zu den Genossinnen – Sumbulo, du rote Pflaume?

2. Töte doch deinen kranken Mann, – Sumbulo, usw.

3. Dass er sterbe und ich dich heiraten kann, – Sumbulo, usw.

4. Dich will ich mit lauter Silber schmücken, – Sumbulo, usw.

5. Du, dich mit lauter Silber! – Sumbulo, usw.

6. Heraus, du! nicht hast du Mühe, denn du hast keinen leidenschaftlichen Mann.

*

Ich hab diese Lieder nur erwähnt, weil sie der bekannte Okkultist Franz Sättler *Musallam* veröffentlicht hat und es zu Schade wäre, sie der Vergessenheit anheimfallen zu lassen, wie so vieles. Diese zu finden, ist ein Ding der Unmöglichkeit, wenn man nicht geistige Hilfe bekommen hätte.

Hohenstätten

22. Die Kunst der Kontemplation
H. S.

Viele sind der Meinung, dass man sich zum Üben nicht anzustrengen braucht, man muss sich nur einfach hinsetzen und „es fließen lassen". Diese verdrehte mystische Thematik will ich hier nun besprechen, will aufzeigen, welch irrgeleiteten Ansichten es gibt. So sehen es die New-Age-Anhänger und so wird es im Buch „Die Kunst der Kontemplation" von A. Watts und Lama A. Govinda beschrieben:

Die Frage, was überhaupt getan werden könnte, um dieses falsche Identitätsgefühl zu überwinden und an seine Stelle die polare Schau und das kosmische Bewusstsein zu setzen – das kann unmöglich mit gängigen Begriffen beantwortet werden, wird behauptet. Ich berichte weiter über ihre Anschauungen: *Alles, was erfahren werden muss, um zur Verwirklichung des kosmischen Bewusstseins zu gelangen, ist bereits gegenwärtig, und alles, was darüber hinaus getan würde, wäre hinderlich und überflüssig – wie rote Tinte auf einer Rose. Im Übrigen ist es einfach notwendig zu begreifen, dass unser gewöhnliches Ich ein falsches und impotentes Selbstbildnis ist. Aber so wie dieses Phantom nicht wirklich wollen oder etwas tun kann, so kann es auch nicht von sich selbst frei werden. Keine Muskelanspannung oder beabsichtigte Entspannung der Muskeln, keine Wiederholung von Formeln, keine Selbstsuggestion, keinerlei Vorstellungsübungen, keine psychologische Methode irgendwelcher Art wird irgendeine Wirkung haben, sondern vielmehr diesem Phantom nur noch mehr Kraft verleihen. Denn jede kleinste Bewegung, etwas zu ändern, oder der Versuch, nichts zu ändern – ja die Art, wie du gerade empfindest, wird nur erneut eine jener nutzlosen Muskelanspannungen hervorrufen, welche dem abgespaltenen Ich scheinbare Wirklichkeit geben.*

Du aber kannst, solange du dich als dieses Ego betrachtest, keine polare Schau oder kosmisches Bewusstsein erlangen. Dies mag vielleicht plötzlich wie von selbst aufsteigen, wie durch göttliche Gnade – aber da ist nichts, rein gar nichts, das du selbst tun könntest, um dieses Bewusstsein zu verwirklichen. Yogis und Zen-Beflissene kommen manchmal zu diesem Resultat nach langen heroischen Anstrengungen. Denn an diesem Punkte bleibt nichts zu tun als abzuwarten, was geschieht. Es kommt aus dem Nichts heraus, so wie Töne aus der Stille kommen, denn es sollte uns nun klar werden, dass das Universum immer vom Jetzt ausging und Spuren hinter sich zurückließ wie eine Feder, die schreibt, obwohl das Geschriebene, die scheinbare Vergangenheit, noch immer und nur im Jetzt existiert.

Du, als Ego, kannst nicht ändern, was du fühlst, und du kannst effektiv auch nicht versuchen, dies Fühlen zu ändern. Dieses ist einfach, was es ist Geschehen, das all jene besonderen Gedanken, Bilder und Spannungen einschließt, welche allgemein dem Phantom eines Denkers oder eines Handelnden zugeschrieben werden. Sie alle haben die Dauer wie Echos, aber wenn wir begreifen, dass sie ihren Bestand nur im Nervensystem haben und nicht das Werk eines zentralen Ego sind, verlieren sie an Interesse, verschwinden und gehen von selber. Das Hoffen darauf jedoch, dass sie gehen werden, macht sie noch andauernde und stärker!

Wenn du all dies verstanden hast, nimmst du einfach wahr, was jetzt geschieht, und diesen Zustand können wir Meditation oder besser Kontemplation nennen. Aber es ist nicht so, dass du etwas bist, das gerade wahrnimmt (oder beobachtet), was vor sich geht. Was geschieht benützt nur deinen Organismus, um sich selbst zuzusehen. Es ist das Weltall, das sich als ein bestimmtes Wesen zentriert – obwohl es nicht notwendig ist, diesen Begriff zu gebrauchen oder auf ihm zu bestehen, denn was hier wichtig ist, ist nicht die Idee, sondern das Gefühl dafür. Wenn dies klar wird, sollte das Bemühen, den eigenen Geist umzuformen, in sich zusammenbrechen und mit ihm die ganze Illusion, dass man ein für sich bestehendes Bewusstseinszentrum sei, welchem Erlebnisse zuteil werden und für das diese Geschehnisse problematisch sind. Dieser Zusammenbruch würde dann der Zustand der Kontemplation werden – die Realisation, dass alles eins ist.

Dieses unbehinderte Strömen ist das Tao, der Weg oder der Lauf der Natur, und es ist auch das, was gemeint ist mit dem Zustand des Nichtanhängens – des Nichthaftens, ein spontanes, unerzwungenes und ungehindertes Fließen des Lebens. Doch die Aussicht auf ein solches Dahinströmen als Lebensweg versetzt uns in eine intensive moralische Angst, denn sogleich steigen Bedenken auf, was passieren könnte, wenn der Tiger und die Dämonen in uns entfesselt und keine Kontrolle ausgeübt werden würde. Aber solche Zweifel sind wiederum Symptome derselben alten Illusion. Denn das Tao fließt ohne Widerstand, ob wir es kennen oder nicht, denn selbst das Nichterkennen ist nichts als eine Variante des Fließens, wie dies ein anderer Zen-Vers ausdrückt:

Wenn du es verstehst, sind die Dinge genau wie sie sind.
Wenn du es nicht verstehst, bleiben die Dinge genau so, wie sie sind.

Nun wird allgemein geglaubt, dass diejenigen, die frei sind von der Illusion der Getrenntheit, automatisch auch mit außerordentlichen Kräften begabt sind; und dies ist wahr in dem Sinne, dass alle Wunder der Natur nicht verschieden von uns selbst sind. Auch sind die Gaben psychischer Kräfte [Siddhi] – gleich ob sie offenbar werden oder nicht – so wie das Wetter, das gut sein mag oder nicht. Solange wir uns daher mit Machtentfaltung beschäftigen, sind wir noch immer auf die zunehmende Beherrschung der Natur aus und verschlimmern unsere Frustrationen.

Wenn ich hier von einer Beherrschung der Natur spreche, so selbstverständlich von einer, von der wir annehmen, dass sie von außen aufgezwungen wird. Doch ist es in Wirklichkeit unrichtig, sich die Natur als kontrolliert, selbstkontrolliert oder nichtkontrolliert vorzustellen, denn die Idee einer Kontrolle setzt eine Zweiheit voraus, in welcher ein Element befiehlt und das andere gehorcht oder sich weigert zu gehorchen. Das inhärente Muster oder die Ordnung der Natur ist von keiner derartigen Einteilung abhängig, denn Ursache und Wirkung, Aktion und Reaktion sind nur zwei Aspekte oder Pole eines einzigen Vorganges. Keine Ursache ist von ihrer Wirkung trennbar, außer zum Zweck der Beschreibung in einer dualistischen Sprache.

Die verschiedenen Buddhas und Bodhisattvas werden gewöhnlich in der Meditationsstellung dargestellt (dem Padmasana oder der Lotoshaltung) wie irgendein Novize. Doch ist dies in Wirklichkeit nur ein Ritual, das um seiner selbst willen geübt wird – so wie man vielleicht Flöte spielt oder tanzt oder Freunde zu einem formalen Essen einlädt. Es ist fast lächerlich zu fragen: Warum denn meditieren! – als ob Meditation etwas Außergewöhnliches wäre oder irgendetwas Bizarres, wie Liegen auf einem Nagelbrett ... Warum schauen wir zu den Sternen auf oder betrachten die Wolken? Warum geht man segeln ohne bestimmtes Ziel? Nichts wird durch seinen Anlass oder die Motivation wirklich erklärt, denn wir finden immer erneut Ursachen hinter den Ursachen, bis wir diese nicht weiter verfolgen können. Es ist wie bei einem Kind, das immerzu fragt: Warum? Warum? Warum?

So betrachtet, ist Kontemplation (als besondere Übung in formaler Weise geübt) einfach das rituelle Vergnügen an jenem grundlegenden Gewahrsein des einfachen Geschehens, das ständig von einem Augenblick zum andern vor sich geht. In derselben Weise ist Tanz als Tanz die rituelle Form des Tanzens, während man kocht, oder des Tanzens mit der Feder beim Schreiben. Darum widerspricht es dem Geist einer derartigen Kontemplation, sie mit tierischem Ernst zu betreiben, wie es manchmal in Klöstern und religiösen Gemeinschaften geschieht, welche tatsächlich nichts anderes sind als Schulen für Halberwachsene ohne eine wirkliche Berufung für das kontemplative Leben, in denen junge Menschen wie eingezogene Soldaten im Ritual gedrillt werden.

Das Gute an der Kontemplation ist die Kontemplation, nicht irgendein zukünftiges Ergebnis, das sie eventuell erbringen könnte.

Während es einerseits traditionelle Formen des kontemplativen Rituals gibt, so gibt es andererseits keine feststehenden Methoden für dessen Ausübung. Es erscheint jedoch angemessen, wie ein Buddha mit gekreuzten Beinen zu sitzen bzw. in der Lotusstellung, mit dem Rücken leicht aufrecht und mit von selbst kommendem und gehendem Atem – so als ob er ein- und ausfallen und nicht willkürlich ausgestoßen oder eingesogen würde. Aus der gleichen geistigen Einstellung hört man nicht gezwungen zu – sondern lauscht einfach den Tönen, die aus dem Schweigen hervorkommen, ohne dabei irgendeine Anstrengung zu machen, diese Töne näher zu bestimmen oder zu identifizieren. In gleicher Weise bemüht man sich auch nicht, etwas zu sehen, sondern man erblickt einfach Licht, Farbe und Form quasi spielend mit den Augen, wie diese eben von Augenblick zu Augenblick der Leere entsteigen. Auch Gedanken werden so behandelt wie Töne, und wenn sie auftauchen, sollten sie einfach beobachtet werden, wie sie kommen und gehen, ohne Kommentar, so wie zwitschernde Vögel auf dem Dach.

Wenn sich der Atem beruhigt und in einen langsamen Rhythmus übergeht, ist es eine besondere Freude, wenn die Stimme in einem Ton darauf hingleiten kann, z. B. mit dem Laut OM oder dem Mantra OM AH HUM, und wenn man dann diesen Ton widerhallen hört – vielleicht in Begleitung eines Gonges, der so lange schwingen darf, bis sein Klang in allen anderen Tönen verklingt. Es gibt viele geeignete Formen für ein derartiges, im Rezitativ gehaltenes Ritual, das nicht nur einzelne Töne längere Zeit hält, sondern auch rhythmische Phrasen fortlaufend wiederholt, wie z. B. das bekannte Mantra Hari Krischna. Wichtig ist hier nicht die Bedeutung der Worte, sondern deren ureigener Klang und die Bewegung des Atems und der Lippen, die eine direkte Erfahrung der allem zugrunde liegenden Lebensenergie vermitteln, wie diese aus der Leere hervorkommt.

Es ist möglich, dass im Lauf der Kontemplation Gesichte oder ekstatische

Bewusstseinsstadien auftreten, und es ist eine naheliegende Versuchung, sie als Ziel der Kontemplation zu betrachten. Jedoch der Versuch, diese Stadien zu verlängern oder sie nach ihrem Verschwinden wiederzugewinnen, ist etwa der Anspannung der Gesichtsmuskeln vergleichbar, wenn wir besser sehen wollen, und ist das Bemühen, den natürlichen Fluss dessen, was jetzt geschieht, zu unterbrechen. Es kann auch eine seltsame Sensitivität für die unausgesprochenen Gedanken und Absichten anderer entstehen oder eine in Erstaunen versetzende Geschicklichkeit des Intellekts oder der Erinnerungstreue, aber diese sind nicht als Zeichen des Fortschritts in der Kontemplation anzusehen, denn Kontemplation hört auf, sobald man nach irgendwelchen Resultaten strebt. Derartigen Versuchungen aber ist die rituelle Kontemplation in gleicher Weise unterworfen, wie ein Musikinstrument, das man eigentlich nur um der Freude an der Musik willen spielen sollte, dazu benutzt wird, um sich seinen musikalischen Status in einem Wettbewerb mit sich selbst oder anderen zu beweisen.

Zu großes Interesse für rituelle Kontemplation kann seinerseits zu einer einseitig-passiven Lebensform führen und zu dem Eindruck eines Abfalls vom ewigen Jetzt, da man mit anderen, einen voll ausfüllenden Tätigkeiten beschäftigt ist. Nun wird der gewohnheitsgemäße Gebrauch der Muskelanspannung, als der Bezugspunkt des Ich beim Sehen, Zuhören und Wollen, auch übertragen auf den Einsatz natürlicher physischer Anstrengung beim Laufen, Heben und Ziehen dergestalt, dass solche Tätigkeiten völlig verschieden von all denen zu sein scheinen, die sozusagen von selber vonstatten gehen bzw. spontan.

Wenn dieser unsinnige Einsatz der Anstrengung wegfällt, wird es offensichtlich, dass Entscheidungen, dieses oder jenes zu tun ebenso wie die daraus folgenden körperlichen Handlungen von selbst geschehen, so wie alles übrige.

In vergangenen Zeiten wurden alle Angelegenheiten, welche die Praxis der Kontemplation betrafen, als esoterisch angesehen oder, was im Westen auf das Gleiche herauskommt, als häretisch – obwohl nicht jede Häresie dieser Art war und der kontemplative Weg nur dann zu einer Häresie wurde, wenn man seinen Inhalt zu beschreiben versuchte. Denn, theologisch ausgedrückt, würde es dem Kontemplativen klar sein, dass nur Gott existiert und dass es nichts anderes als Gott gibt. Selbstverständlich ist dies aber eine Lehre, die sowohl von den kirchlichen als auch von den weltlichen Herrschern gefürchtet wurde. Denn wenn es einerseits notwendig erscheint, dass das Volk ausgebeutet und unterdrückt wird, so ist es wichtig, es mit einer servilen Mentalität zu durchtränken.

So nur entdeckt sich der Mensch in der Kontemplation als etwas vom Kosmos als Ganzem nicht Trennbares, und zwar in dessen positiven wie negativen Aspekten, in seinen Erscheinungsformen und Entwerdungen. Astronomie und Physik sind, so gesehen, theoretische Skizzen von der ungeheuerlichen Weite und Vielfältigkeit unserer Dimensionen. Denn es ist nicht einfach so, dass wir untergeordnete Teile des Systems sind, sondern dass das gesamte System wir selbst sind in dessen ganzer Fülle und im eigentlichsten, wahren Sinn. Gewöhnlich erhaschen wir nur einen schwachen Abglanz dieser Wahrheit in flach-intellektueller Form und halten dies dann für eine hochfliegende Idee, welche kaum etwas mit den praktischen Gegebenheiten und grundlegenden Emotionen zu tun hat. Aber in der Kontemplation ist diese Anschauung so wirklich und selbstverständlich wie das Atmen und bringt die Probleme des weltlichen Lebens in eine richtige Perspektive – sub specie aeternitatis –, indem sie die allgemeine Kurzsichtigkeit der exklusiven Voreingenommenheit mit garstigen kleinen Spielen und Ränken ausgleicht und korrigiert.

23. Arkanschule
Ariane

Diesen Aufsatz habe ich dem Buch „Lexikon des Geheimwissens" von Horst Miers entnommen, da es mir Ariane riet. Sie sage, dass man schön Analogien ziehen kann zwischen der Hermetik und dem hier nun beschriebenen System:

„Arkanschule gegründet 1923 durch Alice Bailey in New York als eine Übungsschule in Meditationstechnik für Männer und Frauen sowie für die Selbstentwicklung der spirituellen Fähigkeiten. Der Name Arkanschule geht auf H. P. Blavatsky zurück; Alice Bailey als Erbin der esoterischen Papiere Blavatskys (die sie über W. Q. Judge erhielt) fand den Namen Arkanschule darin, als sie selbst noch Generalsekretärin des Adyar-TG in den USA war. Alice Bailey besaß damit das Original-Studienmaterial der ES (Esoteric Section und E. School) der Adyar-TG, das jedoch ausschließlich langjährigen und damit zuverlässigen Schülern zuteil werden sollte, während die Grundlehrbriefe der ersten Jahre nur elementare Auszüge aus allgemein erhältlichen Büchern wiedergeben; in den höheren Graden (von insgesamt 7) werden auch Hatha-Yoga-Stellungen und Atemtechnik nach indischer Art gelehrt. H. P. Blavatsky hatte noch vor ihrem Tode die Umbenennung der ES in Arkanschule gefordert, um einen Schlussstrich unter die alte Zeit des Streites und des Dogmatismus zu ziehen. Alice Bailey schrieb in ihrer Autobiographie (London 1951): „Die Geisteshaltung der jetzigen Führer der TG (Theosophischen Gesellschaft) und ihrer Mitglieder hat mich immer wieder amüsiert. Sie lehnten alles ab, was ich lehrte, obwohl ich es direkt von den persönlichen Schülern von H. P. Blavatsky (über Judge) erhielt, so dass mein Material viel authentischer ist als jenes, welches von Personen stammt, die H. P. B. nie gekannt haben." Nach Angaben von Alice Bailey wird die Arkanschule durch die Mitglieder der ES bekämpft; Tatsache ist andererseits, dass ein großer Teil der ES-Mitglieder am Fernunterricht der Arkanschule teilnimmt. Zum Wort Arkanschule ist noch zu sagen, dass H. P. Blavatsky diesen Namen dem Buch „The Arcane Schools" von John Yarker, der einer ihrer Lehrer war, entnommen hat.

Da sich ihr System auf die 7 Planetenströme bezieht, unterstellt sie sich der Zahl sieben:

Die 6 (der 7) Prinzipien der Arkanschule lauten:

1. Die Arkanschule ist eine Übungsschule für Schüler; sie ist keine Schule für Anfänger oder Mystizisten.
2. Die Arkanschule unterrichtet Erwachsene, so dass sie ihren Schritt auf dem Weg der Evolution selbst gehen können.
3. Die Arkanschule anerkennt die spirituelle Hierarchie dieses Planeten als eine Tatsache und lehrt die Art, wie man mit jener Hierarchie in Verbindung kommen und in sie eintreten kann.
4. Die Arkanschule lehrt den praktischen Glauben, dass die Seelen der Menschen eins sind.
5. Die Arkanschule ist nicht-sektiererisch, unpolitisch u. international in ihren Zwecken.
6. –
7. Die Arkanschule stellt keine theologischen Dogmen heraus. sondern lehrt einfach die uralte Weisheit, die in allen Landen seit ewigen Zeiten anerkannt ist.

Der Unterricht der Arkanschule erfolgt durch Fernlehrbriefe, die von Zentralen in New York, London, Genf und Buenos Aires versandt werden. Die Arkanschule betrachtet sich als magnetisches Zentrum der gesamten FM (vgl. Alice Bailey, „Initiation". Lorch 1952. S. 145), zumal einige leitende Personen auch führende Freimaurer sind. Seit ihrer Gründung soll die Arkanschule schon 20000 (nach anderen Angaben sogar 35000) Schüler gehabt haben, die sich die Lehrbriefe schicken ließen; im Rahmen der New-Age-Bewegung die viele Bailey-Fans zählt, dürfte die Zahl der Schüler noch erheblich gestiegen sein. Es wird keinerlei Unterricht zur Erlangung psychischer Kräfte, auch nicht über Hellsehen, Magie, magische Rituale oder Sexualmagie usw. erteilt. Das Hauptgewicht liegt auf dem spirituellen Leben, dem gesamten mentalen Erfassen der okkulten Lehren. Merkliche Fortschritte, d. h. in der Belehrung nicht ganz trivialer Dinge, zeichnen sich erst ab, wenn man sich in den zwischenmenschlichen Beziehungen bewährt, also entsprechend großzügige Opfer gebracht hat, was die Schulleitung an der Höhe der freiwilligen Spenden usw. leicht erkennen kann. Die Betreuung der Schüler, die einander nicht kennenlernen, erfolgt durch sogenannte Sekretäre, etwa 140 seit 1947. Die Schüler der Arkanschule sind verpflichtet, ihre Teilnahme am Fernunterricht geheimzuhalten. Während des letzten Krieges bekannte sich die Leitung der Arkanschule offiziell zur Kriegsführung der Alliierten und den von ihnen eingesetzten Mitteln, was eigentlich nicht ganz der Schweizer Neutralität entspricht.

24. Ein wirksames Gebet
Franz Hartmann

Das Wort „Gebet" bedeutet nicht Betteln, sondern Geben. Wer sich gänzlich in Gott, das göttliche Selbstbewusstsein, in welchem alle persönlichen Wünsche aufhören, ergibt, dem gibt sich Gott gänzlich und macht ihn selbst zu Gott, der seinen Willen vollführt. Der Unverständige sucht Gott zu bewegen, ihm zu gehorchen und ihm seine selbstsüchtigen Wünsche zu erfüllen; der geistig erwachte Mensch betet zu niemanden als zu seinem göttlichen, allgegenwärtigen Selbst, das auf den Bittsteller keine Rücksicht nimmt und von allen seinen persönlichen Wünschen oder den Wünschen seiner Verwandten und Freunde nichts weiß, weil es nichts anderes kennt, als sich selbst. Lessing sagt: „Ein einziger dankbarer Blick zum Himmel ist das vollkommenste Gebet;" und in der Tat werden wir dadurch, dass wir das bereits Empfangene in unserm Herzen dankbar anerkennen, fähig, noch mehr zu empfangen. Wer somit gibt, der empfängt. Wenn Sie aber den Gedanken, der einem solchen Gebete zugrunde liegt, in Worte fassen wollen, so würde ich ungefähr folgendes empfehlen:

Das Gebet des Geistes.

Unendlicher, unbegreiflicher Herr des Weltalls, Geist der göttlichen, allumfassenden und alles durchdringenden Liebe; der du im Herzen von allem wohnst und auch in meinem Körper deinen Tempel und deinen Thron in meiner Seele hast, dir ergebe ich mich, damit der Wahn meines Egoismus verschwinde und ich in dir zum wahren Dasein erwache. Gib mir die Kraft, stets bereit zu sein, dein göttliches Licht der Selbsterkenntnis zu empfangen und es in meiner Vernunft leuchten zu lassen. Setze deine unendliche Gottesweisheit an die Stelle meines beschränkten Verstandes, der von Sinnestäuschungen irregeleitet ist, und den Schein für das Wesen hält; damit ich deine Unsterblichkeit in meiner Seele erkenne, das Ewige vom Vergänglichen in mir selbst und in allen andern Wesen unterscheiden lerne, und die Wahrheit Herr sein lasse über die Lüge. Lass mich in dir die Stärke erlangen, durch deine Kraft meine Natur zu beherrschen und deren Schwachheiten zu überwinden. Gib mir den Willen, die Lotusblüte der Gotteserkenntnis in meinem Herzen aufblühen und zur Entfaltung gelangen zu lassen, und durch deine innerliche Erleuchtung alle Hindernisse zu beseitigen, welche dem Erwachen dieses göttlichen Bewusstseins in der Tiefe meines Herzens im Wege stehen. Gott, der du in deinem eigenen Wesen die Ruhe selbst bist, lass mich durch meinen inneren Führer meinen Gott, meine Ruhe finden, dadurch, dass ich aus meiner Unruhe heraus und in deine Ruhe eingehe, lass mich meinen Frieden in deinem Frieden, meine Stärke in deiner Kraft, meine Seligkeit in deiner Herrlichkeit finden; lass mein ganzes Sein in dir aufgehen, wie der Funke in der Flamme zum Licht wird; damit mein Selbstwahn verschwinde und deine Weisheit meine Erkenntnis, deine Liebe meine Liebe, du selbst in mir Alles und ich Alles in dir sei und im Unendlichen mich als dich und dich als mich selbst erkenne.

25. Der Urmensch
Dr. Edgar Dacque

In dieser Zeitschrift war schon einmal von der Möglichkeit die Rede, die
Mythen und Sagen für die Geschichte der Menschheit auszuschöpfen. Nur
wenn man für frühere erdgeschichtliche Epochen Menschenwesen
annimmt, denen eine andere körperliche Organisation und andere seelische
Fähigkeiten eigen waren, lässt sich Licht in die unergründliche und in ihre
Entstehung immer noch rätselhafte Sagenwelt bringen. Hier soll nun
dargelegt werden, inwiefern der Naturforscher berechtigt ist, dem
Menschenstamm als solchem ein weit höheres erdgeschichtliches Alter
zuzuschreiben, als es bisher auf Grund der gewöhnlichen Abstammungslehre glaubhaft erscheinen wollte.
Trotz aller Forschung über die Entwicklungsgeschichte des Lebens können
wir uns heute noch keine Vorstellung von den wahren Verwandtschafts-
beziehungen zwischen Tier und Mensch machen. Die durch Darwin zur
Anerkennung gebrachte Abstammungslehre glaubte, dass die Menschengestalt ein sehr spätes Entwicklungsprodukt sei, hervorgegangen aus der
höheren Säugetierwelt und dass menschenaffenartige Gestalten auch die
körperliche Grundlage für das Menschenwesen erste Anfänge gebildet
haben müssen. „Der Mensch stammt vom Affen ab", war das bekannte
Schlagwort, womit marktschreierische, nicht wissenschaftlich, dieser
naturhistorische Gedanke einer für solche Oberflächlichkeiten nur
allzuempfänglichen Zeit eingehämmert werden sollte. Es ist dies aber nie
völlig gelungen, am wenigsten innerhalb der Mauern der Naturwissenschaft
selbst, wo diese materialistisch gerichtete und naturphilosophisch
unhaltbare Lehre von Anfang an gerade den Widerspruch ernster Forscher
hervorrief. Heute, nach einer sechzigjährigen, ungehindert von religiösen
Einflüssen entfalteten Arbeitsepoche stammesgeschichtlicher Forschung
stehen wir wieder am Anfang der Frage nach der Art und Zeit der
körperlichen Entstehung des Menschen und wir können, wenn wir die
Funde urweltlicher Skelettreste allein sprechen lassen, allenfalls nur sagen,
dass wir über die Abstammung des Menschen von früheren Säugetieren
nichts wissen, weil keine irgendwie bekannte lebende oder fossile Form
geeignet ist, als Ahnenbild unseres Geschlechtes zu dienen. Man hat aber
gerade aufgrund der Affenabstammungslehre den Aufbau des Menschen
und der Säugetiere nunmehr so gründlich verglichen, dass von der

ursprünglich angenommenen Theorie nichts mehr übrig bleibt.

Das Denkgesetz, womit die Abstammungslehre und die Vorweltforschung die Frage nach der Herkunft irgendwelcher Tierformen einschließlich des Menschen zu lösen versuchen, besteht in der wohlbegründeten Annahme, dass kein in irgendeiner Richtung einseitig entwickeltes Lebewesen der Stammvater eines wenn auch noch so ähnlichen anderen Wesens sein kann, das in der gleichen Richtung weniger weit entwickelt ist. Ein Beispiel mag das erläutern. Die Huftiere haben heute völlig rückgebildete und zugleich einseitig spezialisierte Füße; ihnen sind erdgeschichtlich frühere Formen vorausgegangen, die mindestens vierzehig und zugleich Sohlengänger waren. Wir kennen alle Zwischenstadien in fossilem Zustand. Das ehemalige vier- dann dreizehige Huftiere kann nur der Stammvater des zwei- und einzehigen (Rind, Pferd) sein; aber nie kann eines der letzteren als Urvater eines drei- oder vierzehigen in Betracht kommen. Dagegen spräche auch die Reihenfolge des erdgeschichtlichen Auftretens solcher Formen, wie sie vielfach nachgewiesen ist. Es ist selbstverständlich, dass eine erdgeschichtlich später lebende Form nicht der Ahne einer schon früher dagewesenen sein kann. Dennoch kommt es nicht selten vor, dass uns in den früheren Weltepochen zuerst Gattungen eines Stammes begegnen, die viel einseitiger entwickelt aussehen als später folgende, obwohl sie ihrer Ähnlichkeit nach alle nahe verwandt scheinen. Solche Fälle sind dann jedes Mal so zu deuten, dass wir mehrere Grundrassen oder Spezialstammlinien eines größeren, umfassenderen Typus vor uns haben.

Wendet man nun diese, am fossilen und jetzt weltlichen Skelettmaterial gewonnenen Erfahrungstatsachen auf den Menschen und die ihm gestaltlich nächststehenden Säugetiere an, so zeigt sich durchweg, dass man in keinen Fall den Menschen, so wie er jetzt oder in den eiszeitlichen Skelettresten vor uns steht, aus irgendeinem affenartigen Tier abstammen kann; wohl aber umgekehrt. So haben die Menschenaffen eine Hand, die nur als Rückbildung aus einer Menschenhand zu verstehen ist, nicht als deren Ursprungsform. Die Menschenaffen haben auch eine Schädelbildung, deren Jugendzustand menschenähnlicher ist als beim Erwachsenen Tier; ihr Gebiss ist einseitiger spezialisiert als das Menschengebiss; die enge Stellung des Gesichtes ist weitergehend entwickelt als beim Menschen, der hierin formal zwischen ihnen und den übrigen Säugetieren steht. Forscht man nun in der Erdgeschichte weiter zurück, so gelangt man zu ausgestorbenen Affenarten, die soweit ihre Skelette zur Beurteilung genügen, noch einseitiger entwickelt waren und daher erst recht nicht die

Ahnen des späteren Menschen sein können. Das Entscheidende aber ist, dass alle Affenarten und die ihnen wiederum nächstverwandten Säugetierformen in klar getrennten Stämmen schon bis in eine erdgeschichtliche Vorzeit zurückreichen, die soweit vor der eiszeitlichen, bisher sogenannten „Urmenschenepoche" liegt, dass man nur die Wahl hat, entweder den Menschenstamm als solches gleichfalls soweit zurückzuverlegen, oder ein Schöpfungswunder anzunehmen, um damit den Mensch als ein ganz eigenes, der Tierwelt nicht wurzelhaft verbundenes Wesen aus aller körperlichen Entwicklung und aus dem Zusammenhang mit der übrigen Tierwelt willkürlich herauszureißen. Da wir dies vom naturwissenschaftlichen Standpunkt aus aber gewiss nicht begründet finden könnten, so ergibt sich, im Gegensatz zu der bisherigen Abstammungslehre der Satz, dass alle Säugetiere, die wir aus der ganzen, dem eiszeitlichen „Urmenschen" schon vorausgegangenen „Tertiärzeit" kennen, in Bezug auf die Menschengestalt so einseitig entwickelte Wesen sind, dass keine Möglichkeit besteht, den Menschen von jenen abzuleiten; und freierfundene Gestalten, wie man sie in den sattsam bekannten Volksbüchern der Affenvertreter antrifft, als Ahnen zu fordern, hat keinen Wert, denn sie haben nie bestanden.

Woher kommt dann, naturhistorisch gefragt der Mensch? Wenn man viel fossile Tiere, niedere und höhere, Schalen, Panzer und Skelette kennt – und es gibt deren Tausende und Abertausende aus allen Zeitaltern der Erdgeschichte –, so bemerkt man, dass nicht nur die einzelnen Geschlechter der Tiere und Pflanzen sich immerfort auf Erden erneuert und verwandelt haben, ausgestorben sind und durch andere ersetzt wurden, sondern dass auch während der einzelnen längeren oder kürzeren Zeitalter stets ganz verschiedene Stammkreise, also nicht unmittelbar auseinander hervorgegangene Tiergruppen und -gattungen gewisse gemeinsame Gestaltungen, Organe und sonstige Eigenschaften besaßen, die man als Ausdruck eines bestimmten organischen Baustiles, einer Zeitgestaltung ansprechen kann. Diesem Gesetz der Zeitformenbildung unterliegen alle Stammkreise, jedoch nicht so, dass alle nur ein Merkmal, nur eine Baustilform, nur eine Art von Organform zu einer bestimmten Zeit hätten; sondern es gibt immer viele Formbildungswesen, und die einzelnen gleichzeitig lebenden Typen der Tierwelt beteiligen sich auch jeweils an vielen Zeitgestaltungen, die bei manchen einfach und klar ausgeprägt sind, bei anderen sich wieder mit andersartigen Bildungen überschneiden und verwischen. Daher kommt in Wirklichkeit die verwirrende Formenfülle in jedem Zeitalter, obwohl es nur wenige Grundtypen in der lebenden Natur gibt. Auch hier werden einige Beispiele den Sinn der Sache klar werden lassen. So ist eine bestimmte, aber frühe Periode der Erdgeschichte ausgezeichnet durch das Auftreten von Amphibien und Reptilien mit molchartiger Gestalt und einer Öffnung auf dem Schädeldach, die wir nach bestimmten Untersuchungen als Austrittsstelle eines augenartigen Organs ansehen müssen und das wir deshalb Scheitelauge nennen. Später kommt eine Zeit, wo sehr viele Landtiere den aufrechten *Gang* bis zu einem gewissen Grade verwirklichten. Zur gleichen Zeit ist ein bezeichnendes Epochenmerkmal die reichliche Ausbildung von wasserangepassten Formen in allen möglichen Stämmen; und am Anfang der schon genannten Tertiärepoche sind die Vorläufer der heutigen Huftiere, Elefanten und Rhinozerosse, alle normalerweise so klein wie etwa ein Jagdhund. Auch bei niederen Tieren gibt es deutlich solche übereinstimmende Baustile und Bildungen, wie etwa eine gleichartige Randkrempe bei allen möglichen, sonst nicht näher verwandten Korallenkelchen, die in einem folgenden Zeitalter gemeinsam wieder abgeworfen wird; oder eine gleichartige Rippen- und Stachelbildung auf Schneckengehäusen zu verschiedenen Zeiten, und dann jedes Mal andersartig; oder eine gleiche Zahnstruktur bei Fischen und Lurchen usw. Das Bedeutsame an diesem Gesetz der Zeitformenbildung ist aber die weiter verknüpfte Erkenntnis, dass jede Tiergattung einer späteren Zeit, die an sich und in sich Merkmal einer früheren Zeit trägt, eben selbst aus jener früheren Zeit stammt, damit auf ihr erdgeschichtliches Entstehungsalter festgelegt werden kann, auch wenn man von ihr gar keine wirklichen fossilen Reste aus jener älteren Zeit hat. So trägt unter anderem ein kleines, eigentümliches Reptil auf Neuseeland noch ein deutliches Scheitelauge, wie jene uralten Amphibien und Reptilien, und hier wissen wir auch zufällig aus Fossilfunden, dass der Stamm dieser Echse tatsächlich bis in das Erdaltertum zurückreicht. Wir sind somit imstande, durch eingehende anatomische Betrachtungen auch an lebenden Wesen solche früheren Zeitmerkmale festzustellen, die sie entweder vollentwickelt oder im rückgebildeten Zustand noch an sich tragen.

Die Anwendung solcher Untersuchungsmethoden auf den Menschen hat nun zu neuen, überraschenden Ergebnissen über sein erdgeschichtliches Alter und über seine Herkunft geführt.

Schon vor Jahren, schon mitten im darwinistischen Zeitalter der Naturforschung, hatte Klaatsch erkannt, dass gerade die Hand des

Menschen einen Bau zeigt, der nicht ein sehr spätes Entwicklungsprodukt sein könne, sondern an die ältesten Landtierformen sich anschließt. Ferner sind die Menschenhände im embryonalen Stadium gewissen Tierextremitäten aus früherer erdgeschichtlicher Zeit auffallend gleich, und auch hierin dürfte ein altes Zeitmerkmal liegen. Die Gebissstellung des Menschen und seine Kieferbildung ist nach neuesten Untersuchungen von Westenhöfer derart, dass man hierin unmittelbar an jene ältesten Landtiere der Vorzeit anreihen muss, und dass er damit ursprünglicher erscheint als irgendein lebendes oder fossiles Säugetier. Auch der Eckzahn des Menschen, der stets in der Affenabstammungslehre eine große Rolle spielte, ist nach den Ergebnissen von Adolff ein durchaus nicht aus dem affenartigen Eckzahnstadium ableitbares Gebilde; und selbst wenn er einmal in früheren Menschenstufen sehr stark gewesen sein sollte, so würde er dennoch nicht den Charakter eines Affeneckzahnes gehabt haben. Der Mensch hat aber auch an seiner Gehirnbasis noch zurückgebildete Organe, deren Besitz auf jene Epochen deutet, wo das Scheitelauge ein gemeinsames Merkmal aller Landtiere noch war. „Urväter Hausrat" schleppen wir da mit uns herum, wie schon vor zwanzig Jahren Gaupp es nannte, dem wir eine ausgedehnte Untersuchung über jene rätselhaften Gehirnorgane verdanken, der aber nicht ahnte, dass er mit diesem Wort geradezu Urgeschichte des Menschen selbst aufschloss. Dies seien nur einige Andeutungen über die Anwendung und den Wert des Gesetzes der Zeitformenbildung für die Abstammung und für das hohe erdgeschichtliche Alter auch des Menschenstammes. Schon die genannten wenigen Eigentümlichkeiten seines Körperbaues und ihr Vergleich mit früheren vorweltlichen Entwicklungszuständen des höheren Tierreiches genügen aber zu der Feststellung, dass ein Stamm selbst in die ältesten Zeiten des Landtierwesen zurückreicht und dass keine Rede mehr davon sein kann, dass er ein später, letzter, einseitig entwickelter Abkömmling des jungerdgeschichtlichen Säugetierreiches etwa ist.
Die weitere Frage ist nun die, in welcher natürlichen Verwandtschafts-beziehung die ganze Wirbelwelt zum Menschen steht?
Entwickeln wir uns gedanklich eine Grundform des Säugetieres, wie es uns die vergleichende Anatomie und die Paläontologie an die Hand geben, so kann man zunächst jedes irgendwie bekannte lebende oder fossile Säugetier kurzweg als einseitig und abwegig entwickelt im Vergleich zum Menschen ansehen. Die Säugetiere sind gewissermaßen Ableger eines umfassenderen Grundstammes, zu dem als Zentrum und Innenmark, ja gewissermaßen

auch als Anfang die Menschengestalt gehört, wenn man sie ihres aufrechten Ganges und ihrer Gesichts- und Großhirnentwicklung noch entkleidet, ihr aber dafür noch die Vollentwicklung des Scheitelorganes und eine vollkommene Vierhändigkeit, nicht Vierfüßigkeit, zuschreibt. Stammesgeschichtlich ausgedrückt würde das heißen: Die Säugetiere sind allesamt Ableger des ursprünglich auch dieses Tierische noch mitumfassenden „Menschenstammes"; und im gleichen Maß, als dieses Tierische sich während der Erdzeitalter vom Hauptstamm abspaltete und sich einseitig weiterentwickelte, ist der Menschenstamm selbst reiner als solcher, immer mehr als Vollmensch in Erscheinung getreten. Zuletzt spalteten sich nacheinander von ihm die Menschenaffen ab, und mit der Eiszeit wohl auch der bis jetzt allein bekannte „prähistorische" Mensch, der somit wohl ebenfalls ein ins Affenhafte seitwärts gebildeter Vollmenschabkömmling ist. Indem durch solche stammesgeschichtliche Abspaltung der Menschenstamm immer mehr den Spätmenschen herausstellte, begann zugleich immer einseitiger die vollere des Großhirns und damit die apollhafte Ausbildung des Antlitzes und die Vollendung des aufrechten Ganges. Das allein ist des Menschen „einseitige" Weiterentwicklung, die durch vollständiges Ausscheiden des Tierhaften immer mehr möglich wurde und wobei seine typenhafte Grundanlage, seine „Urform" in höchster Vollendung sich schließlich offenbarte.

Dem Säugetier geht das Reptil und das Amphibium zeitlich voraus. In sehr alter erdgeschichtlicher Epoche gab es auch einmal Reptilien mit allerhand Säugetiermerkmalen. Damals herrschte vorübergehend und neben anderen Eigentümlichkeiten auch eine säugetierhafte Zeitformenbildung, und der ganze spätere Säugetierstamm wurzelte dort. Damals war ebenso auch die Hauptzeit der amphibienhaften Gestaltung, die zuvor schon einmal erwähnt wurde. Es muss also der Säugetiergrundstamm, mithin auch der Menschenstamm, wie wir in auffassten, auch selbst amphibischen Habitus besessen haben, zugleich mit dem „Scheitelauge" – und das wäre die bis jetzt älteste Stufe des „Urmenschen", die man sich denken kann.

Es ist sehr bemerkenswert, dass die Mythen und Sagen aller Völker vielfach von Urmenschen ältester Zeiten reden und diesen Urmenschen auch Eigenschaften zuschreiben, die auffallend mit allerhand der schon erwähnten erdgeschichtlichen Zeitcharaktere übereinstimmen. So ist die Rede von Menschen mit einem „Stirnauge"; von Menschen, die amphibisch leben konnten und mit der Seeschlange unter Wasser kämpften. Es ist die Rede von Menschen mit embryonisch verwachsener Hand, oder von kleinwüchsigen Menschen und von früheren Riesengestalten unter ihnen. Aber es wird auch erzählt von einer Tierwelt, mit der sie kämpften, worin Drachen und Lindwürmer die Hauptrolle spielen, die so auffallend den fossil bekannten großen Landreptilien des Erdmittelalters gleichen, und zur Zeit des prähistorischen Eiszeitmenschen schon längst ausgestorben waren, dass wir aus alledem eindeutig auf ein erdgeschichtlich sehr weit zurückreichendes Alter des Menschenstammes hingewiesen werden. So weisen also Sagen und Mythen, ebenso wie die Anatomie des menschlichen Körpers und sein Vergleich mit vorweltlichen Zeitformen in die gleiche Richtung; sie führen zu dem gleichen Ergebnis, und so werden wohl beide Forschungsgebiete, das naturhistorische und das sagengeschichtliche, in zukünftiger gemeinsamer Arbeit die uralte Herkunft des Menschengeschlechtes und dessen verschiedene Entwicklungszustände besser und glücklicher aufhellen können, als es bisher die sehr einseitige, darwinistische eingestellte Naturforschung vermocht hat.

26. Paul Brunton und die Falschheit der Yogis
H. S.

Wie komme ich auf dieses für manch einen seltsame Thema. Ganz einfach: H. Miers schreibt in seinem „Lexikon des Geheimwissens", dass P. Brunton *„zu den wenigen gehört, die nachgewiesen haben, dass die Kunststücke der meisten Yogis und Fakire auf Betrug beruhen."* Dem musste ich sofort nachgehen. Paul Brunton schrieb ja einige bedeutende Werke wie

- Das Überselbst
- Geheimnisvolles Ägypten
- Die Philosophie der Wahrheit
- Als Einsiedler im Himalaya
- Von Yogis, Magiern und Fakiren usw.

In den letzten beiden Werken fand ich folgende Bestätigung: Im Buch „Als Einsiedler im Himalaya" schreibt er auf Seite 45: *„Dem Durchschnittseuropäer mag der Gedanke, schon früher auf der Erde gelebt zu haben, zunächst lächerlich erscheinen; der Orientale dagegen wird an der Richtigkeit dieses Wissens seiner Vorväter nie zweifeln. Der gelehrte buddhistische Mönch, der mich in der Lehre Buddhas unterwies, erzählte mir von einer psychischen Übung, die Buddha einst selbst lehrte und die in seinem Kloster mit vollem Erfolg angewendet wird. Diese Übung ermöglicht es, frühere Verkörperungen zu erkennen. Ein Teil der täglichen Übung besteht darin, das Gedächtnis Tag für Tag, Woche für Woche, Monat für Monat zurückzurichten, bis die Ereignisse eines ganzen Jahres klar übersehbar sind. Dann werden nach und nach die früheren Jahre in die Erinnerung zurückgerufen. Zuletzt entwickelt sich eine wunderbare Kraft der Erinnerung und Rückschau, die bis auf die Jahre der Kindheit zurückreicht. Fast unglaublich scheint es, dass auf solche Weise alles bis auf den Geburtstag zurückverfolgt werden kann. Psychologen, Hypnotiseure, Psychoanalytiker haben heute aus dem Unterbewusstsein, in dem unser ganzes vergangen es Leben eingemeißelt sein soll, fast einen Kult gemacht. Ist diese Behauptung aber richtig, dann kann eine Gedankenübung, die früheste Jugenderlebnisse ins helle Licht der Erinnerung herauffährt, nicht so unwahrscheinlich sein. Die parapsychologischen Entdeckungen weisen hierzu vielleicht den Weg. Mein buddhistischer Mönch aber fuhr noch weiter fort: Bei dieser Übung* *durchdringe das Gedächtnis schließlich das Tor der Geburt und führe die Erinnerung zu einem ganz anderen Menschen aus einem früheren Dasein zurück. Jede Einzelheit von dem damaligen Tod bis zur Geburt trete in diesem sonderbaren psychologischen Vorgang zu Tage.*

*Der Mönch bestätigte, dass diese Konzentrationsübung sehr schwer sei, und dass nur **wenige Buddhisten** ans Ziel gelangen könnten. Er selbst hatte diese Meditation zwanzig Jahre lang geübt und bezeugte ihren Erfolg. Aber nur gewaltige Mühen konnten diese Erinnerungen der widerstrebenden Natur entreißen.*

Im habe weder Lust noch Befugnis, diese Dinge ausführlich darzustellen; nur kann im mich unter diesen Umständen eines Lächelns über die Menge von Königinnen und Kleopatras nicht enthalten, die plötzlich auftauchten, als die Lehre von der Wiedergeburt im Westen bekannt wurde. Jeder halbwüchsige Psychologe tappt heute bedenkenlos auf einem Weg herum, den der erfahrene Orientale kaum zu betreten wagt. So leicht ist es wirklich nicht, die Erinnerung an vergangene Daseinsformen wachzurufen. Die Natur hat sie nicht umsonst in so dichte Schleier gehüllt.

Kaum ein Abendländer vermöchte diese buddhistische Übung nachzuprüfen. Denn kaum einer würde ein halbes Leben lang täglich einige Stunden dafür opfern, verklungene Erinnerungen zurückzurufen. Und offengestanden, es lohnt auch nicht, Die Natur zeigt uns täglich, dass nicht das Vergangene, sondern die lebendige Gegenwart unseren ganzen Krafteinsatz erfordert. Wozu dann diese Bilder aus ihren Schatten hervorzerren?"

Auf Seite 57 wird er noch etwas genauer, was die Wahrhaftigkeit solcher Übenden darstellt und warum so viele versagen: *„Die Mittagssonne bescheint zwei Männer im gelben Kleid, das sie als Yogi, Mönche, Asketen, Heilige oder auch als Landstreicher, Vagabunden und Diebe erkennen lässt. Jeder, der sich heute in Indien scheut, seinen Lebensunterhalt zu verdienen, steckt seinen faulen Leib in dies bequeme Kleid. Doch ebenso tragen es ernste, der Welt entsagende Heilige, die ihr Leben dem Gebet und tiefer Versenkung weihen. Beide müssen um Nahrung und Unterhalt betteln; unter glücklichen Umständen finden sie vielleicht einen Beschützer, der die Kosten ihres Unterhalts übernimmt."*

Vier Seiten weiter schreibt vom einem Gespräch mit einen *Yogi: „Ist die Behauptung der meisten wahr"*, frage ich weiter, *„dass die Mehrzahl der wandernden Asketen und Heiligen nichtsnutzige Landstreicher sind? Da du unter ihnen lebst, musst du es besser wissen als wir Außenstehenden."*

Der Yogi nickt traurig, und seine Augen sind ernst: „Leider ist dies nur zu wahr. Ich möchte sogar behaupten, dass neunzig Prozent nur faule Nichtstuer, Bettler und Landstreicher sind. Ich traf sie überall und habe mit ihnen gelebt. Unter Hunderten suchten vielleicht nur fünf wirklich nach der geistigen Wahrheit.“

Im Werk „Von Yogis, Magiern und Fakiren" berichtet er uns über folgendes Ereignis: *„Eine halbe Stunde später führte er mich an einen freien Platz, wo sich eine kleine Schar von Neugierigen um einen Mann versammelt hat, der mit lauter, hoher Stimme etwas verkündet. Der Jüngling erklärt mir, dass der Mann behaupte, ein Yogi zu sein, und gerade all die wunderbaren Fähigkeiten aufzähle, über die er verfüge.*

Der sich als Yogi bezeichnende Mann ist von kräftiger Statur. Er hat einen sehr langen Kopf, breite Schultern und einen stattlichen Bauch, der sich über das um seine Lenden geschlungene Baumwolltuch herauswölbt. Über diesem Tuch trägt er ein langes weißes, loses Gewand. Ich habe zwar den Eindruck, dass ein gut Teil von dem, was den Mann behauptet, Prahlerei ist. Als er sich aber bereit erklärt, das Mangobaumkunststück auszuführen, wenn dafür genügend Geld gespendet werde, schließe ich mich einigen andern an und werfe ihm ein paar Münzen hin.

Er beginnt damit, dass er einen großen Tontopf vor sich hinstellt und sich auf den Boden setzt. Der Topf ist mit rotbrauner Erde gefüllt. Er zeigt uns einen kleinen Mangokern, den er in die Erde steckt. Darauf zieht er ein großes Tuch aus seiner Reisetasche und breitet es über den Topf, die übereinandergeschlagenen Beine und die Oberschenkel.

Ein paar Minuten lang werden wir mit einigen mystischen Beschwörungen traktiert, die der Yogi mit monotoner Stimme singt, dann zieht er das Tuch weg. Ein kleiner Mangobaumtrieb ragt aus der Erde hervor.

Wieder bedeckt er mit dem Tuch den Topf und seine Beine, nimmt eine Rohrflöte in die Hand und lässt ein eigenartiges Geräusch vernehmen, das er vermutlich für Musik hält. Nach einigen Minuten zieht er das Tuch wieder weg, um uns zu zeigen, dass die kleine Pflanze einige Zoll gewachsen ist. Diese Prozedur des Zudeckens und Aufdeckens, mit entsprechenden Flötenmusikeinlagen, wiederholt sich, bis ein kleines Mangobäumchen von etwa neun bis zehn Zoll aus der Erde gesprossen ist. Als Baum lässt es sich wohl kaum bezeichnen. Immerhin hängt an der Spitze der Pflanze eine kleine, goldgelbe Mangofrucht.

„Dieser ganze Baum ist aus dem Kern, den ihr mich habt in die Erde stecken sehen, hervorgegangen!" verkündet er triumphierend. Das kann

ich nun doch nicht so ohne Weiteres glauben. Irgendwie habe ich das Empfinden, dass das Ganze ein reiner Taschenspielertrick war.

Der junge Mann jedoch meint: „Sahib, der Mann ist ein Yogi, und solche Männer können wunderbare Dinge vollbringen."

Davon bin ich aber nicht überzeugt. Ich überlege hin und her, wie der mysteriöse Vorgang wohl zu erklären sei, und halte es schließlich für das Wahrscheinlichste, dass der Mann ein Mitglied der Maskelyne & Devant-Brüderschaft (Theaterbesitzer) ist. Doch wie kann man über die Sache Gewissheit erlangen?

Der Yogi schließt seine Reisetasche, bleibt aber weiterhin in der Hockerstellung sitzen und betrachtet die langsam sich zerstreuende Menge. Plötzlich kommt mir eine Idee. Als wir allein sind, trete ich zu dem Yogi, ziehe einen Fünf-Rupien-Schein aus der Brieftasche und sage zu dem Studenten: „Sagen Sie ihm, dass er das Geld haben kann, wenn er mir zeigt, wie die Sache gemacht wird."

Der junge Mann übersetzt willfährig mein Ersuchen. Der Yogi tut so, als ob er nicht darauf einginge, in seinen Augen sehe ich jedoch einen Schimmer von Begierde: „Bieten Sie ihm sieben Rupien!"

Noch lässt der Yogi nicht mit sich handeln.

„Nun, sagen Sie ihm, dass wir in diesem Fall gehen."

Wir wenden uns von ihm ab. Ich mache aber absichtlich langsame Schritte, und schon ruft der Yogi hinter uns her, wir möchten doch zurückkommen.

„Wenn der Sahib hundert Rupien gibt, verspricht ihm der Yogi, alles zu sagen."

„Nein! Sieben Rupien, oder er kann sein Geheimnis für sich behalten! Kommen Sie!"

Wieder gehen wir weg, und wieder ruft uns der Yogi. Wir kommen zurück.

„Der Yogi sagt, er sei mit sieben Rupien einverstanden." Und die Erklärung wird sodann auch wirklich gegeben.

Der Mann öffnet seine Reisetasche und bringt die Hilfsmittel zum Vorschein, mit denen sein verblüffendes Kunststück ausgeführt worden ist. Sie bestehen aus einem Mangokern mit Keim und drei verschieden großen Mangoschösslingen. Er drückt den kürzesten Schössling in eine zweischalige Muschel. Das Pflänzchen lässt sich der Schalenrundung entlang biegen, die Muschel wird zugeklappt und in die Erde vergraben. Um den ersten Schössling zur Entfaltung zu bringen, braucht der Mann nur die Finger in die Erde zu stecken und den Deckel der Muschel zu entfernen, worauf das Pflänzchen sich sogleich wieder aufrichtet.

Die längeren Schösslinge sind in seinem baumwollenen Leibgürtel verborgen. In den Pausen, in denen die Zuschauer warten, während er singt und flötet, hebt er ein- oder zweimal das Tuch hoch, angeblich um nachzusehen, wie das Wachstum vonstatten geht, ohne jedoch jemand anders zu erlauben, dasselbe zu tun. Dabei nimmt er rasch einen längeren Schössling aus seinem Gürtel, steckt ihn in die Erde, zieht die kürzere Pflanze heraus und verbirgt sie wieder in seiner Kleidung. So wird die Illusion einer wachsenden Pflanze geschaffen.

Ich gehe zwar etwas klüger weg, frage mich aber, ob meine letzten Illusionen über diese Yogis von mir abfallen werden wie vergilbte Blätter im Herbst von den Bäumen.

Ich muss an die Warnung denken, die mir Brama, der Yogi vom Adyar-Fluss, gegeben hat, dass Fakire niederer Art und falsche Yogis auf den Straßen Schaustellungen geben würden, die nichts weiter seien als Zauberkunststücke. Solche Leute, meinte er, brächten den Namen Yogi bei den jungen Menschen und den Gebildeten in Verruf. Dieser Mann, der Mangobäume in weniger als einer halben Stunde aus der Erde wachsen lässt, ist kein echter Yogi, sondern ein Scharlatan."

27. An der Grenze zum Jenseits
G. Meyrink

„Ich habe einen Freund in Indien", berichtet Gustav Meyrink, „der der Brahmanenkaste angehört und das ganze Land bis hinauf nach Tibet durchwandert hat, um echte Yogis, das heißt solche, die wirklich etwas können, kennenzulernen, und er beteuerte mir: „Wenn ich sage, es gibt vier echte in ganz Indien, so ist das beinahe übertrieben."

28. Der große Gott Shiva
Hohenstätten

Ich habe mich entschlossen, über diese mächtige indische Schöpfergottheit eine hermetische Abhandlung zu schreiben, da sie in Indien größte Verehrung genießt. Doch nicht nur im Osten zollen ihm die Menschen Verehrung, auch im Westen, denn er ist immerhin die Gottheit, der Schöpfer des Kundalini-Yogas, das sich überall größter Beliebtheit erfreut. Jedoch, und das war der Hauptgrund meines Tuns, versteht kein Schüler, Chela oder ein sogenannter Yogi Shivas wahre Größe, Macht und Reinheit auch nur annähernd. Woher kommt das?

Erst seit dem Franz Bardon seine universellen Werke veröffentlicht hat, ist es möglich, den Gott des Tanzes, Nata-Raja, so richtig in seiner vierblättrigen Form zu erfassen. Selbst die vielen Yogaschriften behandelten die Verbindung aus rein religiös-mystischer Sicht, somit einseitig, das nicht seinem schöpferischen Wesen entspricht. Denn es wurden grobgesehen nur Legenden, Sagen und Mythen über ihn immer wieder dargebracht, damit sie im Bewusstsein der Menschen hängen bleiben. Deshalb beginnen wir mit der hermetischen Deutung dieser Mythen über Maha Deva, den Großen Gott, und steigen langsam aber sicher tiefer bis zu seinem wahren Wesen.

I. Teil – Der Gott Shiva.
1. Seine Bedeutung im Hinduismus.

Shiva – für seine Anhänger ist er der absolute Gott, der in der ganzen Natur wirkt und sich in unendlich vielen Formen offenbart – heißt im Sanskrit wörtlich: „der Gütige, der Freundliche", ist die dritte Gottheit in der Hindu-Trinität, auch Trimurti genannt – Brahma, Vishnu und Shiva – in der er der Gott der Auflösung und Zerstörung ist; als Zerstörer der Avidya, d. h., der Nicht-Erkenntnis, der Maya, der Täuschung, des Negativen, der Einseitigkeit, der Falschheit, mit einem Wort, der Unausgeglichenheit. Alles was sich gegen die Harmonie, die Mitte, richtet, sei es noch so groß oder klein, wird von ihm „vernichtet". Aber er lässt das nicht so stehen, sondern schafft dadurch wieder etwas Neues, etwas Besseres, etwas mehr der Mitte Gebührendes; und das ist das Ausschlaggebende! Somit ist er eine segensvolle Gottheit. Sein Symbol ist der Linga, der Phallus, der Stab, welcher das elektrische Prinzip vertritt, das schöpferische. Die unendliche Größe Shivas wird durch den Mythos vom Ursprung des Linga bildlich dargestellt: Plötzlich erschien am Himmel eine riesige Feuersäule (vgl. die Aussagen über die Is-Rune in Marbys „Runenbücherei"), deren Höhe und Tiefe nicht abzuschätzen war. Brahma flog in Gestalt der Wildgans (Hamsa) in den Äther empor, und Vishnu tauchte als Eber (Varaha) in die Tiefe des Ozeans. Beide konnten jedoch Anfang und Ende der Säule nicht ergründen. Plötzlich nahm die Säule Linga-Form an und brach auf: Darin stand Shiva als höchste Macht des Alls und die übrigen Götter huldigten ihm.

Er wird oft in Vereinigung mit seiner Gemahlin, der Shakti, Pravati usw. dargestellt, deren Symbol die Yoni ist, der Schoss oder Vulva. Das deutet auf das magnetische Fluid hin und auf die passive Seite der Schöpfung, auf das Gebärende, auf das Befruchtende. Beide sind untrennbar. Verehrung von Durga, Parvati oder Kali ist Verehrung von Shiva.

Der Name Shiva kommt in den Veden nicht vor. Dort ist Rudra der Name für diese Gottheit, und daraus hat sich Shiva mit seinen Manifestationen, den verschiedenen *Rudras*, entwickelt. Im Rigveda wird das Wort Rudra für Agni gebraucht, seine Söhne sind die Maruts. Im Ramayana ist Shiva ein großer Gott, aber mehr im Sinne eines persönlichen Gottes und nicht als höchste Göttlichkeit. Im Mahabharata ist manchmal Vishnu größer, dann wieder ist Shiva der Herr und Schöpfer von Brahma und Vishnu und wird von allen Göttern verehrt. Später wurde Shiva zu Mahadeva, dem großen Gott, dem Zerstörer der Nicht-Erkenntnis, dem Herrn sämtlicher Yogis.

Wird er als erwähltes Ideal, als persönliche Gottheit, Ishta-Deva angebetet, dann ist er die ganze Gottheit, die höchste Wirklichkeit. In Beziehung zu seinen dynamischen Kräften, die als Shakti, Parvati, Kali oder Durga – Wasser und Erde – bekannt sind, ist Shiva das transzendente Absolute – Feuer und Luft. Jede dieser weiblichen Gottheiten wird auch als Gemahlin von Shiva bezeichnet, da er oft in sexueller Vereinigung (Schöpfung neuer Ideen) mit diesen Verkörperungen seiner weiblichen Kräfte visualisiert wird. Er hat viele andere Namen wie Shambu, Shankara, Ishana, Vishvanatha, Kedarnath und Nataraja, der in der Kunst als Shiva-Nataraja, der tanzende Shiva, dargestellt wird, der Herr des Universums, der mit Hilfe von Nath-Yoga-Tänzen (=Runentänze) die Welt durch den Rhythmus – Rit-Rune – erschuf. Der Tanz Shivas repräsentiert die Bewegung des Weltengeistes. Bei seinem Tanz erzittern und verschwinden die negativen Kräfte und die Dunkelheit. Etwas Neues wird geboren. Er reitet auf Nandi, dem Stier des Dharma (der Gesetzte und der Ordnung), und wird als Guru aller Gurus angebetet, als Zerstörer aller falschen Weltlichkeit, der Weisheit gewährt und die Verkörperung von Entsagung und Mitleid ist. Ihm zu Ehren wird in Indien die „Nacht des Shivas", eine spirituelle Nachtwache, die im Frühling stattfindet und mit Fasten, Gebet und Meditation verbunden ist, gefeiert.

„Shivaratri" ist der Feiertag, an dem der Hochzeit des Gottes Shiva und der Parvati gedacht und der an den dunklen vierzehn Tagen des Mondmonats „Phalaguna", wenn die Sonne in das Zeichen Fische eintritt, begangen wird. In dieser Nacht wird symbolisch der Linga (das schöpferische Prinzip, der Phallus, das Plus, der Elektrische usw.) von der Abenddämmerung bis zum Morgengrauen angebetet, indem er alle drei Stunden mit Milch, Quark, Honig und Rosenwasser gereinigt, währenddessen das Mantra „Om Namah Shivaya" vorgetragen wird. Die breiten Volksmassen verehren ihn der Einfachheit halber vor allem im Zeichen des Phallus, welches im irdischen Sinne seine schöpferischen Qualitäten und Quantitäten aufzeigt. Zu Ehren Shivas werden auch Hymnen gesungen, insbesondere die Shiva Mahima Stotra von Pushpadanta und die Shiva Tandava Stotra von Ravana. Wer immer während Shivaratri, der Feier, den Namen Shivas in vollkommener Konzentration und mit völliger Hingabe in seinem Herzen wiederholt, wird von allen Sünden erlöst werden. Er wird glücklich leben und von der Wiedergeburt befreit sein, so sagt man.

Das klassische Werk „Shiva-Samhita" behandelt nicht den, wie üblicherweise fälschlich bekanntgegeben Hatha-Yoga, sondern bezieht sich klar auf die Tantra-Yoga-Praktiken. Es werden detaillierte vierblättrige Vorschriften beschrieben, die der Schüler dieses Yogas befolgen muss, und Anleitungen werden gegeben, wie er das schöpferische Wort erlernen kann.

Das Mantram „Sivo Ham" bedeutet „Ich bin Shiva" und wird von vielen Verehrern Millionen Mal gesprochen, welche eine Verbindung mit dieser universellen Gottheit einzugehen wünschen. Jedoch verlangt er als Herr der vollkommenen Askese gewisse Voraussetzungen von seinen Verehrern, bevor er eine Verbindung mit ihnen eingeht:

– bewusste Gedankenkontrolle
– völlige Gedankenzucht
– dreifache Askese
– ein sexuell reines Leben
– einhalten sämtlicher geistiger, seelischer Gesetze bzw. des

Dharmas usw.,
denn ansonsten kommt es zu keinem Bündnis. *Denn ER bestimmt, wenn ER als seinen Schützling annimmt.* Hat ein Schüler nach langer und mühevoller Arbeit es endlich geschafft, dass dieser Große Gott im geneigt war, hat er einen Schatz, der die Unendlichkeit selbst überragt. Shiva ebnet ihm alle Wege, lässt ihn alle Macht zukommen, er schenkt ihm seine gesamte kosmische Liebe, die sich in Worten nicht ausdrücken lässt. Denn Shiva bedeutet auch „heilend!" Er hat sogar für seinen Verehrer einen Kopf von Brahma abgeschlagen, nur damit sein Chela zu seinem Recht kommt. Das ist die Gottheit Shiva!

Von manch einem wird Shiva als Mondgott der Berge verehrt. Er trägt den Mond in seinem Haar, durch welches Ganga, der Fluss Ganges, fließt. Der Mond und das Wasser deutet auf den rhythmischen Wechsel von Ida und Pingala hin, den regelmäßigen Lauf der elektromagnetischen Gesetze. Als der Fluss vom Himmel herniederströmte, beschützte Shiva die Erde vor der mächtigen Göttin Ganga, die mit Sicherheit ganz Indien hätte überschwemmen können. Er zwang sie, durch sein Jata, sein verfilztes Haar, ein Zeichen seiner göttlichen Würde, zu fließen, so dass das Wasser lange Zeit später die Erde erreichte.

Dementsprechend laufen im unteren Himalaya viele kleine Bäche zusammen und bilden schließlich den großen göttlichen Fluss Ganges. Seine wohltätige Kraft ist so gewaltig, dass durch sein heiliges magnetisches Wasser alle Menschen – die Lebenden wie auch die Toten – gereinigt werden, denn Wasser zieht alles Unreine an. Als Gebirgsgott thront Shiva auf dem Berg Kailas und blickt gegen Süden auf Indien, während er die Rishis, die brahmanischen Priester, unterrichtet. Der Kailas hat die Form des Kopfes – Krone – und die Wirbelsäule steht als Symbol für die sieben Charken bzw. die sieben Gottheiten, welche die Elemente verkörpern und ihren Sitz in den Rädern haben:

- Erdgott
- Wassergott
- Feuergott
- Luftgott
- Äthergott
- Gott der vereinigten Fluide – Ida und Pingala
- AUM

Demgemäß wird er als der Herr über das Gebirge angesehen, und die

Weisen gehen dorthin, um zu meditieren. Das Gebirge steht für das Erklimmen des höchsten Zentrums. Er ist der Meister, der die Schüler die erhabene Weisheit seines hohen Wohnsitzes lehrt, denn Himalaya bedeutet „Schneewohnung", die Wohnung der Reinheit.

Wer diese gewaltige Landschaft, deren schneebedeckte Gipfel sich am Horizont abzeichnen und wo nachts der Mond fast genauso hell scheint wie die Sonne tagsüber, jemals gesehen hat, wird sie als Verbindung zwischen Shiva und dem sternhellen Himmel (Akasha) begreifen.

Shivas Anhänger stellen ihn sich auf folgende Weise vor: Er sitzt auf dem Tigerfell, um zu veranschaulichen, dass er Gier und Aggression überwunden hat. Er ist so weiß, rein und klar wie der Schnee, in dem er wohnt, so weiß wie der leuchtende Mond der Weisheit in seinem Haar. Seine Blässe ist ein Zeichen der Askese, denn Shiva ist der Gott der Yogis, des Kundalini-Yoga, der Herr der Tantras und Mantras, der Stellung des Nath-Yogas, der Vater der Brahmanen, der die Veden, die heiligen magischen Hymnen der alten Arier, kennt und vorträgt. Diese Hymnen wurden in einer Sprache verfasst, die noch älter ist als das Sanskrit, in der ursprünglichen Runensprache!

In der Bildhauerei und der Malerei wird er zusammen mit seinem getreuen weißen Stier Nandi dargestellt, der seine Potenz, seine Allmacht verkörpert. Ihm legt man Gebetskränze um den Hals und dem Gott Ganesha, seinem Sohn mit dem Elefantenkopf, zu Füßen. Der Elefant taucht in vielen indischen Märchen als eine Gestalt von großer Weisheit und reichem Wissen, von gewaltiger Stärke und Macht auf. Er verkörpert das abschließende Tattwa Erde und kennt die Wege des Dschungels und die verborgenen Wasserquellen zur Weisheit und Wissen. Sie sind demgemäß die wichtigsten Ziele der Shaivas, der Anbeter des Shiva.

Um seinen Hals windet sich der lange Leib der Vasuki, der Kobra. Sie ist das Symbol seiner gewaltigen Allmacht, und Shiva hält sie an seiner Kehle mit Hilfe des Wortes im Zaum. Diese Kehle ist blau wie der erste Buchstabe im tantrischen Alphabet „A", da er einst Vasukis Gift in den Mund nahm, da sonst die ganze Menschheit vernichtet worden wäre. Shiva darf es nicht hinunterschlucken, denn es würde sonst auch ihn vernichten. Er muss es in der Kehle belassen, die deswegen blau ist. Auf diese Weise hat Shiva die Welt mit dem Schöpfer-Tantra gerettet und hält gleichzeitig mit dem bösartigen Gift auch die Seeschlange Vasuki – die Weisheit – unter Kontrolle. Auf der Stirn, auf beiden Seiten seines dritten Auges, trägt Shiva die drei waagerechten goldenen Streifen der Weisheit, die auch den Shaiva-

Anhänger kennzeichnen. Die Sage über dieses dritte Auge lautet wie folgt: Einmal legte Uma, Shivas Gefährtin, zum Spaß ihre Hände auf seine Augen, die normalerweise geöffnet waren. Sofort verbreitete sich Dunkelheit im ganzen Universum. Sonne, Sterne und nicht einmal der Mond waren zu sehen. Schnell musste Shiva ein drittes Auge in der Mitte seiner Stirn auftun, damit das Licht in den Kosmos zurückkehren konnte und somit auch Ordnung und Gerechtigkeit. Denn sein Auge ist das ewig allsehende Auge des Kosmos, das Auge Gottes. Somit ist Shiva auch der Gott des Dharma, der Rechte und Pflichten von Männern und Frauen. Desgleichen ist Shiva auch Pashupati, der höchste Beschützer der Tiere, denn er ist ihr Schöpfer. Die Gazelle trägt Shiva deshalb als Herr der Tiere und aller Lebewesen. Es wurden Auseinandersetzungen darüber geführt, ob Vishnu oder Shiva der Beschützer des Kosmos sei, aber das ist ein Streit um Namen. Vishnu und Shiva sind im Wesen identisch, da beide im Grunde von Brahma = Prajapati, dem Schöpfer, nicht zu unterscheiden sind. Der Unterschied zwischen den Göttern liegt nicht in ihrer Funktion, sondern in ihrem Charakter, in ihrer Qualität und Quantität, in ihren göttlichen Eigenschaften. Durch sein besonderes Wesen lehrt uns jeder Gott etwas über das Universum, das wir vorher nicht gesehen haben, weil jeder einen einzigartigen Aspekt der Schöpfung und damit unserer Erdenwelt und unseres tiefsten Inneren aufleuchten lässt.

Die drei wesentlichen Eigenschaften, (Gunas, Fluide, Ebenen oder Temperamente, Zustände des Bewusstseins usw.), des Shiva sind

    Rajas: Energie – Feuer – Schöpfung – Wachen

    Sattva: Wahrheit – Luft – Erhaltung – Träumen

    Tamas: Dunkelheit – Wasser – Vernichtung – Schlafen

Mit diesen drei Worten hat die indische Philosophie drei wichtige grundlegende Schöpfungsprinzipien, d. h. unserer eigenen Welt, der materiellen Erde, offenbart, denn wir können dadurch sehen, hören und fühlen. Diese bilden den vierten Bewusstseinszustand – Turiya!

Da alles Widersprüchliche, alles Unnatürliche in der Musik (im Singen von Tantras) aufgehoben wird, ist Shiva auch der Gott der Musik, der stets seine Trommel des Rhythmus und auch das Vina, das schöne *viersaitige* Instrument des antiken Indien, bei sich trägt. Musik ist wie die Gerechtigkeit eine harmonische Abfolge des sorgfältigen Abwägens zweier Gegensätze von hoch und tief, um zu einer Übereinstimmung zu gelangen.

Sein zweiter Aspekt, die Gunas, sind seine Energie, seine Shakti oder schöpferische Kraft, denn Shiva war und ist auch der Schöpfer genauso wie

Brahma, aber mit seinem eigenen, einzigartigen Wesen. Er trägt stets seinen Dreizack, das Zeichen der Beherrschung aller drei Ebenen, Körper und Prinzipien. Ferner wird Shiva mit Pfeil und Bogen dargestellt, einem Wurfspieß als tödliche Waffe und einer Schlinge zum Fangen. Dies trägt er deshalb, weil er damit den Elefanten-Dämon Behemot unter seiner Gewalt hat. In einer anderen Darstellung trägt er in einer Hand einen Hirsch, den Dämon Furfur, manchmal sogar einen Löwen oder eine Elefantenhaut, denn ihm entgeht kein Ungetüm! Das heißt für seinen Verehrer, dass er – der Chela – selbst zum Beherrscher sämtlicher Gegengenien wird! Deswegen wurde er zur *Jagd* verehrt und wurde vor Beginn besänftigt, da der Wald, das unüberwindliche Dickicht, überall voll ist von geheimnisvollen Geschöpfen, Geistern, Dämonen und Zwergen. Alle diese Geschöpfe werden von Shiva, dem Ganesha (Gott der Zwerge), dem Elefantengott, dem Gebieter über Tiger, Löwen und Schlangen, beherrscht. Alle *Jäger* (=Hermetiker) müssen Meister des Tantra sein, das ebenfalls von Shiva als sein Geheimwissen gelehrt wird, denn er ist der Schöpfer des Wortes! Jagdbare Tiere gehörten zu der geheimnisvollen, magischen Welt des Dschungels, der Astralebene, die für viele undurchdringlich ist. Die Wesen dieser Ebene bleiben unsichtbar, wenn der „Waldgott" Shiva einen Zauber auf die Augen des Jägers geworfen hat und seine Hellsicht verhindert. Plötzlich steht diesem der Elefant oder der Tiger in seiner ganzen Größe angsteinflößend gegenüber, so dass er dann den Mut der Verzweiflung aufbringen muss und auch Shakti, ihren Speer, benötigt. Shakti ist zum Ausdruck für Energie, Stärke, Kraft geworden. Ein Elefant kann mit Pfeilen oder Wurfspießen nicht getötet werden; dazu ist ein stabiler Speer notwendig, der ihm in die Seite gestoßen werden muss. Shivas Energie ist das Feuer, Agni, das er in einer seiner Hände hält und ihm die Kraft gibt, zuzustoßen.

Ein Gott besteht aus Sattva, Rajas und Tamas, und um erschaffen zu können, benötigt er Materie, die ebenfalls Energie ist. Diese wird im Sanskrit auch als Shakti bezeichnet und als Göttin, die die andere Hälfte des Gottes dargestellt. Darum ihr Name: Mutter Erde, der vierte Teil der Schöpfung! Man glaubt von den göttlichen Kräften, die auf eine derart vertrauliche Weise aufeinander angewiesen sind, dass sie wie Mann und Frau zueinander in Beziehung stehen. Die Quelle der Energie eines Mannes ist seine Gattin, denn durch sie hat er Grund zu leben, zu arbeiten und zu kämpfen.

Um zu erschaffen, brauche ich eine Gattin, sagte Shiva. Brahma wusste, dass er recht hatte. So steht es in den indischen Schriften. Also schuf er ihm eine Gattin, deren Name Gauri, (Wildkuh, die Kuh als Ernährerin der Welt), war, die Tochter des Himalaya; daher auch ihr Name Parvati, Tochter der Berge, unter dem sie am besten bekannt ist. Daraufhin sprang Rudra (Shiva) ins Wasser, ins Akasha, der Quelle aller Kräfte, um mit der Schöpfung zu beginnen. Und das Land stieg empor.

Zum Nata-Raja, dem König des rituellen Tanzes, wurde Shiva, als er zur ersten zeremoniellen Opferung nicht eingeladen wurde, da er für ungebildet galt. Der Mythos erzählt: Gauri, seine geliebte Frau, die darüber gekränkt und betrübt war, dass ihr Gatte während seiner Abwesenheit derart beleidigt wurde, suchte den Tod im Opferfeuer. Als Shiva zurückkehrte, sammelte er ihre verkohlten Reste auf, trug sie herum und sang dabei die berühmte Litanei des ersten Witwers. Während Rudra-Shiva immer wieder im Kreis herumging und seine Klage sang, begann er rhythmisch zu tanzen und schlug dabei eine Trommel. In immer größer werdenden Kreisen wirbelte er umher. Es war der erste Tanz. Die gesamte Schöpfung begann im Rhythmus seines Runen-Schöpfer-Tanzes zu erbeben, als er in seinem Schmerz siebenmal die Welt umkreiste. Schließlich willigten die Götter ein, seine Gattin wiederzubeleben, da sie fürchteten, mit seiner heftigen Trauer könne er die Welt zerstören. So wurde Shiva Nataraja zum König der Nath-Yoga-Tänze. Voll Trauer ging er in sein Gebirge zurück und verbrachte viele Tage in Meditation, bis seine wiederbelebte Gemahlin ihn dort fand. Ihr neuer Name war Uma, Mutter.

Shivas Tanz kennzeichnet den Übergang von einer Runen-Stufe des Nath-Yoga zur nächsten, Stufe für Stufe. Der Runen-Tanz ist ein Übergangsritus (=Rit), der sich bei jedem vollzieht. Gauri war Shivas Braut; als Jungfrau musste sie sterben und wurde dann als seine Gattin, Uma, die Mutter, wiedergeboren. Bevor wir neu erschaffen werden können, muss etwas sterben; ohne persönliches Opfer können wir nicht neu geboren werden. Das ist der Sinn der Entwicklung!

Linga oder Lingam ist das Sanskritwort für Phallus. Wenn es auch lange Auseinandersetzungen darüber gab, ob es wirklich diese Bedeutung hat, kann kein Zweifel bestehen, dass ein Gott, wenn er in der Gestalt eines Mannes dargestellt wird, ein richtiger Mann sein muss. Kein Gott kann zeugen, wenn er kein Mann ist, und keine Göttin kann empfangen, wenn sie keine Frau ist, denn das Geschlecht ist die Essenz der Zeugungskraft. Der Linga wurde an vielen Orten Indiens gefunden. Er ist als zylindrischer Stein geformt, der sich aus einem kreisförmigen Becken, der Yoni, dem

Symbol der weiblichen Vulva, erhebt. Der Linga wie die Yoni werden in einigen Teilen Indiens von Frauen und Männern, die sich Kinder wünschen, als Form der Anbetung regelmäßig mit Milch gereinigt und verehrt.

Shiva hat Phasen, regelmäßig wiederkehrende Zyklen, die der Regen- und der Trockenzeit gleichen und dem Rhythmus des Ida-Pingala unterstehen. Er lässt Meditation und schöpferische Kraft wechselweise aufeinanderfolgen, wobei das eine notwendig ist, damit das andere stattfinden kann. Wenn sich Shiva im Zustand der Meditation befindet, wen er in sich selbst versunken ist, enthält er sich der Schöpfung, so dass Parvati, seine Gattin, ebenfalls Askese üben muss, in der Hoffnung, seine Liebe, seine „Kraft" zurückzugewinnen. Der Grund dafür ist, dass während dieser Perioden zeitweilig aufgehobener Aktivität die Welt nicht materiell, sondern nur in ihrer Essenz existiert. Der Geist allein setzt seine brennende Existenz fort, der Sonne in der Wüste und dem Feuer im Wald gleich. Sowohl das Feuer als auch der Wald sind Manifestationen von Shiva. Das Feuer wird durch den Löwen, das unersättliche Raubtier, symbolisiert, und oft mit ihm zusammen gezeigt. Der Wald ist eine andere Interpretation von Shivas Trisula, dem Dreizack, den er in der linken Hand hält und der oft als Lotusstengel mit Wurzeln und einer Blume mit drei Blütenblättern oder Zweigen dargestellt wird.

Als Shiva sehr lange Zeit meditierte, begannen die Götter sich zu sorgen, ob die Welt jemals entstehen würde. Also schickten sie Kama, den Liebesgott, zu ihm, der zu diesem Zweck erschaffen wurde. Er entspricht dem griechischen Eros und dem römischen Cupido, denn alle diese Namen bedeuten „Begehren". Shiva öffnete sein drittes Auge, dasjenige, das die Schöpfung ausdrückt, die Vereinigung von Ihm und Ihr, und dessen Strahl verbrannte den Liebesgott. Kama wurde zu Asche, denn das Begehren kann den grellen Blick der tantrischen Zeugung nicht überleben.

Von da an wurde der Liebesgott Ananga, der Körperlose, genannt. Der Geist der unsterblichen Liebe ist dazu verurteilt, in der Welt umherzustreifen, und nur dann, wenn sich ein Mann und seine Gattin nur in reiner Liebe umarmen, im Augenblick der Vereinigung zweier Seelen, bekommt auch der Liebesgott, Kama, einen Körper, d. h., ein Kind wurde geschöpft!

Schließlich wird Shiva überredet, die Welt zu erschaffen, das heißt symbolisch zu heiraten und sich zu vereinigen. Zahlreiche Gemälde in Indien zeigen den Gott und seine Göttin in schöpferischer Liebe versunken. Oft sitzt die Göttin Parvati auf dem Knie ihres Gatten und blickt in

Verzückung und in völliger Konzentration zu seinem strahlenden Gesicht empor, während er die geliebte Gattin sanft um die Taille fasst – so wie oben so unten!

In vielen Religionen wird Gott als Mann und in einigen als Frau dargestellt. Hinduistische Künstler zeigen Gott vollständig – als Mann und als dessen Gattin –, denn nur in der heiligen Ehe zwischen Ebenbürtigen ist die göttliche Liebe gegenwärtig, denn die Schöpfung gehört dem Jetzt. Das, was das gesamte Universum beinhaltet, ist so bedeutend wie ein Mann und eine Frau, die sich umarmen. Somit erfüllt vollkommene vierpolige Liebe den Kosmos ebenso wie der göttliche Geist.

In der Bildhauerei und an den verschiedenen Tempeln werden Shiva und Parvati oft als verheiratetes Paar beim Akt der körperlichen Liebe dargestellt. Viele Bücher wurden geschrieben, welche dieses scheinbare Sakrileg, ein Vergehen gegen Heiliges, Gott, den Schöpfer, im Geschlechtsakt darzustellen, zu verteidigen suchten. Aber dafür ist keine Verteidigung nötig, denn das männliche und das weibliche Prinzip des Kosmos müssen vereinigt werden, damit die Schöpfung möglich und vollständig ist. Für den Hindu wie auch für den Wissenschaftler ist die Entstehung des Universums, das für seine Entwicklung Lichtjahre braucht, ein natürlicher Prozess. Von all den vielen natürlichen Vorgängen auf Erden ist dem Hindu die Zeugung seiner eigenen Kinder die größte Tat. Folglich versteht es sich von selbst, dass die Inder die Entstehung des Universums als den Augenblick des kosmischen Höhepunktes einer Göttin in der umfassenden Umarmung ihres liebenden Gatten darstellen.

Wenn Shiva meditiert, stellt er sich die Welt vor. In seiner Tätigkeit als Schöpfer liebt er die Welt, so wie ein Handwerker das weiche Holz liebt, aus dem er einen schönen Gegenstand anfertigt. Wie sich sein Linga symbolisch, richten sich die Pflanzen im Augenblick der Schöpfung auf und schieben ihre zarten Stengel aus der Erde. Zu diesem Zweck muss aber die bestehende Pflanzenwelt vernichtet werden, wie es im tropischen Wald zu sehen ist. Nach der indischen Auffassung dieses Vorgangs stirbt zwar die Erscheinung, aber der Geist nimmt neue Formen an, sie wandelt sich zu Höherem, in denen er wieder zurückkehrt. Das ist der Kreislauf des Lebens! Aus Altem wird Neues.

Im Hinduismus ist der Geist das Innere und die Materie das Äußere; beide sind unzertrennlich wie die zwei Seiten eines Blattes. Wenn sich der Geist zurückzieht, gibt es eine Zeit lang keine Existenz. Darum ist Zerstörung kein Untergang, sondern nur eine Verwandlung der Gestalt in eine andere

Ebene. Shiva, der Herr der Schöpfung, ist auch der Todesgott. Als Gott der Jäger tanzt er den Totentanz. Gleichzeitig ist er der Gott der reinen Begierde und der wahren Sehnsucht, denn der Jäger sehnt sich danach, zu töten, um gleichzeitig lebenserhaltend zu sein, indem er seinem Volk die erlegten Tiere darbringt. Shiva, der Gott der Ehe und der Meditation, zeigt auch das sogenannte hässliche Gesicht des Todes, denn er muss sich universell darstellen, um wirklich allumfassend sein zu können. Der Tod ist ebenso ein Teil des Lebens wie Geburt, Liebe, Ehe und Kinder; er hat zwangsläufig Anteil an unserer realen Wirklichkeit. Denn der Tod, die Wandlung, bedeutet den Tag der Geburt in einer feineren Ebene, in unserer wahren Heimat!

Auf Gemälden sehen wir den tanzenden Shiva auf einem riesigen Friedhof, von Leichen umgeben. Shiva hat sich jetzt verändert. Die Perlen seiner Halskette scheinen plötzlich Totenschädel zu sein. Auch sein Trinkbecher ist ein Schädel und Girlanden aus 108 Köpfen (=18 Runen) hängen an seiner Taille. Das ist nicht mehr der freundliche Shiva, sondern wieder der schreckliche Gott, der den Charakter des unersättlichen Löwen hat. Er ist das Symbol der alles verschlingenden Zeit, Kala, der Gott des Wandels, des Rhythmus.

Shiva wurde dem System der Samkhya-Lehre, das die dualistische Realität predigte, angepasst. Diesem orthodoxen hinduistischen Glaubenssystem nach besteht der Lebensprozess aus dem Wechsel von elektrischem (aktiven Ida-Sonnen) und magnetischem (passiven Pingala-Mond) Fluid, und signalisiert den immerwährenden Wandel der Natur und ihren Erscheinungen betreffend. So vereinigten sich die zwei großen Schulen der Shivaiten und Visnuiten zu einem System und hatten den asketischen Gott der Beherrschung zu einem gnädigen Allgott gewandelt. Kennzeichnend für diese umfassende Verehrung Shivas ist ein Hymnus der Anhänger des Sankaracarya, hier in der Übersetzung Helmuth von Glasenapps wiedergegeben:

Ihm, der die Welt, die wie ein Spiegelbild
Er in sich trägt, im Traum durch Mayas Walten
Von sich getrennt wähnt, und erwachend sich
Als Einz´gen weiß in wechselnden Gestalten.
Ihm, der als Guru das Wissen uns spendet,
Verehrung dem Herrn, der nach Süden sich wendet.

Ihm, der als das unwandelbare Selbst
Durch jeden Zustand leuchtet in dem Leben,
Der es vermag durch heiliges Symbol
Dem Frommen Einsicht in sein Sein zu geben.
Ihm, der als Guru das Wissen uns spendet,
Verehrung dem Herrn, der nach Süden sich wendet.

Ihm, der als Feuer, Wasser, Erde, Luft,
Raum, Sonne, Mond und Seele zu erscheinen,
Achtfach sich offenbaret hat, und den
Der Weise kennt als ewigen All-Einen.
Ihm, der als Guru das Wissen uns spendet,
Verehrung dem Herrn, der nach Süden sich wendet.

Im heutigen Hinduismus wird Shiva sowohl als maskulin – Feuer und Luft – (Shivan), als auch feminin – Apas (Wasser) und Prithivi (Erde) – (Shiva) wie auch als zweigeschlechtlich-ausgeglichen (Shivam) angesehen. Seine androgyner Aspekt (Ardhanarisvara) ist daher grundlegend. Shiva personifiziert damit den Anfang und das Ende, Alpha und Omega, oder tantrisch ausgedrückt: Das Ä und das Ö! Somit ist er polar, lebensvernichtend und daraus gleichzeitig wieder lebensspendend. Er ist aber der kosmische Runen-Tänzer (Shiva Nataraja), der von Scharen begleitet einen ekstatischen Tanz beginnt, so die Weltveränderung und daraus die Befreiung der Seelen symbolisierend.
Den meist vierarmigen Shivaskulpturen können die Attribute Trommel, Bogen, Schädelstab, Schlinge, Antilope und Axt beigegeben sein. Eine Legende gibt die Erklärung dafür, warum Shiva mit diesen Emblemen in Verbindung gebracht wird: Als Shiva in seinem Asketendasein in den Himalaya-Bergen am Berg Meru umherwanderte, stellten ihm die Frauen der unheiligen Zauberer nach und verliebten sich in ihn. Darüber, dass die Frauen ihre Keuschheit verloren hatten, waren die sogenannten Rsis so erzürnt, dass sie gemeinsam beschlossen, Shiva zu töten. Doch ihre zauberischen Waffen, wie die personifizierte Axt und die Schadelkeule, konnten ihm ebenso wenig anhaben wie giftige Schlangen, wilde Tiere, die schwarze Antilope und der Mond. Shiva neutralisierte die gegen ihn gerichteten Kräfte und machte sie sich zu eigen. Die Waffen hält er seitdem in Händen, die Felle der Tiere bekleiden seinen asketischen Körper, Schlangen sind sein Schmuck, und den Mond trägt er in seinem Haar. Der

dämonenhafte Zwerg Apasmara, den die Rsis gegen Shiva aufhetzten, wurde unter den Füßen des Gottes zertrampelt.

2. Shiva, der Dämonen-Vernichter in wechselnder Gestalt.

Shiva, was soviel wie freundlich oder gnädig bedeutet, ist die facettenreichste Gottheit im orthodoxen Hinduismus. Er ist einer der ältesten Götter Indiens, obwohl er unter dem Namen Shiva im Rigveda noch nicht vorkommt.

Der Erscheinungsvielfalt dieses Gottes, der 1008 tantrische Namen trägt (1+0+0+8=18 Runen-Namen), würde man nicht gerecht werden, wenn man ihn lediglich auf seine Stellung in der hinduistischen Trinität, in der er den Zerstörer der Falschheit und der Täuschung verkörpert, fixieren würde. Sein Name ist sozusagen ein Sammelbegriff für die vielen Aspekte, in denen sich die Gottheit zeigt und mit seinem Verehrer dadurch eine innige Verbindung eingehen kann.

Shiva ist der Herr über alle Götter. Nach Anion ist er sogar mit dem Götterkönig Indra gleichzusetzen. Shivas Mentalität ließ ihn in der Trimurti zum Gott der Zerstörung des Zerstörungswürdigem werden. In dem einen großen Mahadeva, der nach seiner schrecklichen Seite hin als Rudra (der Brüllende), als Mahakala (der große Tod), als Hara (der Vernichter), in seinem milden Aspekt als Shiva (der Gnädige) oder Sarikara (der Heilbringer) wurden mehrere Aspekte von ihm vereinigt. Über den vierblättrigen Yoga wurde der Weg zur Identifikation mit Isvara als dem höchsten persönlichen Gott geebnet und übertraf damit Vischnu und Brahma. Jeder Yogi verehrt Shiva als seinen persönlichen Herrn und Meister. Dieser Wandel wurde mit einer Fülle von Legenden und Sagen, in denen Shiva jeweils eine dominante Rolle spielt, volkstümlich belegt. Die berühmteste seiner Taten ist die Zerstörung der drei *Städte* der Dämonengötter. Diese hatten von Brahma die Zusicherung erlangt, dass ihre Städte tausend Jahre, d. h. ewig bestehen und sich nachher zu einer Stadt vereinigen würde. Der Asura-(Dämonen)-Architekt Maya, die Täuschung, erbaute daraufhin eine goldene Stadt (im Himmel-Mental), eine silberne (in der Luft-Astral) und eine eiserne (auf der Erde-Materiell). Die Dämonenbrüder wurden den Göttern jedoch zu mächtig; Brahma und Visnu übertrugen ihre Eigenschaften und Kräfte durch ein Ankhur auf Shiva und befähigten ihn so, die drei Städte zu zerstören: Von einem einzigen Pfeil seines göttlichen Bogens getroffen, gingen sie in Flammen auf.

3. Die ikonographische Darstellung.

Die mannigfaltigen Kräfte, die Shiva innewohnen, werden pointiert herausgearbeitet, wenn der Gott in einem seiner beiden Hauptaspekte dargestellt wird. Den furchterregenden, zornigen Aspekt nennt man „Ugra", den freundlichen, milden Aspekt „Saumya". Die beiden Aspekte lassen sich je in vier weitere Formen unterteilen, so dass acht (2 x 4 = 8) Erscheinungs-bilder Shivas unterschieden werden können, die die 2 x 4 Elemente symbolisieren, die positiven und negativen Aspekte. Die acht Lingas stehen symbolisch für diese „acht" Elemente, doch können auch acht Shiva-Skulpturen nebeneinander aufgestellt werden, die den gleichen Aussagewert besitzen.

4. Der König des Tanzes.

Diese Form wurde oben schon erwähnt. Der zeremonielle Tanz wird als eine Art der Magie angesehen, wie es F. B. Marby in seiner Schrift „van hooge dooge deese" in den 20ern bereits beschrieben hat. Aufgrund des rituellen Tanzes verändert sich die Persönlichkeit des Tänzers, in dem übermenschliche Kräfte freiwerden. Bei Shiva als kosmischer Tänzer ist der Tanz ein schöpferischer Akt. Das Universum ist der Tanzboden, das sich durch den gleichmäßigen Tanzrhythmus zu bewegen beginnt und sich in all seinen Formen, nützlichen (Plus) wie auch schädlichen (Minus), manifestiert. Im Tanz sind die fünf kosmischen Akte den Tattwas gemäß symbolisiert: Schöpfung, Erhaltung, Vernichtung, Verhüllung und Erlösung. Im Tandava-Tanz zeigt Shiva als kosmischer Gott diese fünf Wirkungsbereiche in den drei Ebenen, die das Universum durchwalten und in Gang halten, nämlich Schöpfung, Erhaltung und Zerstörung, sowie zwei Phasen des Erlösungsweges, nämlich Verhüllung und Zerreißen des Schleiers der Unwissenheit. Das Bildnis des Shiva Nataraja ist demnach nicht nur ein mystisches Weltbild, sondern zeigt auch Erlösungsweg und -ziel durch den konzentrierten Runentanz an, wie die meisten hinduistischen Kultbilder Aufforderungen zum Heilsweg sind, vorausgesetzt, man kann deren Symbolik verstehen.
Der Hindu sieht in Shiva die unpersönliche, sich ewig verändernde vierblättrige Schöpferkraft, welche in der Lage ist, jeden Gedanken zu verwirklichen, die durch die Person des Tänzers versinnbildlicht wird. Gleichzeitig erkennt man das Absolute, mit dem alles verschmilzt,

ausgedrückt durch die asketische Gestalt des Tänzers. Das Prinzip von Wirkung und Gegenwirkung der kosmischen Energie, der Schöpfung und der Vernichtung, treten in der Darstellung des Tänzers durch die Körperhaltung, die Attribute und die Gesten deutlich in Erscheinung.

Die Schöpfung wird durch die Sanduhrtrommel in Shivas oberer rechter Hand angezeigt. Der tantrische Ton – der Rhythmus, der Ritus, besser gesagt die Rit-Formel – ist die erste und zarteste Offenbarung des Absoluten in der Erscheinungswelt. Die Gestalt Shivas veranschaulicht den absoluten Gott, der alle polaren Gegensätze in sich vereint bzw. aufhebt, so Schöpfung und Zerstörung, Materie und Geist, Weib und Mann, Kinetik und Statik, Sonne und Mond oder Elektrizität und Magnetismus.

Die Vernichtung bzw. die Neuerschaffung des Universums wird angezeigt durch das Feuer in Shivas oberer linker Hand, denn er ist der ewige Neu-Schöpfer des Vergänglichen. Geistige Stumpfheit und Blindheit werden versinnbildlicht durch den zwergenhaften Dämon Apasmara, der, unter Shivas Füßen kauernd, sich an den materiellen *Sitz, an das unterste Ende* des Rades des Lebens klammert. Dieser Dämon ist nichts anderes als die Personifizierung der negativen Leidenschaften, die die Lebewesen an der Befreiung aus dem karmischen Kreislauf der Wiedergeburten antreiben und anregen sollen. In nordindischen Darstellungen tanzt Shiva auf dem Buckelstier, der in diesem Falle Egoismus und Stolz verkörpert, um den Menschen noch schneller zum Heil zu verhelfen. Die dadurch erreichte geistige Wiedergeburt, der mystische Tod und deren Erlösung zum Heil werden versinnbildlicht durch die Flammenaureole, die den tanzenden Shiva umgibt und damit neue Welten der Erkenntnis für uns Menschen erschuf. Feuer ist demnach einerseits das Zeichen der Zerstörung, aber auch die Voraussetzung für Werden, für das erneute Ingangsetzen des Lebensrades, des Tanzes und des Spiels der Natur. Besiegt der Mensch jedoch den Dämon der Blindheit – nämlich sich selbst! – der ihn an dieses Rad der irdischen Wiedergeburten bindet, so zerreißt der Schleier der Unwissenheit im strahlenden Flammenkranz der Erkenntnis: Das Licht der Weisheit verwandelt die leibliche Wiedergeburt zur geistigen Erneuerung, gleichzusetzen mit der Erlösung und der Vereinigung mit dem absoluten Urgeist = dem All-Gott Shiva.

5. Nata-Raja

Legenden berichten, dass ketzerische Rsis im Taraka-Wald (Himalaya)

Shiva durch tantrische Gesänge zu vernichten suchten, Shiva aber einfach zu rituellen Tänzen anhob, und damit die Gefahr, die dem magischen Sing-Sang innewohnte, nicht nur neutralisierte, sondern in kreative Kräfte umwandelte. Darauf schufen die Rsis den bösartigen Zwerg Apasmara, die Verkörperung der Ignoranz, die als gedächtnislos, ohne Kontakt zur wahren Gottheit, verstanden wird, und hetzten ihn auf den tanzenden Shiva. Apasmara geriet dabei unter einen Fuß des Gottes, was ihm sein Rückgrat – den materiellen Äther (Saturn) zerbrach. Nataraja (König des Tanzes) wird ikonographisch meist vierarmig (=vierpolig) wiedergegeben. Seine charakteristischen Attribute sind die Trommel und das Feuer. Die Trommel, das Symbol für den Ursprung des Wortes oder für das Wort selbst (=Tantra), der Urstoff allen Lebens, steht für Schöpfung, während das Feuer die Vernichtung symbolisiert, denn am Ende eines jeden Zeitalters wird das *schöpferische Feuer* die Welt verschlingen. Der linke untere Arm ist in der Elefantengeste vor dem Körper geschwungen und die rechte untere Hand ist zur Geste der Schutzverheißung erhoben.

Mit einem Bein steht Nataraja auf dem Zwergdämon Apasmara, befreit damit die Menschheit von der Unwissenheit der dämonischen Materie und weist den Weg zur Befreiung von allen Fesseln des Daseins, während das andere Bein erhoben ist, was Rettung symbolisieren soll. Die Dynamik des Tänzers wird durch die geflochtenen, im Tanz wirbelnden Haare und das flatternde Tuch an seinen Hüften unterstrichen. In den Haaren ist die Mondsichel und die Kobra zu erkennen, die den Rhythmus der Weisheit versinnbildlichen.

Aus dem Lotussockel entspringt ein Feuerbogen, der die Skulptur kreisförmig umrahmt. Dieser Nimbus steht für die heilige Silbe AUM, die Grundsilbe der Schöpfung. Der Buchstabe A bezeichnet den Zustand des bewussten, reinen und ausgeglichenen Verstandes (Vayu-Tattwa), U steht für den Urgrund des Seins (Akasha) und M für die schöpferische Liebe (Apas), die natürliche Voraussetzung für das **undifferenzierte** Bewusstsein. Shiva ist sozusagen der Größte aller indischen Götter, denn seine Größe ist unerreichbar! Deshalb tanzt Nataraja sehr sanft. Wenn er leidenschaftlich tanzt, versinkt sofort die ganze Welt. Er tanzt mit geschlossenen Augen, weil die Funken aus Seinen Augen das gesamte Universum verschlingen würden.

Shivas hat auch vier Söhne, welche die vier Elemente symbolisieren und in Beziehung stehen zur 4. Tarot-Karte der fünf Dhyani-Buddhas:

6. Ganesha oder Ganapati = Erde

Gott der Klugheit, des Lernens, der Wissenschaft und Politik, Herr der Scharen (Ganas) des Shiva (Isha), daher Ganesha; Entferner von Hindernissen am Erlösungsweg, Schutzgott der Vaishya-Klasse, der Kaste der Kaufleute, der Wohlstand, Geschäftserfolg, glückliche Reise gewährt und als alter Fruchtbarkeitsgenius ein beliebtes Hausidol und Schützer von Eingängen ist. Alljährlich ist ihm im August/September das große Badefest Ganesha-Chaturrhi in Bombay gewidmet, bei dem unzählige Tonfiguren im Ozean gebadet und versenkt werden.

Ursprünglich war er ein Fruchtbarkeitsgenius, worauf noch der große Bauch und manchmal ein erigiertes Glied hinweisen. Ganesha ist häufig als Fruchtbarkeitsidol in Verbindung mit Linga, Yoni und Schlangensteinen an Dorfschreinen anzutreffen und begleitet die Sieben Mütter der Planetenströme. Ganesha steht auch in Verbindung mit Ackerbau und Ernte, versinnbildlicht durch die Ratte, welches sein Symboltier der Weisheit ist und für Überfluss, Gedeihen sowie für Verstand und Schläue steht; des Weiteren trägt er in den Händen Lotos, Muschel, Rad, Elefanten-stachelstock, Schlinge, Beil und Buch, alles shivaitische Embleme sowie die Stabzither als Patron der tantrischen Musik und Kunst.

7. Skanda – Feuer.

Hinduistischer Kriegsgott, Gott des Planeten Mars, Element Feuer. Skanda bedeutet Spritzer, Springer, Ausgießung, Kumara, der Jüngling; in Südindien meist Subrahmanya oder Murugu (Murugan) als alter Schlangengott der Tamilen, in Sri Lanka Kataragama.

8. Virabhadra – Luft.

Virabhadra ist eine zornvolle Emanation oder geistiger Sohn Shivas, dessen Mund er zur Vernichtung des Weisen Daksha entsprang. Als heldische Gottheit (Virabhadra = Heldenglanz) ist er der Patron von Vijayanagar, dem letzten großen Hindu-Reich am Dekkhan vor der muslimischen Eroberung; seine Partnerin ist Bhadrakali. Sein Tattwa ist die Luft!

9. Aiyanar – Wasser.

Für den alten Schutzgott der Tamilen, der nachts über die Felder reitet, werden Votivpferde aus Ton aufgestellt. Da Aiyanar in ganz Südindien sehr populär ist, wurde er durch priesterliche Spekulation zu einem Sohn Shivas und Mohinis (der weiblichen Form Vishnus) erklärt; daher heißt er auch Hari-Hara-Putra = Sohn von Hari = Vishnu und Hara = Shiva. Darüber hinaus sind die Namensformen Arya, Sastha und Ayyappa in Kerala üblich. In seinem Kult verbinden sich Shivaismus (Bad mit heiligem Wasser, Bestreichen mit Asche) und Vishnuismus (Dekoration mit Blumen, Lichtern, Bestreichen mit Sandelpaste).

10. Shivas Eigenschaften.

Ein sehr wichtiges Identifizierungsmerkmal Shivas und der Gottheiten des shivaitischen Kreises ist die Dreiäugigkeit, Zeichen der allumfassenden, über das natürliche Maß hinausreichenden Macht und Geistigkeit. Die zwei natürlichen Augen versinnbildlichen Sonne und Mond, die zwei Polaritäten oder die beiden Ströme Ida und Pingala. Das Stirnauge zeigt den schöpferischen Aspekt der beiden vereinigten Fluide an. Shivaiten tragen als Zeichen von Shivas Dreiäugigkeit drei waagerechte weiße Striche als Stirnmal, Tika oder Tilaka genannt. Auch das weitverbreitete Stirnmal in Form eines Punktes über der Nasenwurzel zeigt das mystische Weisheitsauge in der Vereinigung an, welches geweckt werden kann durch Übungen mit dem rhythmischen Prinzip (siehe den dritten Band „Über wahre Runen-Mysterien").

Shivas Hauptembleme sind der Dreizack und die Schlange. Der Dreizack weist Shiva als universellen Gott aus (ähnlich wie die Dreiäugigkeit), der nach den Prinzipien der Urmaterie dreifach in der Erscheinungswelt wirkt: Im Rajas-Guna (Feuer) erschafft er sie, im Sattva-Guna (Luft) erhält er sie, im Tamas-Guna (Wasser) zerstört, d. h. verwandelt er sie zu neuem Leben oder geistiger Wiedergeburt (Erde).

Die Schlange selbst versinnbildlicht die Weisheit des Kundalini-Yogas, des vierblättrigen Weges (siehe Bardons „Adepten").

Alle diese Attribute können auch von anderen – meist tantrischen – Gottheiten getragen werden. Spezifisch shivaitisch sind das abgeschlagene Haupt Brahmas, wohingegen der Totenkopfstab das Symbol darstellt, aus der Materie das rein Geistige herauszuholen. Dieser Tantrikerstab weist

157

weiteres Shiva als Herrn über das Wort der Schöpfung hin im Sinne der Ur-Einheit der Zwillingsgegensätze von Plus und Minus.

Für uns Hermetiker ist Shiva als Asket und großer Yoga-Lehrer vom weitreichender Bedeutung. Als Schutzherr aller wahren und reinen vierblättrigen Asketen und Yogis heißt Shiva Yogishvara = Herr der Yogis oder Mahayogi = großer Yogi und zeigt die typische Yogi-Ausstattung, nämlich Asketenknoten mit Mondsichel, nackt und aschebeschmiert, sitzend auf Leoparden- oder Tigerfell als Zeichen der Herrschaft über das Niedere; Schlangen der Weisheit, die Heilige Schnur der Yogis, Sanduhr-trommel und zu guter Letzt den Dreizack.

Shiva ist nicht unnahbarer, kein rätselhafter Gott, sondern er weist menschliche Züge auf, die einem Herrscher gleichen. Da er der Gott des Yogas ist, hängen seine Attribute mit Magie, Mystik, Tantra, Alchemie und wahrer Askese zusammen und sind daher nach Innen gekehrt und kontemplativ: Sanduhrtrommel, Gebets- oder Rosenkranz mit 108 Perlen, welche nach dem Mahabharata den 18 Runen entsprechen, mit Glocke, dem Lotos aus dem Mutterschoss, weisen auf den Weg der Vereinigung hin. In den tantrischen Riten der Stellungen ist die Glocke das Zeichen des weiblichen Prinzips, das sich mit dem Stab als Symbol des Männlichen zur mystischen Einheit der polaren Kräfte verbindet – das chinesische Yin und Yang oder Is- und Os-Rune! Die Sanduhrtrommel ist ein altes Instrument und verkörpert den Rhythmus, den Ritus, das Ritual. Im esoterischen Sinne symbolisiert sie den tantrischen Schöpfer-Ton als erste und zarteste Offenbarung des Absoluten in der Erscheinungswelt bzw. das feinste Element, das Akasha.

Shiva wird folgendermaßen charakterisiert:

- Shiva geht sogar soweit, dass er für seine Verehrer zum Züchtiger der Dämonengötter wie Ravana wird, welcher selbst alle 10 quabbalitisch-tantrischen Schlüssel beherrscht.
- Shiva ist der größte Jäger und Vernichter aller Dämonen. Er wird dadurch zum Retter der Menschheit, denn er fängt die vernichtenden *Fluten* mit seinem Haar auf.
- Er tötet den Elefanten-Dämon Gajasura (Behemont), häutet ihn und legt seine Haut zum Zeichen des Sieges als Kleidung an, vergleiche Siegfried, den Drachentöter. Das versinnbildlicht die Beherrschung über dieses überaus starke Wesen, welches nach Hiob unbezwingbar ist. Aber Shiva schafft das!

- Shiva gebietet über den Gott des Todes, denn nur der große Gott kann über Leben und Tod richten!
- Shiva bändigt die alles verschlingende und blindmachende Liebe, den Sex, denn er ist der Herrscher über den Trieb.
- Er behauptet sich vor allen anderen Göttern als einzig universaler Schöpfer!
- Mit seinem Dreizack gebietet er über alle drei Ebenen und beherrscht das gesamte negative Prinzip.
- Shiva ist der hinduistische Hochgott, als Isha oder Ishana Welthüter des Nordostens.
- Wenn man etwas Bestimmtes will, ist es immer von Vorteil, man richtet die Bitte an den Gott Shiva, denn er entscheidet über alles! Wenn man ihm ein sinngemäßes *Opfer* gibt, geht der Wunsch meist in Erfüllung.
- Niemand kommt ihm gleich oder ist größer als Shiva. Niemand kann sich mit ihm messen. Nur wenn **ER** will, handelt er!
- Seine Schönheit ist unübertroffen.
- Er ist der Herr des Kaliasa-Berges.
- Shiva ist der Herr aller Geister und Dämonen, keiner kann ihn zwingen! Aber durch geeignete Opfergaben, klug gewählt, ist er sehr leicht zufrieden zu stellen.
- Seine Gemahlin ist Uma, die keusche Frau! Wenn man ein großer Gelehrter werden möchte, sollte man Shiva verehren, und wenn man sich gute eheliche Beziehungen wünscht, sollte man die keusche Göttin Uma, die Frau Shivas, anbeten.
- Sogar Dämonen werden mächtig, weil sie Shiva verehren!
- Die materielle Natur bezeichnet man als die Mutter, und der Urheber des geistigen Lebens ist der Vater, Shiva.
- Durch seinen Willen erschaffen die Yogis Welten, Shiva erhält und zerstört sie, um wieder neu zu schöpfen. Er ist alles Selbst; alles in seiner ewigen Gestalt als die Persönlichkeit Gottes. Er ist der mächtige Beherrscher dieser drei Energien.
- Es gibt wenige Yogis, die verschiedene dieser wunderbaren Kräfte beherrschen; der höchste von allen ist Shiva. Shiva ist der größte Yogi, das Vorbild aller Magier und Könner und er kann wunderbare Dinge vollbringen, die weit jenseits des Möglichkeitsbereiches der

gewöhnlichen Lebewesens liegen.

- Shiva ist der Meister aller Meister! Er ist vollkommen fehlerlos. Das Wort Shiva bedeutet „allglückbringend".

- Niemand kann Shivas Feind sein, denn er ist so friedvoll und entsagt allem, dass er nicht einmal ein Haus zum Wohnen braucht, sondern lebt unter einem Baum, immer losgelöst von allen weltlichen Dingen.

- Die Persönlichkeit Shivas symbolisiert die höchste Form der Sanftmut. Sein Charakter ist makellos! Er ist der Frieden und die Gutmütigkeit in Person!

- Wer Shiva verehrt, wird vom falschen materiellen Ansichten befreit, denn er bringt das wahre Glück.

- Er ist dermaßen mächtig, dass er alle drei Bestandteile der Schöpfung, Erhaltung, Vernichtung und der Neu-Schöpfung in sich vereinen kann – im Tetragrammaton JHVH! Er ist die Überseele, er ist die Überintelligenz! Erst für uns Menschen teilte er sich in die vier Tattwas auf, damit wir jede seiner Qualitäten und Quantitäten erkennen können.

- Shiva ist der Gott der Yogis, der Tantriker, der Magier, der Beschwörer und der Herrn des Wortes. Er ist der Herr und Meister der geistigen Schüler. Er ist der Ur-Lehrer aller Chelas. Shiva wird hier als Caracara-Guru, der spirituelle Meister aller beseelten und unbeseelten Wesen beschrieben.

- Shiva kümmert sich um die Entwicklung sämtlicher Menschen, auch der niederen und ungeistigen. Er ist folglich der spirituelle Meister eines jeden, sowohl der dummen und dämonisch-tierischen Menschen als auch der überaus gelehrten Weisen.

- Er gab seine ewige Ruhe auf, um uns Menschen unser Dasein zu schenken.

- Wer Shiva erzürnt, hat keinen, der ihm weiterhelfen kann.

- Man soll ihn mit Verstand und Weisheit folgen und nicht blindlinks alles nachahmen, was andere empfehlen. Er ist Groß, wir Menschen sind klein! Er achtet jedes Lebewesen! Hier wird Shiva als abhava angesprochen, was bedeutet „jemand, der niemals geboren ist", obwohl er im Allgemeinen als bhava bekannt ist oder „jemand, der geboren ist".

- Shiva ist zu allen Lebewesen überaus lieb. Er hat keinen Rivalen.

Niemand ist ihm zu lieb und niemand ist sein Feind. Niemand außer der egoistische Neider könnte auf solch ein universales Wesen, das von aller Feindseligkeit frei ist, neidisch sein.

- Das richtige Benennen seines bloßen Namen, der aus zwei Silben, nämlich „si" und „va", besteht, läutert ihn von allen sündhaften Tätigkeiten.
- Sein Befehl wird niemals missachtet.
- Er ist unbestechlich und verwirklicht immer seinen Willen.
- Manchmal hat Shiva mit Menschen zu tun, die sich in der Erscheinungsweise der Leidenschaft und der Unwissenheit befinden. Solche Menschen sind nicht immer sehr religiös und fromm in ihrem Handeln, doch da sie Shiva verehren, um einen materiellen Gewinn zu erlangen, befolgen sie manchmal religiöse Prinzipien. Sobald Shiva sieht, dass seine Geweihten religiösen Prinzipien folgen, segnet er sie. Denn jeder hat mal klein angefangen!
- Shiva ist der Wechsel zwischen Tag und Nacht, hell und dunkel, heiß und kalt im Gleichschritt; das ist der Ablauf des Schöpfertanzes. Er schöpft die Welten zwischen Hell und Dunkel, Licht und Schatten.
- Er ist ewig, formlos, unabhängig, allgegenwärtig, eines ohne ein zweites, ohne Anfang, ohne Ursache, aus sich selbst heraus existierend, immer frei, immer rein. Er ist nicht durch Zeit begrenzt. Er ist endlose Freude und endlose Intelligenz.
- Er liebt es, verehrt zu werden. Deshalb erwirkt er, dass das, was der Mensch glaubt, zu dem wird er. Dies ist ein kosmisches Gesetz. Der Geist eines Menschen, der sich selbst trainiert, Gutes zu denken, heilige Gedanken hegt, entwickelt die Tendenz, gute Gedanken zu haben. Sein Charakter wird durch ständige gute Gedanken geformt und transformiert. Denkt der Geist während der Rezitation der Gebete an die Gestalt des Gottes, nimmt die Geistsubstanz tatsächlich das Bildnis der Gottheit an. Der Eindruck des Objektes verweilt im Geist. Das wird Samskara genannt. Wird dieses Ritual oft wiederholt, werden diese Samskaras durch die Wiederholung gestärkt und somit eine Tendenz bzw. Gewohnheit im Geist geschaffen. Wer stets göttliche Gedanken hegt, wird durch dieses ständige Denken an das Göttliche tatsächlich selbst zum

Göttlichen transformiert. Sein Denken und sein Charakter werden gereinigt und vergöttlicht. Singt jemand die Hymnen über Shiva, so ist er mit Ihm im Einklang. Der individuelle Geist verschmilzt mit dem kosmischen Geist. Wer die Hymnen singt, wird eins mit Shiva. Jeder sollte die Shivahymnen singen und von ihm Gnade und Erlösung erhalten, nicht in einer fernen, unbestimmten Zukunft, sondern tatsächlich jetzt in dieser Sekunde, denn Shiva kann leicht zufriedengestellt werden.

- Die Sonne ist die sichtbare Manifestation Gottes Shiva. Sie ist genauso vierpolig wie er selber. Wenn man Orangen und Tomaten zu sich nimmst, isst man sein Sonnenlicht. Wenn man eine Kerze anzündet, ruft man ihn zu sich herab, man evoziert ihn förmlich.

- Am besten kann man ihm Verehrung entgegenbringen, wenn man den vierblättrigen „Weg zum wahren Adepten (Yogi)" geht, denn dann ehrt man all seine vier Arme und bleibt universell wie er selber ist,

denn seine wahre Form ist das unergründliche Aum,
welches dem Akasha entspricht.

162

29. Der hermetische Shivaismus:
H. S.

Vischnu und Shiwa teilen sich Indien auf wie den Körper eines Menschen, in Nord und Süd, in Vischnu und Shiwa, wie in männlich und weiblich, um auf die Androgynität hinzuweisen. Das Versenken des Bewusstseins in diese Gottheit ist die höchste Weisheit, eine Weisheit die viel Vorbereitung beansprucht. 1008 Tempel sind die Großen Gott geweiht. Streicht man die Nullen, ergibt es 18, die Zahl des Runen-Futharks, worauf T. Subba Row hingewiesen hat. Die Dreieinigkeit wird anhand einer Säule dargestellt, die alle drei Köpfe der führenden Gottheiten enthält. In der Mitte Brahma, rechts Vischnu, links Shiwa.

Er ist der Gebieter der Dämonen, er ist ihr oberster Herr, welcher den Gott der Götter, der Seelen und der Welt darstellt, und nur durch die Erfahrung und Erkenntnis aus der Verführung kommt man zur Erleuchtung. Dieses Samadhi ist die Verbindung mit Shakti, der aktiven weiblichen Energie der Götter im Hinduismus. Sie die Gemahlin der Götter, welche diese Ehre dem Schüler zuteil werden lässt. Shiva ist im Okkultismus die Krone, das astrale Licht, sowie die sieben Kräfte der Natur, von denen nur sechs offenbart sind. Die siebte ist das Akasha, welches für die Sterblichen die große Unbekannte darstellt. Dies ist alles fest zusammengefügt, sozusagen eine Sammlung, eine Konzentration, das Gerichtetsein des Geistes auf ein einziges Objekt. In den buddhistischen Texten steht für Sammlung oder rechte Sammlung immer Shakti. Im Yoga-System von Patanjali ist Shakti das 8. Glied des Pfades, des göttlichen Zustand des Yogis im spirituellen Fortschritt, und dadurch kann der Chela in der Lage sein, eine völlige Selbstkontrolle über alle physischen sowie mentalen Fähigkeiten auszuüben. Die sogenannte Shakti-Meditation ist in jedem System anders, der Erfolg aber ist meistens gleichbleibend gering, weil jedes System sehr unvollkommen bzw. einseitig ist. Keines kann einen so stufenförmigen Aufbau vorweisen wie der „Adept". Beim Bhakti-Yoga-Shakti heißt es z. B., dass man in seinem Herzen (Äther) über die Wesenheit seiner Schutzgottheit meditieren soll und stelle sich vermittelst liebevoller Versenkung vor, dass sie im höchsten Grade erquickend wirkt und sie dadurch dem Chela voller Hingabe und Liebe entgegenkommen soll.

Im System des Yoga ist die Versenkung derjenige Abschluss, in dem das Denken und das Objekt des Denkens völlig in eins zusammenfließen.

Natürlich wissen die Inder auch hier noch verschiedene Grade zu eruieren und kommen von der Versenkung, in der noch Bewusstsein vorhanden und das noch mit Keimen behaftet ist, zu derjenigen höheren Form, die als bewusstlos oder keimlos bezeichnet wird. Die Gheranda Samhita lässt sich darüber folgendermaßen aus:

1. Samadhi ist der Höhepunkt des Yoga und wird (nur) durch einen großen Glücksfall erreicht. Man gewinnt sie dank der Gnade des Lehrers und infolge der innigen Verehrung desselben.

2. Der Yogin, welcher Vertrauen zum Wissen, Vertrauen zu seinem Lehrer, Vertrauen zu sich selbst und einen mit jedem Tage mehr erleuchteten Geist besitzt, der gelangt sogleich zu der sehr schönen Praktik des Samadhi.

3. Nachdem er den Geist von seinem Gefäße abgesondert hat, soll er Einssein mit dem Paratman herstellen: das erkenne er als Samadhi, als Befreitsein von allen Zuständen etc.

4. „Ich bin Brahma und kein anderer; Brahma ist ich; ich empfinde keinen Kummer; ich bin der Gestalt nach Sein, Denken und Wonne; für immer erlöst, durch mich selbst existierend."

Jede Stellung der Götter in Indien hat seine Bedeutung, die darin liegt, dass sie ein Mantram, einen Runenstellung verkörpern. Deswegen wurden sie in Stein gehauen, damit sie die Zeiten überstehen. Dies bestätigt Gustav Meyrink in der Geschichte „Der Opal" (S. 20) im Buch „Des deutschen Spießers Wunderhorn" wo er schreibt, dass *„Götterstatuen in tanzender Stellung, die Handflächen vorgestreckt mit geheimnisvoller Fingerhaltung deckten mit ihren Schatten die Eingänge wie Hüter der Schwelle. Wie wenige wissen, dass alle diese bizarren Figuren, ihre Anordnung und Stellung zueinander, die Zahl und Höhe der Säulen und Lingams (Schöpfer-)Mysterien von unerhörter Tiefe andeuten, von denen wir Abendländer kaum eine Vorstellung haben."* Dann lässt Meyrink in seiner Geschichte einen hohen Brahmanen erklären, dass Wunder, *„geschähen durch sogenannte Tantriks (Wortzauber)".* Das wusste Meyrink bereits in den 1913, keiner hat das aber erwähnt oder ist darauf eingegangen. In seinem Buch „An der Grenze zum Jenseits" sagt er zusammengefasst: *„Wie nun Arthur Avalon feststellen konnte (an anderer Stelle), ist die Religion dieser Tantrikas, von entarteten Formen in Südindien natürlich abgesehen, die denkbar reinste und sublimste, und das Hatha-Yoga-System stellt nur Verfallsprodukte dieser magischen, bis in unbekannte Vorzeit zurückreichenden Religion vor. Was das Buch (von Avalon) für Okkultisten* und von europäischen oder indischen Gurus „Angeführte" besonders wichtig macht, ist der Umstand, dass man klar aus ihm ersehen kann, wie grundfalsch alles war, was einem bisher als „Weg zum Erfolg" vorgesetzt wurde. Das Bild, das der Hatha Yoga bietet, wenn wir die über und hinter ihm stehende Tantrikreligion nicht mit hinzuziehen, ist mehr als schauerlich. Ein Europäer, ein ehemaliger Kellner, von Kindheit an dergleichen Stellungen konnte und auch auf Kliniken bewies, ferner, dass in einem Londoner Variete ein Inder als Schlangenmensch auftrat und sämtliche bis dahin für unmöglich gehaltene Mudras und Asanas (Verrenkungen und Sitzstellungen) vorführte. Aber keiner von beiden besaß auch nur die geringsten okkulten Fähigkeiten. Der springende Punkt liegt, demnach offenbar auf ganz anderem Gebiet als dem rein körperlichen. Wir dürfen nun freilich nicht erwarten, dass wir in der Kenntnis der Tantrikreligion eine Springwurzel gefunden hätten, die alle geheimen Schlösser öffnet oder gar eine Erlösung von allem Übel bedeutete, vom christlichen Standpunkt aus gesehen ist sie sogar Heidentum, aber für das Studium des Okkultismus und des Yoga ist sie ein Dietrich. Ihr Um und Auf ist die **praktische Vergöttlichung des Körpers**, der bis dahin der Feind des Menschen war, das In-Kraft-Verwandeln des Leibes, das Anziehen des Auferstehungsleibes, wie es der Christ nennen würde. So, wie der Mensch der letzten Jahrtausende die Natur entgöttert hat und überall nur blinde mechanische Kräfte am Werke sieht, so hat er auch seinen eigenen Leib entgöttert; die Tantrikreligion sieht in jedem Nervenzentrum (Chakra) den Sitz einer Gottheit, die der Fromme anruft und verehrt. Ist der Schluss, dass dadurch eine einschneidende Veränderung des ganzen Seelenlebens eintreten müsste, wirklich ganz von der Hand zu weisen?"

Deswegen treffen Shiva und Shakti sich einmal im Jahr, um zu schöpfen. Sie vereinigen sich so wie es im Bild der ersten Tarotkarte gezeigt wird, um neue Ursachen zu setzen. Dabei tragen sie ihre typischen Kronen, welche eine Verbindung zum Akasha aufweisen. Nur mit ihnen können sie schaffen!

Die Anbetung von Shiva, der in Ewigkeit den Rhythmus der fünf Tattwas durchführt und damit die höchste Wirklichkeit offenbart, ist gleichzusetzen mit dem größten qualitativen und quantitativen Wert. Er ist die Vollkommenheit in magisch-mystischer Form. Das große Meer des Akashas, die Lehre des rhythmischen Ida- und Pingala-Stromes, ist die Quintessenz des großen Gottes.

30. Fu Manchu
Hohenstätten

Sax Rohmer schrieb insgesamt 13 Romane mit Dr. Fu Man Chu als okkulte Hauptfigur. Fu Man Chu versucht immer wieder, zum Teil mit okkulten Mitteln, die Weltherrschaft an sich zu reißen, was sein ewiger Gegenspieler, Inspektor Nayland Smith von Scotland Yard, jedes Mal verhindert. Die Handlung spielt meist an exotischen Orten. Die Romane entstanden zwischen 1913 und 1959 in folgender Reihenfolge:

- 1913: The Mystery of Dr. Fu Manchu/The Insidious of Dr. Fu Manchu
- 1916: The Devil Doctor/The Return of Dr. Fu Manchu
- 1917: The Si-Fan Mysteries/The Hand of Dr. Fu Manchu
- 1931: The Daughter of Fu Manchu
- 1932: The Mask of Fu Manchu
- 1933: Fu Manchu's Bride (The Bride of Fu Manchu)
- 1934: The Trail of Fu Manchu
- 1936: President Fu Manchu
- 1939: The Drums of Fu Manchu
- 1941: The Island of Fu Manchu
- 1948: Shadow of Fu Manchu
- 1957: Re-Enter Fu Manchu
- 1959: Emperor Fu Manchu

Die Romane eigneten sich gut für Verfilmungen. Bereits zwischen 1921 und 1932 gab es eine erste Serie von Filmen über Dr. Fu Man Chu. Der erste Darsteller des Schurken war Warner Oland (der später noch größere Berühmtheit erlangte als Detektiv Charlie Chan), der ihn in drei frühen Tonfilmen spielte:

- The Mysterious Dr. Fu Manchu (1929),
- The Return of Dr. Fu Manchu (1930) und
- Daughter of the Dragon (1931).

Boris Karloff, der bekannte Frankensteindarsteller, spielte die Figur dann 1932 in „Die Maske des Fu-Manchu". Ein Kinoserial griff die Figur in den 1940er-Jahren ebenfalls auf in „Drums of Fu Manchu" und Mitte der 1950er-Jahre erfolgte eine kurzlebige Fernsehserie unter dem Titel „The

Adventures of Fu Manchu."

Wiederbelebt wurde Fu Manchu nach dem Tod Sax Rohmers dann in den 1960er-Jahren in zahlreichen, qualitativ sehr unterschiedlichen Kinofilmen in

- Ich, Dr. Fu Man Chu (1965),
- Die 13 Sklavinnen des Dr. Fu Man Chu (1966),
- Die Rache des Dr. Fu Man Chu (1967),
- Der Todeskuss des Dr. Fu Man Chu (1968) und
- Die Folterkammer des Dr. Fu Man Chu (1969),

alle mit Christopher Lee als die Hauptfigur, Tsai Chin als seine Tochter Lin Tang und Howard Marion-Crawford als sein Gegenspieler Nayland Smith. Diese Filme wurden alle von Harry Alan Towers produziert, der auch die Drehbücher schrieb. Peter Sellers übernahm 1980 diese Rolle als eines seiner letzten Engagements bevor er überraschend verstarb. 2008 wurde Fu Man Chu in Rob Zombies Trailer zu dem fiktiven Film „Werewolf Women of the SS", der im Rahmen von Quentin Tarantinos und Robert Rodriguez Film-Projekt Grindhouse entstand, von Nicholas Cage verkörpert.

Fu Man Chu selbst ist verschlagen, link, sein Gesicht sieht aus wie der Teufel, schlangenartig, hypnotisch, grüne strahlende Augen beeinflussen alles, sein Blick schmerzt. Er selbst bewegt sich wie ein Katze, die auf der Lauer liegt, tückisch, auf alles vorbereitet. Fu Manchu ist eiskalt, tötet jeden, der seinen Befehl nicht ausführt, kontrolliert alles, sogar die Gedanken seiner Opfer, und opfert sogar sein eigen Fleisch und Blut, damit er sein Ziel erreichen kann. Er ist ein Ebenbild eines Egoisten und das beste Beispiel für ein bösartigen Nekromanten.

31. Ein Zungen-Opfer
A. M. Karlin

In ihrem Roman „Erlebte Welt" schildert die okkulte Schriftstellerin und Österreicherin A. Karlin ein blutiges Opfer, welches so beschrieben wurde (S. 22): *„Herr H. besuchte einige Freunde und nahm mich mit. Ich lernte eine ganze Menge über den Aberglauben auf den Molukken (indonesische Inselgruppe), besonders auf Saparna, einem Ort nicht weit von Amboin, wo man noch vor 20 Jahren (ca. 1900) einmal jährlich die fein zerschnittene Zunge eines Kindes einem Götzen in einer Grotte opferte. Ein Kind wurde insgeheim ausgewählt, er wurde gefangen, erschlagen, die Zunge wurde ihm herausgerissen und zerschnitten geopfert, um irgendeinen Geist – Dämon – zu beschwichtigen. Ebenso konnte keine Brücke halten, unter der nicht als Opfer ein Kind begraben wurde, und daher fürchten sich alle braunen Jungen vor den europäischen Ingenieuren, weil sie überzeugt sind, dass sie Jungen fangen und heimlich töten, um sie als Opfer unter die Eisenbahnbrücken zu legen. "*

Dass es sich hierbei um alte lemurianische Blutkulte handelt, ist jedem wissenden Hermetiker bekannt, der weiß, dass auf diesen Inseln noch alte lemurianische Sitten und Gebräuche vorherrschen bzw. noch vor einigen Jahrzehnten praktiziert wurden.

32. Gotos
Hohenstätten

Die Fraternitas Saturni erschuf dieses Wesen namens Gotos mit ihrem eigenen Blut und Säften, stecken sozusagen ihr eigenes Wesen hinein. Deshalb töten sie ihn nicht, er lebt immer noch, denn dann würden sie sich selbst zum Teil töten, wie im Film „Sinbad" anschaulich dargestellt wurde. Warum das so ist, liegt an seiner irdisch-gnostischen Schöpfung, die Gregorius nachstehend so beschreibt:

„Reine sexualmagische Praktiken werden vor allem dazu angewandt, sogenannte Gedanken – Psychogone – Gedankenwesen zu erzeugen.

Befriedigende Resultate zu erzielen, sind bei dieser magischen Praxis gar nicht so schwer. Nur kann der Mann als Magus meist nicht allein die gegenpolaren unbedingt nötigen Kräfte in sich entwickeln, die zur Schaffung derartiger Wesen nötig sind. Er bedarf dazu der Hilfe eines Weibwesens, um dessen odische Kräfte mit benutzen zu können. Eine derartige mediale Unterstützung ist notwendig und nur durch Sexualmagie zu erreichen.

Es ist wohl ohne Weiteres einleuchtend, dass ein erzeugtes Gedankenwesen um so lebenskräftiger wird, je mehr es als Grundbasis Kräfte zugeführt bekommt, die dem naturhaften Aufbau der astralen Welt entsprechen. Man nennt die astrale Ebene ja mit Recht die Welt der Sinne und Begierden.

Schon hier schlussfolgert der Bruder richtig, dass starke Wunschkräfte, verbunden mit den ätherischen Ausstrahlungen erregter Sinne, die Grundstoffe bilden für die Erzeugung eines solchen Wesens.

Die ätherische Ausstrahlung der Drüsensekrete, besonders der Geschlechtsorgane, sind ungeheuer stark wie sich durch Auspendeln leicht feststellen lässt! Nicht nur der ausströmende Duftäther, sondern die übergeordneten Substanzen haben eine ungemein starke Wirkung und baut sich hierauf die gesamte Sexualmagie auf, indem sie diese Kräfte bewusst benutzt.

Wenn dem Magus nun ein weibliches Wesen zur Verfügung steht, kann er die Lebensfähigkeit eines Gedankenwesens bedeutend verstärken, indem er folgende magische Praktik gemeinsam mit dem Medium als Hilfsobjekt ausübt.

Die bisher erteilten Anordnungen bleiben bestehen in den bereits gesagten Einzelheiten. Nur nimmt der Magus vorher das Medium zu sich in den gezogenen Kreis, das sich in Hockstellung zwischen die gespreizten Beine des Magus, der sich bei den ausübenden Manipulationen setzen muss, niederkauert.

Es ist selbstverständlich, dass der Magus zu allen derartigen Experimenten nur ein weibliches Wesen nehmen darf, das in ihren Sinnen voll und ganz auf den Magus schwingt und das in seiner Seele den magischen Dingen vollkommen aufgeschlossen und zugeneigt ist. Durch vorhergehende Besprechungen ist nicht nur die Triebkraft des Mediums angeregt worden und seine erotischen Sinne gesteigert, sondern es muss sogar in ihm der starke Wunsch sein, helfend und gebärend im astralen Sinne das Wesen zu erzeugen.

In welcher Weise der Magus nun kultmäßig den Zeugungsakt ausbaut, ist ihm überlassen. Je feierlicher und eindrucksvoller die Handlung vorgenommen wird im magischen Sinne, desto besser ist es.

Das Pergament lege zwischen dich und das Medium und die Bestrahlungen durch die Hand(chakras) müssen durch dich und das Medium im gleichmäßigen Rhythmus zunächst erfolgen. Dann ziehe das Medium langsam an dich heran und übe mit ihr den Coitus aus, indem du sie auf dich heraufziehst, aber in Sitzstellung bleibst, deine Beine ausgestreckt.

Achte darauf, dass der Höhepunkt sinnlicher Erregung beim Medium nicht mit Deiner Ausstoßung des Spermas zusammenfällt, sondern dieser muss vorher erfolgen, denn Du beabsichtigst ja nicht, ein organisches Kind zu zeugen.

Nachdem dein Sperma in die Vagina der Frau eingeströmt ist, entferne den Penis aus derselben und richte es so ein, dass der größte Teil des aus der Vagina durch die Hockstellung der Frau ausfließenden Spermas nunmehr auf das Pergament herabtropft.

Auf diese Weise hast du eine Sekretion erhalten, die mit deinen starken positiven männlichen Energien, aber auch mit dem weiblichen Influxus getränkt ist.

Den magischen Kreis musst du vorher so groß gezogen haben, dass er dir alle diese Praktiken bequem gestattet. Nun lasse das Medium im Kreise in eine bequeme Ruhelage übergehen, so dicht neben dir, möglichst dir auf der linken Seite, sodass du, ohne deine Stellung merklich zu verändern, mit der linken Hand bequem die Milzgegend des weiblichen Wesens erreichen kannst. Nun gib dem Medium einige einschläfernde Suggestionen, sodass es ganz passiv ist und lege die linke Hand auf die Milz des Mediums, das selbstverständlich in vollkommen unbekleideten Zustande sein muss. Nun stelle Dir vor, dass Du mit deinem linken Hand(chakra) aus der Milz des Mediums Kräfte aufsaugst, dieselben durch dich hindurch leitest und mit dem rechten Hand(chakra), auf das Pergament herabströmen lässt. So bist du also Transformator der astralen Kräfte des Weibes, die durch dich in das zu gebildende Gedankenwesen überströmen.

Es ist ein großes Geheimnis, dass nicht etwa in der Gebärmutter des Weibes, sondern in der Milz die zur magischen Geburt nötigen Kräfte zentralisiert liegen. Diese Ansaugung nimm in regelmäßigem Atem-Rhythmus 7-9 mal vor. Dann beende das Experiment unter den bereits gelehrten Bedingungen.

Es ist gut, wenn du dein Medium nachher durch einige magnetische Striche wieder kräftigst und veranlasst, nach dem Experiment zu schlafen, denn du bist für die Gesundheit des Mediums voll verantwortlich.

Es ist wichtig, dass das Medium genau wie du dem Gedankenwesen wöchentlich einmal, am besten Montag oder Freitag durch Bestrahlungen der Hände mütterliche Kräfte zuführt.

Das Pendel wird dir ein Diagramm zeigen bei der Auspendelung des geschaffenen Gedankenwesens, welches erheblich abweicht von dem einseitig männlich erzeugten Wesen, denn es wird eine ganze Anzahl Ellipsen zeigen, vor allen Dingen aber lebenskräftiger sein.

Es ist nicht nötig, dass du während des Coitus und während der magischen Praktik irgendwelche seelischen Liebesempfindungen zu dem Medium hast, sondern dein ganzer Wille muss nur auf die Zeugung des Wesens gehen. Bei Neu- und abnehmenden Mond sind derartige Praktiken zu vermeiden.

Wenn das Medium sich am ersten oder letzten Tage der Menstruation befindet und bereits leichte Blutungen vorliegen, ist dieses Experiment um vieles günstiger, denn auch das Blut ist ein starker magischer Stoff mit starken Energien.

Nachdem Experiment nimm nicht nur eine persönliche gründliche Reinigung deines Körpers vor, sondern auch eine Entodung und eine starke neue Einodung.

Ich wiederhole nochmals, je kultmäßiger du das Experiment gestaltest durch richtige Einstellung, durch Salbung beider Körper, durch Duftstoffe ect., desto besser wird es gelingen.

Man kann natürlich schon während der Erzeugung das zu bildende Wesen Mit gedanklichen Kräften in irgendeiner zielgebenden Art erfüllen, was natürlich gefährlich ist und zu rein schwarzmagischen Experimenten und Zielen verleiten kann. Das gebildete Wesen gehorcht ja unbedingt seinem

Erzeuger und ist in sich irgendwelchen moralischen oder ethischen Regungen nicht unterworfen, also weder gut noch böse, sondern es schwingt gemäß der eigenen Wesensart und inneren Struktur des Magus.

Die in diesen Weisungen, sowie auch die vorerwähnten Lehren, sind natürlich stark auf das männliche Wesen zugeschnitten. Für die Frauen, die sich magisch praktisch selbst betätigen, kann natürlich eine besondere Anweisung gegeben werden. Aber die wenigen Frauen, die den Weg dazu gefunden haben, sind ja in ihrer Gesamtstruktur bereits weit über den Durchschnitt allgemeinen Frauentums stehend. Sie sind ohne Frage zu den geistigen und somit hochstehenden Frauen zu rechnen und werden aus den Lehren auch für sich Brauchbare herausholen können, denn für sie gilt das Gesagte ebenso in Bezug auf ihre Stellung zum primitiven Mann, der ebenso bekämpfenswert ist wie die primitive Frau, wenn sie sich einer geistigen Entwicklung entgegenstellt. "

33. Die wahre Messe in ihren Beziehungen zu den Mysterien und Zeremonien des Altertums.
J. M. Ragon.

I. Von der Lage der heiligen Orte und den heiligen Geräten.

Man weise, dass die Dogmen und Riten eines Glaubens, des verbreitetsten in Europa, vom Glanz und den Strahlen der Sonne abgeleitet wurden und dass diese Dogmen, gleich den Himmeln, deren sichtbare und unbegreifliche Wunder vom Ruhm ihres erhabenen Baumeisters erzählen (enarrant gloriam Dei), dass diese Dogmen und Riten im ganzen Altertum als Monumente der Anbetung des großen Gestirns, des Mittlers zwischen diesem erhabenen Baumeister und dem menschlichen Geschlecht galten.

Gelehrte Archäologen haben sich bemüht, das über diesen Dogmen liegende Dunkel aufzuhellen. Sie haben bewiesen, dass unter all den Purpurschleiern und härenen Gewändern, hinter den poetischen und alltäglichen, den imposanten und elenden Absurditäten die Sonnenanbetung nie aufgehört hat, Prinzip und Ende aller Kulte zu sein. Es liegt nicht in meiner Absicht, zu wiederholen, was diese weisen Gelehrten mit Talent und Klarheit bereits gesagt haben, noch will ich die Leser durch eine Last trivialer Wahrheiten ermüden; sondern ich beschränke mich auf Ritus und Lithurgie – das sind die bei einem Kult gebrauchten Gebete und Zeremonien – des neuen Glaubens und hoffe in diesem bisweilen nebeligen Kreise die Sonnenanbetung bis zum schwächsten Strahl aufzudecken, eine Anbetung, die vom fernsten Altertum bis auf uns in Ansehen stand. Ich werde zuweilen gezwungen sein zu beweisen, dass die neuen Dogmen und die moderne Theogonie (von theos Gott und gonos, Rasse, Geburt der Götter, religiöses System der Alten) ihren Ursprung in der Wiege der ältesten Völker, wie der noch heute lebenden Nationen haben.

Der Osten ist jener Kardinalpunkt von wo, nach der Meinung der Alten, die Sonne aufstieg. Brahmanen, Hebräer und Römer wandten sich im Gebet dem Osten zu.

Nach dem neuen Ritual sollen die Kirchen, soweit es irgend möglich ist, so gerichtet sein, dass der Eingang sich im Westen, der Hauptaltar im Osten d. i. in jenem Weltpunkt sich befindet, von dem der erste Sonnenstrahl ausgeht. Dionysius von Thracien berichtet uns, dass die Tempel der Alten nach Sonnenaufgang gerichtet waren. Vitruv sagt dasselbe.

Die Ägypter brachten an ihren heiligen Gebäuden gelbe, grüne, blaue und weiße Streifen an. Die weißen, roten und blauen Streifen, welche in den französischen Kirchen rund um den inneren und äußeren Gang gemalt sind und auf denen die hohen Gerichtsherren ihre Wappen anbrachten, stellen den Tierkreis dar; ebenso auch die ausgezackte Quaste der Maurer.

Die Gewölbe ägyptischer Tempel waren mit Sternen auf azurnem Grunde besät. Viele alte katholische Kirchen haben dieses alte astronomische Emblem behalten.

Das Tor des Ostens, das Fürstentor, princeps porta, das Tor dieser Welt, das Tor des Königs der Herrlichkeit, regis gloriae, das Tor des Lichtes, der feierliche Eintritt der Sonne in das „längliche Viereck" der Erde soll nach Osten zu gelegen sein. Durch dieses Tor werden die Neugeborenen zum Taufstein geführt. Zur Linken dieses Gebäudes (nach dem finstern Norden zu, wohin die Lehrlinge reisen und wo die Kandidaten sich der Wasserprobe unterwerfen) stehen diese Becken und zuweilen auch ein Brunnen in den alten Kirchen. Die Neophyten leisten ihren Eid gen Osten gewendet und der Meister vom Stuhl verweilt dort.

Dieser Brunnen ist der Weiher oder das Reinigungswasser, das in den heidnischen Tempeln geschöpft wurde. Man hat ihn in den christlichen Tempeln erhalten nach dem päpstlichen Gebote: Zerstört die Götzenbilder, aber nicht die Tempel. Die Altäre des heidnischen Lutecia verschwanden und wurden unter dem Chor der Notre-Dame-Kirche von Paris wiederentdeckt und die Weihbrunnen existieren in dieser Basilika heute noch. Der Priester rezitiert, vor der Zelebrierung mit tiefer Stimme in der Sakristei, nachdem er sich die Hände gewaschen hat und den Ornat angelegt, folgende Worte: „Da, Domine, virtutem manibus meis, ad abstergendam omnern maoulam, ut sine polutione mentis, et corporis valeam tibi servire. Gib mir, o Herr, Gnadenkraft beim Händewaschen zur Tilgung aller Sünde, damit ich ohne Verunreinigung des Geistes und Körpers Dir dienen möge." Und indem er den Gürtel über das Messband gürtet, fügt er hinzu: „Praecinge me, Domine, eingulo puritatis, et extingue in lumbis raeis humorera libidinis, ut maneat in rae virtus continentiae et castitatis! Verleihe mir die durch den Gürtel bzw. die Umgürtung der Lenden symbolisierte Gnade und Tugend der Unterdrückung aller fleischlichen Regungen, und die Herzensreinheit zusammengehalten d. h. unversehrt zu bewahren" (Gihr, das heilige Messopfer 245 D. Uebers.)

Siehe auch Seite 3 des Manuel cerem. des rom. Die Opferpriester (qui sacrum faciebant sagt Montfaucon, Band 2. S. 151) sollen rein und keusch sein: Deos caste adeunto, Gesetz der zwölf Tafeln, siehe Diction. des antiqu. des Abbe Barral: 1. Sacrificare (opfern): Der Flamen wusch sich zur Vorbereitung die Hände an einer Stätte des Tempels, die für diese Waschungen geweiht war, eine Stätte, die, glaube ich, identisch ist mit dem Brunnen zur Rechten, den man am Grunde alter Tempel findet. „Ihr, deren Liebesgetändel die Nacht mit ihrem Schleier verbirgt, tretet nicht an Altäre heran," sagt Tibuli (Eleg. 1, S. 2.). Demosthenes orat. in Near, lässt eine Priesterin sagen: Ich bin rein, ohne Flecken, frei von aller Befleckung, von allem, was man sich im Verkehr mit dem Manne zuzieht; ich kann das Fest des Bacchus feiern.

Beim feierlichen Gottesdienst ist der Hochaltar mit der Monstranz oder Sonne und sechs brenn enden Wachskerzen geschmückt.

Der Hochaltar = Ara maxima im heidnischen Rom. Die Lateiner nannten Ara die würfelförmigen oder rechteckigen Altäre, die an den Gräbern standen, weil sie besonders den Laren und Manen geweiht waren.

Die Altäre sind Abkömmlinge der viereckigen Steine, die an den Grenzmarken der Stämme errichtet, als Grenzen oder Grenzsteine dienen sollten und als Versammlungsorte für Besprechungen internationaler Fragen. Heilig und unverletzlich geworden, übertrug man auf sie einen Kult unter dem Namen des Hermes, Merkur und des Gottes Terminus: von da leitet sich ab Mercurius quadratus oder deus quadratus und Mercurius quadriceps, quadrifrons, quadriformis, der Gott mit vier Gesichtern auf Grund der Form des Steines.

In Elis hieß ein unbehauener Steinblock auf dem Gipfel des Berges Sipylos der Thron des Pelops.

Ein Stein in einem geräumigen Tale bei den Ruinen einer antiken Stadt diente der Einweihung der Herzöge von Kärnten (Joan. Boemius, de moribus gentium lib. 3, 244).

Nicht weit von Upsala liegt ein mächtiger, unbehauener Steinblook, der in gleicher Weise bei der Thronbesteigung der Könige von Schweden benutzt wurde. Er ist von zwölf kleineren, würfelförmigen Steinen umgeben. Auf ihm hielt der König die erste Reichssitzung ab; auf ihm wurde er in Gegenwart der Großen des Reiches von den Bischöfen gesegnet, auf ihm leistete er dem Volke den Eid. (Olaus Magnus, de Ritu gentium Septent., lib. 1 cap. 18 et. lib. 8 cap. 1.)

Mailet spricht in seiner Geschichte von Dänemark von einem hochragenden Felsblock, der inmitten von zwölf andern Steinen steht, die kleiner sind und eine Art Mauer ringsum bilden. Auf diesem Stein in der Mitte, erzählt er weiter, war der Sitz, auf dem sich die Könige bei ihrer Krönung niederließen. Ebenso versammelte sich auf dem Felde von Rakosch, drei oder vier Meilen von Pest, an den Ufern der Donau die ungarische Nation, um ihren Herrscher zu wählen und ihren Landtag abzuhalten.

Die alten Könige von Irland wurden auf einem ähnlichen Steine gekrönt, der liafait oder der Unglücksstein. Der neue König setzte sich darauf und man behauptete, dass dieser wunderbare Stein alsdann ein Ächzen hören ließ. Nach einer alten Weissagung würde die Rasse der Schotten immer von da aus regiert werden, wo dieser Stein aufbewahrt werde. Ohne Zweifel ließ, um diese Erfüllung der Verheißung zu verhindern, der König Eduard I. von England ihn aufheben und in der Westminsterabtei niederlegen, wo er von einer Holzwand umgeben wurde. (Dulaure, des Cultes anter. a l'idolatrie, oh. 13. p. 398).

Diese Beispiele und andere, die wir noch zitieren könnten, beweisen, dass diese unbehauenen Steine zuerst zu Gemarkungssteinen bestimmt waren, dann wurden sie verehrt und magisch geweiht und schließlich entwickelten sie sich unvermerkt zu Altären und Thronsesseln.

Die Monstranz – vom Lateinischen ostendere sehen lassen, zeigen; das Zeichen geben, bekanntmachen, vorlegen, ausstellen; daher die Ausstellung des Heiligen Sakramentes, d. i. Ausstellung des Zeichens des heiligen Gedankens, des nicht unbegreiflichen aber verborgenen Mysteriums – stellt die in ihrem eigenen Lichte leuchtende Sonne dar. Die sechs Wachskerzen, drei zur Rechten, drei zur Linken derselben bedeuten die damals allein bekannten Planeten, leuchtend vom Glanz des herrschenden Königs, der Sonne. Unter zwei durchsichtigen Kristallen in einem Ring, der von kostbaren Edelsteinen strahlt und funkelt, ist ein Brot von reinem Weizenmehl eingeschlossen, die Hostie, das Opfer, die Pflanzengabe, die dank dem Fortschritt der Zivilisation die Menschen- und Tieropfer verdrängt hat. Die Heiden hatten freiwillige Opfer, die sie eximiae hostiae nannten. Die zu weihende Hostie ist eine Verkleinerung der heidnischen Hostien, die in Kuchen bestanden, die den Göttern dargebracht wurden. Die Heiden nannten sie auch künstliche Opfer, weil diese Brote von gebackenem Teig die Stelle eines Tieropfers, welches das Ritual forderte, vertraten. Bei den Christen trägt das symbolische Brod die Figur eines Menschen, der auf das ägyptische Tau, auf das Kreuz, geheftet ist, das Emblem des Todes und der Wiedergeburt.

In Ägypten drückten die Priester, Siegelträger genannt, den Opfern Siegel, sigilla, auf. Auf das Brot des neuen Glaubens hatten die Hierophanten verschiedene hieroglyphische Charaktere eingeprägt, hier stellt die Hostie

176

die Gestalt eines gekreuzigten Menschen dar, das Bild des erloschenen Lebens, das des segnenden Einflusses der Sonne beraubt ist. Hier finden wir auch die Allegorie der schöpferischen Sonne, des himmlischen Widders und der sieben Monate des Großen Lichtes des Jahreskreislaufes unter der Figur des Lammes, das auf dem Buch mit sieben Siegeln schläft.

Der heilige Talisman, die Monstranz ist das Symbol des Sonnengottes, der unverwerfliche Typus dieses täglichen und jährlichen Messias, dessen Herrschaft ohne Ende sein wird, cujus regni non erit finis. Auf unsern Altären stellt er die Unermesslichkeit dar, in welcher die Planetenkörper kreisen, unter deren Zahl auch die Erde ihrem Ziel zustrebt, scabellum pedum tuoum (Schemel deiner Füße). Das Tabernakel als Sinnbild dieser Erde ist belebt vom Feuer dieser Strahlen und von seiner schöpferischen und erhaltenden Scheibe erhalten alle Dinge Nahrung, Wachstum, Tod und jene neuen Zusammensetzung, aus denen die Wiedergeburt entsteht.

Die Weisen bezeichneten diese astronomischen Epochen durch religiöse Feste; Betrüger profitierten davon.

Das Wort Tabernakel bedeutet kleines Zelt, Pavillon, weil die Sonne sich sozusagen nur vorübergehend auf der Erde aufhält. Die Blumen, mit denen man diese Arche schmückt, die Wohlgerüche, mit denen man sie durchziehen lässt, sind die Zeichen der Dankbarkeit der Menschen gegen das erhabene Gestirn, dass sie wachsen, reifen und sich fortpflanzen lässt.

Das weiße Linnen des Altartisches, der Hohepriester, der in Weiß gekleidet an diesen Tisch herantritt auf dem Stirnband die Scheibe der Sonnenpriesterschaft, sind die Sinnbilder der Reinheit der Erde, die ein reines Opfer darbietet und ihres fleckenlosen Opferpriesters, der Mittler zwischen ihr und der Sonne ist.

Der Hierophant bietet der Sonne ungesäuertes Brot dar, das soll bedeuten, entweder dass dieses Mehl das Sinnbild der geläuterten und von dem großen Gestirn befruchteten Erde ist, oder das der Heilkräfte der Früchte, die sie reifte. Auf diesem Brot, rund und durchsichtig wie sein Mysterium, ist ein Christus dargestellt; ich wiederhole es, erlauchte Initiierte, es ist die Gestalt des Erlösers der Erde, dessen mühsame, jährliche Wiederkehr allen Dingen das Leben gibt, die auf dem „länglichen Viereck" des Erdballes geboren wurden.

Man beurteilt die andern wie sich selbst. Die chinesischen Geographen machen die Erde viereckig; diese Form ist die ihres Kaiserreiches, so muss es auch die der Erde sein, da sie glaubten den größten Teil derselben zu besitzen. Die Nachbarvölker sind ihnen wie durch Zufall entstanden und werden als missgestaltet, Riesen und Zwerge geschildert. Letztere Traditionen beziehen sich auf lemurische Rassen und sind wohl kaum als Übertreibungen zu betrachten.

Das Kreuz stellt die vier Seiten dieses Viereckes dar; das alte Ägypten behängt damit die Statuen seiner Hauptgötter und besonders die Hände der alten Sonne Osiris und der neuen Sonne Horus, in der Form eines T, das in der Mitte seines oberen Balkens eingebogen ist. Man nimmt allgemein an, dass das Tau zugleich das Zeichen des Lebens und der belebten Erde ist. Die crux ansata (das Henkelkreuz) mit dem, wie man sagt, Osiris die Schleusen des Nils öffnet und schließt, galt in Ägypten als Sinnbild für das Hochwasser dieses Flusses, welches eintrat, wenn die Sonne (Osiris) die Kreuzung, die Ekliptik und Äquator in jener Zeit bilden, passierte.

Die alten Ägypter, ebenso die Maurer, ihre getreuen Nachahmer, erkennen zwar die vier Seiten der Erde an, rechnen aber nur mit dreien, und nicht mit der, die von der Sonne nie erreicht wird. Früher würden weder Christen noch andere Initiierte ihre Toten auf einem Kirchhof im Norden einer Kirche begraben haben.

Deshalb hat die senkrechte Linie keine Verlängerung über die horizontale hinaus und bildet ein T. Als die astronomischen Kenntnisse, die im Vergleich zu anderen so lange unverändert geblieben waren, sich mehr verbreiteten, wurde die vertikale Linie des T derart verlängert, dass ein Kreuz entstand. So entstand das große längliche Viereck (grand carre long) der Erde und der Aufriss seiner Länge und Breite.

In den Tempeln des bestehenden Glaubens leuchtet Tag und Nacht eine große Lampe. Sie ist vor dem Hochaltar aufgehängt (ara maxima) der Verwahrer (Schützer) der Sonnen-Arche. Eine andere Lampe, die vor dem Altar der Jungfrau-Mutter brennt ist das Sinnbild des Mondlichtes. Wir erfahren von Clemens von Alexandrien, dass die Ägypter als die Ersten den religiösen Gebrauch der Lampen erfanden. Der Glaube der Parsen, ihre Feueranbetungs-Riten stammen aus dem fernsten Altertum. Wer kennt nicht die heiligste und schrecklichste Pflicht der Vestalinnen? Die maurerischen Tempel sind von drei Sternenlichtern erleuchtet, der Sonne, dem Mond und dem geometrischen Stern, und von drei lebenden Lichtern, dem Hierophanten und seinen beiden Aufsehern (Bischöfen); Episoopen-Aufseher, Wachthabende, gebildet von epi und scopeo, ich sehe dabei episkopos, Bischof, Herr oder Aufseher einer Diözese (dioikesis, Verwaltung). Man nannte die Inspektoren, Oberen der mit Athen verbündeten Städte Episkopen; deshalb sagt auch einer der Väter der

Maurerei, der weise Pythagoras so genial, dass man von erhabenen Dingen nie ohne Lichter sprechen solle.

Die Heiden feierten ein Lampenfest (Lampadophorien) zu Ehren der Minerva, des Prometheus und des Vulkan. Die ältesten Väter des neuen Glaubens, Laktantius vor allen, beklagten sich bitter über die Einführung der heidnischen Lampen in den Kirchen: „Wenn sie doch," sagte er, „das Licht betrachten wollten, das wir Sonne nennen, dann würden sie erkennen, dass Gott ihre Lampen nicht nötig hat." Vigilantius sagt auch: „Unter dem Vorwand der Religion hat man in der Kirche die heidnische Gewohnheit angenommen gemeine Kerzen anzuzünden, während die Sonne in tausend Lichtem erstrahlt. Ist das nicht eine große Ehre für das Lamm Gottes (die so dargestellte Sonne?) die inmitten des Thrones (das Universum) denselben mit dem Glanz seiner Majestät erfüllt."

Beweisen solche Sätze nicht, dass die primitive Kirche damals den großen Baumeister des Weltalls in seinem Sonnenbild, seiner einzigartigen Persönlichkeit verehrte? In der Folge werde ich beweisen, dass man dieses erhabene und schlichte Mysterium unterdrückt hat, indem man den neuen Glauben immer mehr von der Ur-Religion entfernte.

II. Weiteres von den heiligen Stätten und Geräten.

Ehe wir in dies Labyrinth eindringen, halte ich es für nötig, denen einige vorläufige Unterweisungen zu geben, die Seelenkraft und Vernunft genug aufbringen können, um mir zu folgen. Wenn die Prüfungen und Abgründe, die Drachen und Phantome es fertig brächten, einige furchtsame Menschen den Proben der höheren Initiation zu entziehen, so würden sie wahrlich für den Rest ihrer Lebenszeit unglücklich sein.

Ich glaube den Ariadnefaden zu besitzen und den geheimnisvollen Schlüssel, der denen, welche der höhern Einweihung würdig sind, das rechte Tor öffnet. St. Augustinus hat mir in wenigen Worten entdeckt, wie man den Schlüssel in dem geheimen Schloss umdrehen kann: Omnia sunt per allegoriam dicta: d. h. lasst Euch nicht durch den Anblick des Zerberus und der Eumeniden entmutigen: schreitet ohne Zögern über die Natter und den Basilisken, sucht und Ihr werdet finden; denket nach und Ihr werdet schließlich verstehen, dass alles, was man lehrt, mit Allegorien verschleiert ist, die des öffentlichen Friedens wegen nötig sind; das Volk ist ja nicht genügend gebildet.

Nach dem Fingerzeig, den uns der ehrwürdigste Kirchenvater gegeben hat, errate ich, dass das Metall der Monstranz, die Pflanze, die sie umschlingt, und der Hierophant, dessen Hände ein feines Linnen verschleiert, den Sonneneinfluss auf die drei Reiche der Natur bedeutet: Si fodieris, invenies. Prüfe ich dann noch das Bild eines Christus auf der Hostie, so komme ich auch da zu dem Schluss, dass es eine geniale Allegorie ist; und so offenbart mir gar bald meine Vernunft, inspiriert durch St. Augustin, dass alle Lebenskeime, alle Arten von Lebewesen, wir selbst mit eingeschlossen, zu Grunde gehen würden, wenn die Sonne sie nicht wieder erwecken würde (Resurrektion) nach den Qualen, welche die Wintermonate sie erleiden lassen: per allegoriam dicta.

Im Kreuz erkenne ich das Sinnbild der vier Himmelsrichtungen; dass ein Mensch oder ein Tier dort ruhen weist auf Tier- und Pflanzenreich hin; das Kreuz ist in die Erde gepflanzt, das ist die Vervollständigung der drei Reiche, die umgeben von der Tätigkeit der Sonne aus dem Zustand des Todes in den des Lebens über gehen: per allegoriam dicta.

Die Tempel des neuen Glaubens sollen die Form eines Kreuzes haben, die Logen haben die eines länglichen Vierecks, und warum das? Dass die Erde ein Sphäroid ist, ist eine neuere Anschauung; das Altertum hielt sie für viereckig und die Chinesen glauben dies heute noch.

Die alten Tempel waren die Sinnbilder der Erde und ihrer Kinder; die Griechen nannten sie Ekklesiai = Kirchen, d. h. Versammlung der Gläubigen, Versammlung (Konvent) der Eingeweihten, Vereinigung der Brüder. Das Wort Logo, welches die Nachfolger der Eingeweihten, die Maurer gebrauchen, hat seine Wurzel in Loga und bedeutet in der heiligen Sprache des Ganges die Welt, und im heiligen Wort Logos, d. h. Wort, Parole, Rede usw., das will besagen den Ort, in welchem das Wort, die Parole ausgegeben wird, der Sinn der Dinge erläutert und die wahre Bedeutung der Allegorien den Prüflingen ohne Gefahr enthüllt wird.

Es ist notwendig hier eine Notiz über die architektonischen Einteilungen der Tempel des Altertums einzuschalten.

1. Das Vestibül, der Vorhof, wo das Taufbecken stand, der Brunnen, aus dem man das Reinigungswasser schöpfte; man nannte ihn Naor, (griechisch naus) das Schiff, welches die Gläubigen, (die Initiierten niederen Grades) betreten durften.

2. Das Heiligtum, die Stätte des Logos, den das Volk der Eingeweihten nicht betreten, ja nicht einmal betrachten durfte, so dass dieser Brauch noch in Betreff der Gesellen üblich war, die ihre bestimmte Prüfungszeit hinter sich hatten. In manchen Tempeln

gab es weiter Muten noch einen Tempel zur ebenen Brie, wie in Saimt-Boche bei Paris, oder einen unterirdischen Tempel, wie in Samt-Denis; so enthielten also diese religiösen Gebinde drei Blume, den des Todes und der Auferstehung mit inbegriffen.

Wie man sieht, wurden die Tempel der Maurer wie der Christen nach demselben Modell erbaut und haben noch die ähnliche Lage ihres Hochaltars im Osten, weil Ton dieser Seite her jeden Tag das Licht siegreich die Finsternis durchbricht und weil das große philosophische Licht vom Osten gekommen ist.

Die ara maxima der Modernen, auf die ich bereits hinwies, ist von dem Planetensystem der Alten überkrönt. Ich möchte keinen Zweifel über die Richtigkeit dieser Entdeckung lassen. Ich sagte schon, dass dieser Altar, beherrscht vom heiligen Sonnensakrament, in seiner Mitte den quadratischen Stein enthält, der von den beinahe senkrechten Strahlen des erhabenen Gestirns übergossen, von einem Leinentuch verhüllt wird. Diesen durch die heilige Salbung geweihten Stein darf allein der Hierophant, der höchste Eingeweihte, ohne Befleckung und Entheiligung berühren. Vergessen wir nicht, dass bei den Römern der Gott Terminus, der quadratus deus unter der Form eines viereckigen Steines verehrt wurde. Auf dem viereckigen Stein ruhen Kelch und Brot des großen Ernteopfers, messis für die Eingeweihten, missa für die Profanen, die Nicht-Initiierten; von pro vor und fanum, der Tempel, den sie nicht betreten durften.

Dieser Stein ist noch das Bild der durch die Sonnenstrahlen befruchteten Erde; er trägt Wein und Brot als Opfergabe, Sinnbilder der übrigen vegetabilen Produkte. Der länglich viereckige Alter erinnert an die älteste Anschauung: dass die Erde diese Form hätte; und der vollkommen würfelartige Stein, der sich daran eingelassen findet, zeigt die Berichtigung dieses irrigen Systems an.

Die Patene (Hostienteilerchen), die auf diesem Würfel steht, berichtigt dies durch ihre Bindung noch mehr; so sind Altar, Stein und Patene die Sinnbilder der allmählich überwundenen Irrtümer über die Gestalt unseres Planeten.

Der völlig quadratische Stein zeigt durchaus die antike Auffassung der Form der Erde, und trägt in Kreuzform eingemeißelt die Richtungslinien der vier Himmelsgegenden und das Sonnenzentrum. Über den gesalbten und durch das heilige Wasser geweihten Stein ist das Korporale von reinem weißen Leinen gebreitet, ein Bild der irdischen Vegetation und der für das Leben nötigen Erzeugnisse.

In diesem Stein, der ohne diese Allegorien nur eine Gaukelei sein würde, in diesem Lapis christicola, dessen rauhe Flächen die ersten Weisen behauen haben, und den ihre Nachfolger in mühsamer aber fruchtbarer Arbeit allmählich fortschreitender Zivilisation polierten, in diesem hieroglyphischen Steine, o meine Brüder, entdecke ich das Symbol der Erde im goldenen Zeitalter, der fleckenlosen, obgleich immer fruchtbaren Jungfrau, die der Sonne durch die schuldlose Hand ihrer gerechten und dankbaren Kinder Opfer darbringt, die Erstlinge der Ernte, mit denen der Erlöser seinen keuschen und unerschöpflichen Busen an jedem Tage bereichert, wenn er im Namen des Ewigen erscheint.

Die Errichtung der Altäre ging der der Tempel aus Rasen, Steinen und Holz voran. Sie waren auf Bergesgipfeln, in Wäldern, am Wegrand und an den Grenzen der Stämme errichtet Die ältesten, auf den Landstraßen errichteten Kreuze sind katholische Trophäen, die auf den Altären früherer Glaubensbekenntnisse errichtet wurden, z. T. auch urgermanischer. Herkunft.

Vor der Einsetzung eines für den Schöpfer und die intelligenten Geschöpfe würdigen Kultes war die Erde im Schlamm grausamen Aberglaubens versunken und seufzte unter dem Dunkel der Abgötterei ohne einen Ersatz für die Sittlichkeit. Es wurden schwarz-rot ausstaffierte Tempel erschaffen, in denen zuweilen, wie bei den Templern, Kinder geopfert. Die verläugnete Urreligion (Theosophie) hatte sich in die unterirdischen Tempel geflüchtet, deren verborgene Zugänge von hohen Initiierten verteidigt wurden, die mit dem Talisman des Schweigens, dem Schild der Allegorie und dem Schwert der Vernunft bewaffnet waren; einige Magier durch die Phalanx der Charlatane des Polytheismus bedroht, wanderten vorsichtig und still den Toren dieser Asyle zu. Die Seele des Märtyrers Sokrates suchte am Fuß des Altars der eleusinischen Ceres Zuflucht.

Nach langen Jahrhunderten der geistigen Umnachtung waren die Gottesverehrer durch Vereinigung mit den höheren Initiierten, den geschickten Gründern des neuen Glaubens und den wahren Weisen stark genug geworden, um für die Vereinigung jener ewigen Moral mit dem Dogma der Einheit Gottes einzutreten. Sie erhielten sie einfach und rein und ließen hinfort nur Früchte als Opfergaben zu; sie trennten sich von unreinen Kulten bis diese im Geiste der regenerierten Völker ihren Anhang verloren hatten; sie sammelten die verstreuten Glieder der Kette der Brüderschaften und gelobten sich gegenseitige Hilfe im kleinen aber von erkannten oder gemutmaßten Wahrheiten erleuchteten Kreise; so rechtfertigten die trauernden Walsen der Urreligion (Theosophie) jene tiefen Worte: Zu mir, ihr Kinder der Witwe! Und während sie der Sonne die nahrhaftesten Erstlinge der Früchte opferten, legten sie die gesündesten Grundsätze in die unzerstörbare Bundeslade, in das Herz des natürlichen Menschen: sie zierten die Formeln, die Hymnen, bis zum Vorhof des Allerheiligsten mit erhabener Schlichtheit. Sieger über hinterlistige Schieber und ruchlose Schwindler, halfen sie sich durch eine notwendige Unterschiebung, indem sie das Haupt mit Blumen bekränzten und die Hände mit Früchten füllten, die sie dem erhabenen Gestirn als dem einigen Gott darbrachten. So prägten sie sensiblen Seelen und guten Wesen einen gerechten Schrecken vor religiösem Wahnsinn und Mord ein.

Durch den Sonnenkultes bekehrten die Sonnenanbeter die Freunde der Vernunft und der Ordnung und die Kinder der Witwe (der Moral) zur Anbetung eines einigen Gottes.

So wurde das unschuldige Opfer der Erntegabe (die Messe), die an die keuschen Opfer Abels, des ersten Bruders, erinnert, wie am das Passah der Israeliten und an das Abendmahl der reformierten Hebräer, allen andern verständlich und wertvoll durch die Einfügung der Zeremonien, die in den Mysterien des Nil, des Ganges und des Jordan gebräuchlich waren.

Die liturgischen Schriftsteller unterscheiden verschiedene Teile der Messe:

1. Der vorbereitende Gottesdienst oder die Gebete, die vor dem Opfer gesprochen werden, das nennt man in andererweise auch die Messe der Katechumenen.
2. Die Oblation oder die Darbringung des Opfers, das vom Offertorium bis zum Sanotus reicht.
3. Der Kanon oder der Gang der Konsekration.
4. Die Brechung der Hostie und die Kommunion.
5. Danksagung oder Nachkommunion.

Nach dem Ritus oder der Sprache, in der man die Messe zelebriert, erhält sie ihren Namen als griechische Messe, lateinische, römische, gregorianische, ambrosianische, gallikanische, gothische, mozarabische usw. Diese unterscheiden sich nur in der Form und nicht im Wesen.

Man zelebrierte früher die Messe nicht alle Tage; und man feierte sie nie ohne den ganzen äußeren Pomp, den die Verhältnisse erlaubten. Die Gläubigen kommunizierten stets, wenn sie dem heiligen Opfer beiwohnten. Nach und nach verlor sich dieser Brauch und der Priester kommunizierte allein. Übrigens zeigen sowohl die Gebete der Liturgie wie die eigentlichen Worte des Kanons, dass alle Teilnehmer der heiligen Mysterien am eucharistischen Brote teilhaben sollen.

Man unterscheidet verschiedene Arten von Messen. Die feierliche hohe Messe oder das Hochamt wird mit einem Diakon, einem Subdiakon, Minoristen und dem Chor gefeiert. Die stille Messe feiert ein Priester allein, ohne jeden Gesang durch die Verehrung in einer Runen-Stellung. In der privaten Messe hat der Priester nur seinen Gehilfen zur Seite. Man sprach auch von einer Wahl-Messe, dass ist die, welche für die Katechumenen gelesen wurde am Mittwoch und Sonnabend der vierten Woche der Fastenzeit, als man sie prüfte, ob sie genügend für die Taufe vorbereitet seien. Eine Gerichtsmesse zelebrierte man für einen Angeklagten, der sich durch bestimmte Proben rechtfertigen wollte. Man nennt Tagesmessen die, welche an bestimmten Tageszeiten und zu besonderen Festlichkeiten begangen werden. Yotivmessen sind einem Heiligen oder einem Mysterium geweiht, sie fallen weder mit einem Gottesdienst zusammen, noch mit einem Fest, z. B. die Messe des Heiligen Geistes, der Heiligen Jungfrau. Es gibt Messen für die Lebenden und für die Toten. Die Messe der vorhergeweihten Hostien, in der man nur weiht, wird am heiligen Freitag gefeiert. Man hat die kurze Messe oder Schiffsmesse unterdrückt. In ihr handelte es sich gewöhnlich um die Weihung von Schiffen. Man nannte goldne Messe die, welche in Tagen der Freude gefeiert wurde, bei der dem Volke Geschenke gegeben wurden und in der sich Fürsten und Könige in voller Pracht bewundern ließen. Man fand in alten Messbüchern die Bezeichnung missa pro duello. Das waren Messen, die bei einem Duell gelesen wurden zu Gunsten der Kämpfenden. Sie wurden natürlich gut bezahlt. Die rote Messe, eine Messe für die Heimkehr der Herrscherhöfe nach langer Abwesenheit. Die Fürstlichkeiten tragen dabei rote Gewänder. Das ist auch die Messe des heiligen Geistes. Die griechische Messe folgte dem griechischen Ritus. Die Mitternachtsmesse fiel in die Weihnacht des 25. Dezember. Die Klostermesse wurde in manchen Kirchen vierzehntägig gefeiert. Die Kurze Messe (Jagdmesse) in Eile gelesen. Die markierte Messe las man für die Damen der großen Welt; Engelsmessen für tote Kinder unter sieben Jahren; Toten messen, Messen für die Seelen im Fegefeuer; gallische oder ambrosianische Messen kannte man in Gallien und Paris, gothische Messen bei den Gothen, die Arianer waren; lateinische, römische und griechische Messen; mozarabische oder spanische Messen folgten dem mozarabischen Ritus. Messen für den Tod der Feinde waren in Spanien im Schwange, wurden aber 1844 unterdrückt. Man hatte lange den Glauben, dass die Gebete der Liturgie wirkungskräftiger wären als andere.

So wird die dem großen Baumeister, der durch das Große Gestirn versinnbildet wird, dargebrachte Opfergabe der erhabenste Akt des neuen Kultes, in dem folgende Wesenheiten verschmelzen, hinzutreten oder ihre Namen auf geben lassen und sich darin auflösen; Osiris, Isis, Horus der Ägypter; Bel, Belus oder Belphagor und die kreuztragende Astarte der Babylonier; Brahma, Shiva und Vishnu: Sommonacodum und die Mutter-Jungfrau, die durch die Kraft der Sonne befruchtet wird, die höchsten Gottheiten Italiens; Odin, Thor und Frigga, die höchste Göttin Skandinaviens; Theutates, Belen und die Virgo-Paritura der Kelten, der Gott Coelum, Apollo und die Magna mater der Griechen usw.

Ich hoffe in den nächsten Kapiteln zu zeigen, dass die erhabenste Kult-Handlung des neuen Glaubens trotz der Schwerfälligkeit der Jahrhunderte und der Abfeilungen durch Neuerungen die Formen der antiken Initiation bewahrt hat, die durch die alten Sonnenverehrer und die modernen Initiierten revidiert wurden.

34. Die Moral der Musik.
P. Z.

„Sie werden mich fragen, wovon denn die Moral der Musik handle. Nun, guter Freund, wenn Sie den Ausdruck nicht zu pathetisch nehmen oder gar bei irgendeiner Versammlung irgendeines ethischen Vereines in Wien oder Berlin oder sonstwo laut ausschreien wollen – diese Moral der Musik handelt von einem neuen und immer möglichen Menschen. Er war neu und möglich vor tausend Jahren, und er wird in tausend Jahren wiederum nur neu und möglich sein. Mehr nicht! Sie werden also keine Ursache haben, ihn bei einer Versammlung oder in einem moralischen Schauspiel auszuschreien, als müsste er in zwanzig oder dreißig Jahren fix und fertig sein. Die Moral der Musik handelt gewissermaßen vom ewig symbolischen Menschen und ist gegen den ewig Allegorischen gerichtet. Dieser ewig symbolische Mensch ist sehr einfach und sehr kompliziert. Und Sie dürfen seine Träume nicht von ihm trennen und sich nicht alles, was in ihm tief ist, ohne Oberfläche wünschen. Die Griechen haben vom harmonischen Menschen gesprochen und wir plappern ihnen das Wort nach. Warum aber soll heute nicht der Musiker, dessen Kunst uns doch so vollkommen ausdrückt, seine eigentümliche Moral haben? Die Griechen haben mit ihrer Moral immer etwas für ihren Musiker getan, wir aber lassen ihn frei herumlaufen. Ist das nicht sinnlos? Auch für unsern Musiker muss etwas geschehen. Ich bestehe nur darauf, dass er wirklich ein Musiker und kein Virtuose sei. „Immer und überall bin ich Menschen begegnet, die außerordentlich gut ein Instrument spielten, ja in ihrer Weise auch komponierten und im Leben dann, draußen von ihrer Musik nichts wussten. Ist das nicht merkwürdig? Bei sich Musiker, draußen aber dies oder das, am Ende gar unvernünftig und genau so wie der Nachbar zu sein – das wollte ich nie recht begreifen.
Denken Sie sich einen Staatsanwalt oder Chef der Geheimpolizei oder – nehmen wir auch nur einen Ministerpräsidenten – in der neunten Symphonie. So etwas ist eigentlich zum verrückt werden, aber trotzdem oder gerade deshalb, weil man in Augenblicken darüber verrückt werden könnte, ist dieser Chef der Geheimpolizei in der neunten Symphonie der ganze Mensch selbst, vor allem aber der Mensch des neunzehnten Jahrhunderts. Er hat eine ihm fremde Moral, der Musiker hat eine seiner Musik ganz fremde Moral. Was weiß seine Moral von seiner Musik? Das

sind zwei ganz getrennte Dinge: seine Musik und seine Moral, trennbar wie Inhalt und Form in der Allegorie. Ja, man könnte sagen: seine Moral ist die Allegorie seines Wesens oder auch so: daneben spielt er Klavier oder geht in das Konzert. Ich kenne nicht fünf Menschen, deren Moral nicht die Allegorie ihres wahren, ihres heimlichen Lebens, ihrer Musik wäre, die nicht nebenbei nur Klavier spielten. Ich rede von Musik, ob die Menschen nun wirklich komponieren, ein Instrument meistern oder sonst in einem bedeutenden Augenblicke zu eigentümlichem Ausdruck kommen können. Still habe ich mein ganzes Leben lang dagegen, gegen diese Undeutlichkeit in Anderen und vor allem auch in mir selbst gekämpft. „Ich wollte unserer uns wesentlich fremden, allegorischen Moral erwidern und uns sozusagen die eigene, die symbolische Moral, die Moral der Musik geben."

Mit diesen Worten des Verfassers der „Moral der Musik" führe ich unsere Leser in dieses seltsam ungebärdige und tiefe Buch ein. In „Lizsts Offenbarung" haben wir bereits gesehen, wie die Musik uns zur Tat unseres Daseins wird, zum Ausdruck unseres Einheitsbewusstseins mit Gott, mit uns selbst, innen und außen eins. Hier finden wir in den Briefen Joachim Fortunatus' einen weiteren Ausbau dieser Gedanken. Es ist ja so schwer für den Menschen sich von Beruf, Stand, Titel, kurz aller Allegorie loszureißen und nur Mensch zu sein. Wir fehlen alle darin täglich, stündlich und doch sollte es unsere edelste Bemühung sein, hier einmal wahr zu werden. Kassners Buch führt eine etwas schwere und dunkle Sprache. Fortunatus ringt sich von Gedanken zu Gedanken nur langsam zur Klarheit durch. Ihm muss die Kunst, das Wissen alle Quellen eröffnen, um endlich die Moral der Musik zu finden. Wir werden sehen, wie es ihm gelingt. Ich muss es mir natürlich versagen, den Gedankengang im Einzelnen hier wiederzugeben, doch genüge es, einiges herauszugreifen um zum Ziele zu kommen. Wie alles Heilige, Tiefe, Göttliche keine Marktware ist, so wendet sich das Buch auch nur an den Einzelnen. „Ich liebe den Einzelnen, ich kann nur mit ihm sprechen und auf ihn hören; alles andere verwirrt mich und nimmt mir das Gehör und jegliche Kunst. Ein Mann von Takt wendet sich immer an den Einzelnen."

„Nenne mich eitel, da ich ohne Prinzipien bin", sagt Fortunatus im zweiten Briefe, „nenne mich eitel, aber ich liebe die Formen und sehe überall Formen und ich gehe immer über. Und ich brauche die Situation . . . Ja, nenne das aus Prinzip eitel! Aber ich liebe und höre und sehe zunächst immer nur die Form und den Ausdruck und die Gebärde. Das ist meine Wirklichkeit. Ich muss vom Ästhetischen, von der Erscheinung, von der

Erfahrung ausgehen. Darum und dazu bin ich aus dem Leibe geboren."
Der Meister erlebt alles oder nichts. Der Meister erfährt. Seine Erfahrung,
sein Staunen ist exakt. Goethe verlangt einmal Exaktheit von der Poesie.
Des Meisters Staunen ist ohne Lücken und lässt nichts durch, sein Staunen
ist gleichsam dicht und verrät nicht das Erlebnis. Sein Staunen ist wie eine
Wissenschaft und kein bloßes Gefallen, kein bloßer Geschmack und keine
Eitelkeit. Wie eitel sind nicht alle Erlebnisse der Schüler, solange Meister
noch staunen. Und in der Ästhetik ist der Meister alles und der Schüler nur
seine Moral. Der Schüler kommt zu spät, wie die Moral in einer Dichtung
immer zu spät kommt. Und er interessiert nur die Unwissenden, den Pöbel,
die Unfreien. Der Schüler erschlägt das Werk des Meisters in Inhalt und
Form, in Wollen und Können, in Verstand und Gefühl, wie immer die
Analysen der Unglücklichen und Unfreien heißen mögen.
Das Erlebnis ist ebenso selbstverständlich wie der Egoismus. Ignoriere
endlich beides! und du wirst schweigen lernen und staunen und ein Meister
und einfach sein. Es gibt ein großes Wort Bismarcks, ich weiß nicht wo und
kann es nur aus dem Gedächtnis zitieren. „Wenn ich einmal etwas will,
sagte der große Staatsmann, so will ich es nicht nur augenblicklich und
vielleicht noch heute; nein, dann will ich es auch morgen und übermorgen
und Tag und Nacht und in jedem Augenblick und mit jedem Zug meines
Atems."
Und wenn der Meister erfährt, möchte ich im Anschluss daran sagen, so
erfährt auch er nicht nur jetzt und heute, sondern er er fahrt auch morgen
und übermorgen und Tag und Nacht und in jeder Stunde und mit jedem
Blick seines Auges. Das Erlebnis würde ihn dann nur stören und
überflüssig sein. Die Vollendung, die Vollkommenheit ist besser als das
Erlebnis. Nur mit der Vollkommenheit und niemals mit dem Erlebnis
dürfen die Werke ihren Meister loben.
Nimm an: es tue einer alles um der Sache selbst, ja um seiner selbst willen,
entferne jede andere Absicht, jeden anderen Zweck, jedes Ende und wäre
dieser Mensch Geheimer Rat, du machst ihn zum Musiker und er muss dir
spielen. Musiker ist also für mich immer der in diesem Sinne Zwecklose,
Absichtslose.
Beschäftigen wir uns nun mit Kassners Lehren von der Allegorie und dem
Symbol. Unter Allegorie denkt sich der gemeine Mann in der Regel etwas
Zusammengestoppeltes, unnatürlich gehäufte Embleme, die Eigenschaften
eines Menschen bedeuten sollen. Man erinnere sich an allegorische Figuren
in der Dichtkunst und Malerei. Es ist aber nicht nur dort so, „es dichten und

malen oben die Menschen nicht nur Allegorien, sondern sie denken und fühlen und handeln auch allegorisch. Wenn man von einem Menschen sagt, er kann gar nicht anders sein, so hat er Form, oder wenn ein Mensch mit einem Wort, einer Gebärde ganz dartut, was er bedeute, wenn er sich ganz gibt, auch dann hat er Form, nicht mehr und nicht weniger, genau die Form. In der Allegorie bedeutet aber ein Ding nicht das, was es scheint: sein Sinn ist ein anderer. Man darf eine Allegorie eine Maske nennen. Eine wirkliche Maske ist immer aus einem anderen Material. Masken sind stets aus irgend einem gleichgültigen, künstlichen, man möchte sagen, abstrakten Material. Die Form aber ist stets aus demselben Material und niemals hohl, wie Schwärmer meinen. Und jetzt haben wir es: auch Allegorien sind niemals aus demselben Material; auch sie sind aus anderem, aus einem gleichgültigen Material. Allegorien sind deduktiv wie die Vernunft, Symbole induktiv. Für den Symboliker liegt das Unvergleichliche ganz im Rhythmus, in Gebärde, im Ton; für den Allegoriker hingegen in der Vernunft, der im Prinzip, in der Absieht. Die Allegorie umschreibt; Ruskins Philosophie umschreibt nur seine Tätigkeit, seine Tugend, seinen Mut, und Maeterlincks Philosophie einen guten, in seiner Güte vielleicht noch etwas unklaren Menschen. Doch das ist keine Kunst.

Menschen, die also in der Musik (und wir lügen hinzu im Leben) ausdrücken, was sie handeln sollten, haben immer einen Zweck außerhalb ihrer Musik. Goethe nennt diese Menschen einmal Dilettanten, und siehst du: Allegoriker und Dilettanten, das ist beinahe dasselbe.

Wie anders ist es dagegen beim Symbol. Im Leben des bedeutenden, des freien, des lichten, des selbstbestimmten Menschen ist alles symbolisch. Er bildet Symbole. In der Allegorie ist die Tugend eine Eigenschaft, im Symbol ein Wesentliches, eine Kraft. Das Symbol ist eben etwas Ursprüngliches, die Selbstverständlichkeit hinter der Vielheit. Kassner nimmt dem Ding alles symbolische und es bleibt ihm nur das Modell, das asymbolische in den Händen. Daraus aber erhellt uns, dass dieses ja ohne Leben, ohne Bezug zu uns ist, und Leben und Bezug erst erhält indem es in Spannung gebracht wird. So wird es symbolisch, es wird wirklich. In der Erscheinung ist das Symbol ein einzelnes, losgelöstes, übertriebenes, überspanntes künstliches Ding. Sobald uns aber ein Ding zum Symbol geworden ist, dann geht es nicht seinen eigenen Weg, sondern es ist rhythmisch mit anderen Symbolen verbunden. „Im Rhythmus und nur in ihm sind die Dinge gegenwärtig."

Das Symbol ist weder gut noch böse, es ist aus demselben Material wie der

Inhalt; das heißt auch: wenn du symbolisch handelst, ganz aus dir, naiv, wird niemand nach deinen Gründen fragen. Ich spreche vom großen Leben und dort wird es allen wesentlich erscheinen, dass du das Große, das Äußerste triffst oder dich dem Ganzen, dich im Großen zu bestimmen weint. Das Bedeutende ist entweder in deinem Ziel, im letzten Grande, in deiner Ursprünglichkeit, in deiner Schönheit, in der Idee, oder es ist im Rhythmus aufgelöst. Alles Rhythmische ist weder gut noch böse, sondern offen, stets offen und erklärt. Bedeutung und Erscheinung sind im Rhythmus eins.

Wenn du soweit gekommen bist, dass du nur noch die Musik der Dinge hörst, in deinen hellsten Augenblicken ist dir alles nur noch mehr Maske des Einen. Dann fühlst in dir was mit den Dingen, aus demselben Stoff. Dann gestaltest du dich selbst, indem du die Dinge gestaltest und dann gestaltest du die Dinge, indem du dich selbst gestaltest.

Du musst von der Zerrissenheit zum Staunen und vom Staunen zur Musik kommen – zu deiner Harmonie, die stets wie ein Wunder ist und nicht ohne Umstände anderen mitgeteilt werden kann und dir niemals von dem Dichtem zweiter Klasse, von den Rednern und Allegorikern, im Notfälle oder am Ende bestellt werden kann.

Du musst dir dein Leben wie ein Denkmal setzen; du musst, ein Musiker, dich selbst, dein Ganzes überall begründen und motivieren. Sei du ein Künstler deines Lebens, gehöre du dir selbst an.

Die vielen Erlebnisse, von denen in unserer Zeit nur allzuviel geschrieben und gesprochen wird, sind alle stets ganz plötzlich zu Ende und zufällig gleich Allegorien; jenes einzige Erlebnis des Musikers aber ist nie zu Ende, weil es ganz in ihm selbst und die Tugend und die Notwendigkeit und der Adel seines Lebens und durchaus symbolisch ist. An ihm erkennst du den Musiker, den Echtgeborenen, überall; alles Andere, „Güter dieser Welt", muss er mit dem Bastard und dem Emporkömmling teilen. In jedem sogenannten Erlebnisse erfährt der Musiker sich nur, wenn ich so sagen darf, zur Hälfte selbst, zur Hälfte das Andere; in diesem namenlosen Erlebnisse erfährt der Musiker sich nur und ganz sich selbst, erfährt er, wie die Inder sagen, Atman, in diesem namenlosen Erlebnisse erfährt der Musiker Gott, erfährt er – noch einmal – sich selbst.

Die ewige Wiedergeburt im Werke, in sich selbst ist das einzige, das namenlose Erlebnis des Musikers.

Freund, ich schließe. Ob du es dir selbst gestehst oder verschweigst, dieses einzige Erlebnis, dieses namenlose Motiv ist in jedem Augenblicke von allen, die zu hören wissen, eingestanden und verschwiegen. Du kannst es nicht verwechseln, du kannst dich hier nicht mehr irren. Und machen wir nicht alle, jeder in seiner eigentümlichen Weise, nur darum Musik, weil und damit wir uns endlich einmal nicht wieder verwechseln, weil und damit wir uns endlich einmal bestimmt nicht irren?"

35. Vertrauliche Briefe zweier Freimaurer
J. B. Kerning

Erster Brief
B. an K.

Geliebter Bruder!

Ich bin nun drei Jahre Freimaurer, habe die drei Johannis-Grade empfangen, kann mir aber noch keinen klaren Begriff von der Sache, welcher ich mich gewidmet, machen. Ich gab mir Mühe, in Freimaurerschriften Belehrung zu suchen, fand aber nichts als Widersprüche und Hypothesen. Ich hoffte durch Versuchung anderer Logen und Bekanntschaft mit andern Brüdern mein Ziel zu erreichen, bleibe aber in derselben Ungewissheit. Eine Partie huldigt einem Mystizismus, der gegen Vernunft und Willensfreiheit streitet, eine andere forscht in welt-philosophischem Sinne, der jedem geistigen Aufschwung hindernd entgegen tritt. Ich will nichts von Jenen sagen, die gar nichts suchen, und in behaglicher Selbstsucht ihren individuellen Ansichten dienen und auf diese Art die Anstalt zu einer honetten Bankettgesellschaft herunter ziehen. Gib du, geliebter Bruder! Mir einen Leitfaden aus dem Labyrinthe, worin ich mich befinde, damit ich in den Stand gesetzt werde, den Geist und das Wesen einer Anstalt zu ergründen, die mich anfangs mit Begeisterung füllte und noch jetzt mit unsichtbaren Banden an sich fesselt. Von dir erwarte ich Aufschluss, und werde, bis ich ihn erhalten habe, mich von keinem Urteile eines Andern, scheine er auch noch so gelehrt und bewandert, mehr bestechen lassen.

Zweiter Brief.
K. an B.

Geliebter Bruder!

Du findest dich in Verlegenheit, dir einen klaren Begriff vom Wesen der Freimaurerei zu machen. Da geht es dir wie vielen Andern, die außer sich suchen und sich nicht entschließen mögen, in sich selbst der Sache auf den zu kommen. Die Freimaurer ist ihrem Wesen nach so eng mit der menschlichen Natur verflochten, dass man nur in der Untersuchung der letzteren zur Gewissheit kommen kann. Stelle dir vor, du müssest ohne förmlichen Unterricht, bloß mit Hilfe des Dezimalsystems rechnen lernen; würde dir das so ganz unmöglich sein? Gewiss nicht, Mühe würde es kosten, aber endlich müssten sich alle Verhältnisse klar entwickeln. So die Freimaurerei: Das System ist gegeben, Verhältnisse und Anwendung müssen wir selbst suchen. Um dir hierüber einiges Licht zu geben, gehe ich im Geiste mit dir in die Loge und frage dich; Was siehst und hörst du da? Antwort: Gebräuche, Symbole und Sprüche, die mit den gewöhnlichen Erscheinungen des Tages auch nicht in der geringsten Verbindung stehen. Diese Gebräuche, Symbole und Sprüche haben einen doppelten Charakter: einmal als gesellschaftliches Bindungsmittel, und zweitens als Wesenheiten. Im ersten Falle haben sie nur moralische Bedeutung, indem sie, nebst anpassender Auslegung, uns stets an unsere geleisteten Verpflichtungen mahnen. Im andern Falle sind es Grundlinien eines Lehrgebäudes, dass zu einer Erkenntnis führen soll, die uns über den Geist der Natur, des Schöpfers und des Menschen Ausschluss gibt.

Wir finden ferner bei genauerer Beobachtung unter den Gebräuchen und Symbolen solche, die das Gepräge der Urzeit an sich tragen, andere dagegen, die offenbar in neuer Zeit hinzugetan wurden. Um zu einem gründlichen Ziel zu kommen, ist notwendig, hier eine sichere Scheidung zu machen, und das Alte von Neuern zu sondern.

Älter als die Weltgeschichte sind offenbar die beiden Säulen, der Tapis in einfacher Form und der Altar; die drei großen Lichter, Zirkel und Winkelmaß und Lineal; die drei Pfeiler des Tempels, Schönheit, Weisheit und Stärke; ferner Zeichen, Griff und Wort; die Abteilung des Tempels in drei, fünf und sieben Stufen; Sonne, Mond und Himmelszelt; und endlich Senkblei, Wasserwaage, nebst den rohen und behauenen Stein.

Man hat es zwar versucht, die benannten Symbole auf geschichtliche Begebenheiten oder Namen zu beziehen, aber vergebens; mit jeder Beschränkung verliert die Sache an ihrem Wert, und Hader und Rechthaberei treten an die Stelle einer wahren Bruderliebe. Das Wesen der Freimaurerei hat seinen ewigen Grund in der Menschennatur, und kann daher nur durch Selbsterkenntnis derselben erprobt werden. Zu diesem Zweck gibt uns die Anstalt die Symbole; durch deren moralische Auslegung sollen wir uns vorbereiten und üben, damit wir fähig werden, ihr Wesen zu erfassen und ihren Geist zu enthüllen.

Die Freimaurerei hat demzufolge ihre eigentümliche vom Schöpfer angewiesene Sphäre. Enthüllung der Symbole ist des Freimaurers Ziel, sein Beruf und diejenige Tätigkeit, wodurch er sich von den Mitgliedern anderer Institutionen unterscheidet und zu einer Erkenntnis gelangt, die nur dem Freimaurer vermittelst der Symbole zuteil werden kann.

Dritter Brief
B. an K.

Durch dein Schreiben bin ich über die eigentliche Tätigkeit des Freimaurers aufgeklärt: Er soll die Symbole enthüllen. Diese Aufgabe ist mir schon oft vorgeschwebt; aber wo findet man Mittel, sie zu lösen? Die Geschichte der Alten, besonders der Eleusinien, sprich von zweierlei, von kleinen und großen Mysterien. In den kleinen wurden die Symbole moralisch, in den großen in ihrem Wesen gedeutet. Was heißt das, sie in ihrem Wesen deuten? Hierüber schweigen die älteren Geschichten; die neueren Geschichtsforscher aber gehen beinahe übereinstimmend folgende Erklärung:
Die moralische Auslegung richtet sich bei den kleinen Mysterien nach den Geistesfähigkeiten der Mitglieder und den Begriffen des Volkes über Gott und Religion. In den großen Mysterien ward der Schleier hinweggezogen und gesagt: Die Volksreligion beruhe auf Irrtümern, und die darin angebeteten Götter sein zwar ausgezeichnete Menschen, aber doch nur Menschen gewesen. Wenn das die ganze Auslegung, oder das Wesen der Symbole ausmachen soll, so muss ich gestehen, dass ich darin keinen großen Vorteil für die Eingeweihten finde. Man beraubt sie eines Heiligtums, das sie bisher im Herzen getragen, und gibt ihnen dafür eine fade Menschengeschichte, eine Art von Roman.
Löse mir über diesen Punkt die Zweifel. Lasse mir meinen Glauben an eine ewig waltende Gottheit, ohne welche mir die klarste Wahrheit von keinem Belang wäre.

Vierter Brief
K. an B.

Du hast den Punkt berührt, der schon so manche Verwirrung hervorgebracht, und in unsern Tagen beinahe den höchsten Grad erreicht hat. Religion ist das Lösungswort fast aller Freimaurer. Enthüllung religiöser Symbole beschäftigt sie mehr als die Symbole des Ordens. In dieser Tätigkeit sehen wir sie in zwei Klassen geteilt, die ihren Ansichten nach gleichsam zwei Extreme bilden. Eine Klasse hebt die Religionsstifter dergestalt über alle menschlichen Begriffe hinaus, dass man sie aus den Augen verliert, und von einer Verbindung oder Vermittlung mit Gott gar keine Rede mehr sein kann. Die zweite Klasse verfährt, wie sie es nennt, vernünftig, oder philosophisch, zieht die Religionsstifter zu sich in den Staub herunter, hebt dadurch alle Gemeinschaft zwischen Gott und Menschheit auf. Die Freimaurerei hat mit religiösen Symbolen, ungeachtet sie uns fähig machen kann, solche auch aufzulösen, dennoch nicht das geringste zu Schaffen. Sie hat ihr eigenes Gebiet, bewegt sich in sich selbst, und wenn auch mit der ganzen Menschheit nach einem Ziele strebend, ist sie in ihren Mitteln von allen geschieden, und darum wird ihr Schüler durch die Anwendung der eigentümlichen Mittel zu dem, was er werden soll, zum Freimaurer.

Die Freimaurer-Symbole sind unsere Mittel, die Erkenntnis jener in ihrem Wesen unser Ziel. Doch wie lernt man sie in ihrem Wesen erkennen?, fragst du. Wohl so höre. Wenn ich dich zur Lehrlings-Säule führe und auffordere, ihre Inschrift in ihrem Wesen zu betrachten, wäre es vernünftig, zu sagen, sie bedeute Isaak, oder Iakob, Indien oder Illirien, Ibrahim oder Iosef? Wenn wir der Inschrift die Bedeutung eines Namens, eines Landes oder einer Begebenheit unterlegen, so sind wir keinen Tag sicher, ob nicht morgen eine andere Auslegung kommt und unsere bisherige Arbeit zertrümmert. Wenn ich aber sage: Die Inschrift ist ein I, so kann, wenn man nicht ganz verblendet ist, keine Verwirrung stattfinden.

Zwar sagt man: Was soll das „I"? Welchen Aufschluss kann es geben? Die Antwort, wenn man sich die Frage stets wiederholt, muss am Ende sein: Vielleicht ist es der Schüssel, die Säule zu öffnen und den Lohn zu empfangen, der darin aufbewahrt sein soll; vielleicht das Mittel, um in das Innere zu dringen und noch Kräfte kennen zu lernen.

Ebenso verhält es sich mit Zirkel, Winkelmaß und Bibel, welche wir auf dem Altar erblicken. In der schwarzen Kammer sieht man auch die Bibel, aber ohne irgendeine Andeutung, ohne sichere Messinstrumente, in der Loge aber ist sie mit untrüglichen Werkzeugen geziert und bedeckt. Sollte nicht jeder vernünftige hieraus den Schluss ziehen, dass der Inhalt der Bibel eben so wahrhaftig sein müsse, als Zirkel und Winkelmaß, und dass wir vielleicht durch dieselben den Geist jenes erhabenen Buches zu enthüllen vermögen?

Zeichen, Griff und Wort beziehen sich auf die Grundeigenschaften des

Menschen und des Lebens überhaupt, auf Sehen, Hören und Fühlen usw. Wir hören das Wort, wir sehen es in Schriften und Gebärden, soll uns dieses nicht auf die Vermutung bringen, es vielleicht auch fühlen zu können? Bei all diesen Betrachtungen ist von keiner willkürlichen Auslegung mehr die Rede, sondern die Symbole erscheinen in ihrem Wesen und lassen keine andere Deutung zu.

Ich bitte dich aus diesem Umriss den Plan deiner Tätigkeit zu bilden und nicht zu verzagen, wenn es auch langsam geht. Merke dir hierbei die Lehre: Übung macht den Meister, ohne Übung aber bleibt jeder ein Stümper!

Fünfter Brief
B. an K.

Was du mir geschrieben hast, trägt den Stempel der naturgemäßesten Wahrheit, und es scheint unmöglich, länger zweifeln zu können, dennoch aber muss ich dir gestehen, dass ich noch keinen Zusammenhang, keinen Anfang und kein Ende finde. Symbole sollen mir enthüllen lernen, und zwar deiner früheren Äußerung, nicht nur Freimauer-Symbole allein, sondern alle, die sich auf rein geistige, metaphysische, oder wie andere sich ausdrücken würden, auf religiöse Andeutungen beziehen. Da hätten wir freilich auf einmal die bestimmte Richtung der Freimaurerei, und vielversprechende Redensarten ohne philosophische Bündigkeit, blumenreiche Triaden über Tugend und Menschenbestimmung, die nur so lange Wert haben, als man sie liest oder hört, müssten positiven Anweisungen, die auf innerer Selbstständigkeit ruhen, Platz machen. Aber woher solche Anweisungen schöpfen? Wo ist der Grund und Boden, aus denen Früchte einer solchen positiven Lehre entsprießen? Die Lehre der Rechnungskunst lehrt rechnen, die der Verhältnisse der Töne Musik; Logik lehrt Denken und Messkunst Geometrie. Doch alle diese Wissenschaften und Künste haben ihre eigenen Elemente, ihre Anfänge, durch deren Erkenntnis und Übung man zur Sache gelangt. Welches sind die Elemente der Freimaurerei? Und warum kann sie nur im Vereine einer Bruderschaft erlernt werden?

Die zweite Frage habe ich mir schon oft folgendermaßen beantwortet: Ein Verein ist notwendig, um nicht einseitig zu werden, und zugleich Gelegenheit zu haben, die moralischen Kräfte zu üben und zu prüfen. Über die erste Frage schwebe ich noch in tiefer Ungewissheit.

Sechster Brief
K. an B.

Deine beiden Fragen sind von hoher Wichtigkeit, und uns durch die Beantwortung derselben die Norm und das unfehlbare Ziel der Arbeiten vorgeschrieben.

Deine Erklärung, warum die Freimaurerei nur in einem Vereine betrieben werden kann, hat logische Richtigkeit, denn wer keine Gelegenheit hat, moralische Kräfte zu üben, weiß nicht, ob er dergleichen hat oder nicht. Allein es gibt noch einen weit umfassenderen Grund, welcher der Vereinigung innere Notwendigkeit gibt.

Die Menschheit hat sich vom natürlichen Lebenspfad entfernt, und soll, wenn sie sich ihrer Bestimmung nicht ganz entfremden will, wieder auf den von Natur gebotenen Weg zurückkehren. Da die ganze Masse nicht zu einem solchen Entschlusse gebracht werden kann, so tritt die Notwendigkeit ein, durch eine auserwählte Anzahl einen Verein zu bilden, welcher diesen Zurücktritt lehrt, bewerkstelligt und den Menschen ein Beispiel gibt, auf welche Art der ursprüngliche Zustand wieder zu erreichen ist. Nach diesen Betrachtungen ist die Freimaurerei eine Vereinigung zum Wohle und Dienst der Menschheit, es ist der hohe Beruf, sich als Muster (Vorbild) hinzustellen, wie der Mensch sein soll, nicht wie er ist. Und wahrlich, wer dieses vollführt, hat etwas Großes getan, und die ewige Liebe, Kraft und Weisheit werden einen Solchen segnen mit ihren herrlichsten Gaben und Fähigkeiten.

Die Beantwortung der ersten Frage ist so leicht, dass sie Kinder zu geben imstande sind, für verjährte Männer, in Vorurteilen aufgewachsen und verhärtet, ist sie so schwer, dass man oft über Geistesfreiheit in Zweifel gerät und man versucht wird zu glauben, Verstand und Vernunft seien dem Menschen nur darum gegeben, um ihn recht unverständig und unvernünftig leben zu lehren.

Die Musik hat Töne, die Geometrie Linien, die Malerei Formen und Farben, und die Sprachlehre Buchstaben. Welche Elemente besitzt die Freimaurerei?, wirst du abermals fragen. Ich könnte dir die vier Elemente angeben, aber sie würden dich nicht befriedigen. Ich könnte dir auch sagen: Die Freimaurerei hat absolut keine eigene Elemente, sie nimmt vielmehr das Elementarische aller Künste und Wissenschaften in sich auf, und steht darum gebietend und königlich über allen; doch dieses würde dich in eine neue Verwirrung stürzen, weil die klare Einsicht erst auf die Übung folgt!

197

Darum kann ich nichts tun, als wiederholen, was ich früher gesagt habe. Das Ohr hört die Sprache, das Auge sieht sie in den Schriften, soll das Gemüt, unsere inneren Organe, sie nicht auch fühlen können?

Das Gefühl spricht bei jedem Menschen oft so stark und deutlich, dass er seinen Ruf nicht widerstreben kann. Die Sprache des Gefühls dem Chaos zu entheben, so zwar, dass wir uns in Zwiesprache mit unseren innersten Kräften setzen können, dahin nur zielen die wesentlichen Symbole unseres Ordens, das ist die Lebendigwerdung im Geiste, im Lichte, ist der hohe Beruf der göttlich-menschlichen Natur, die nur im Hinblick auf ewige Kräfte ihre Vollendung erreicht.

Siebenter Brief
B. an K.

Innigst geliebter Bruder!

Dein Brief hat mich von der Nacht befreit und mir den Weg zur Freiheit des Lebens gezeigt. Das Gefühl ist der Meister, den wir suchen. Ich möchte sagen: ins Leben zu rufen haben. Und wodurch kann dieses geschehen, als durch unsere Symbole? Die Inschriften auf den Säulen werden mir klar, Zirkel, Winkelmaß und Bibel sind die drei größten Lichter Gottes, womit er die Welt erleuchtet. Im Gefühl sich dieses deutlich aus, und wer noch zweifelt, der bemühe sich, durch Erfahrung zur Überzeugung zu kommen. Du hast mich dir verbunden für Zeit und Ewigkeit. Du bist mein Meister: In diesem Gefühle grüße ich dich mit den Gesinnungen der reinsten Bruderliebe.

Der Quabbalist Johannes

Johannes, du bist Wahrheit, lehre uns! - Johannes spricht: Meine Stimme ist Wahrheit, darum höret sie! - Wahrheit ist das Höchste, was der Mensch erringen kann, aber so selten, dass man über ihr Vorhandensein unter dem Menschengeschlecht zweifelhaft geworden ist. Wahrheit ist die Harmonie der Schöpfung, die Alles im Gleichgewicht und in Übereinstimmung erhält. Wahrheit ist mehr als die gewöhnliche Liebe, die unter den Menschen herrscht und sie in geselliger Ordnung erhält, sie ist mehr als alle andern Tugenden, weil Liebe und Tugend nur aus Wahrheit fließen und durch sie bestehen.

Wahrheit ist das Band reiner Geister, die in richtiger Harmonie ihres Daseins Wert empfinden und ihre hohe Stufe unter den Geschöpfen erkennen. Wer die Wahrheit hat, besitzt Alles, denn in ihr ist Wohlfahrt, Glück und Ruhe, und reine Liebe geht aus von ihr als eine Zaubermelodie der reinsten Akkorde. Wahrheit ist die Übereinstimmung des Denkens und Fühlens, die kein Dissonanz zulässt. Die Gesetze der Harmonie sind so genau bestimmt,dass sie auch nicht die geringste Abweichung gestatten, Unter Taufenden, die zur Ausführung eines Tonstückes mitwirken, darf keiner aus einer andern Tonart spielen, wenn nicht das Ganze, nicht nur verdorben, sondern vernichtet sein soll. Wo verschiedene Ansichten und Meinungen herrschen, ist keine Eintracht, kein Bruderverein denkbar, und wenn die Besseren sich alle Mühe geben, der falsche Ton wird zwar nichts für sich gewinnen, aber die Tätigkeit stören und unnütz machen. Dieses sind die Triumphe der Wahrheitsfeinde, dass sie, wenn sie auch nichts Positives besitzen, nichts zu geben vermögen, das Gedeihen und das Wurzelrassen der Wahrheit hindern, und so ihr negatives Ziel erreichen. Um in der Wahrheit zu bleiben, um nicht übertönt zu werden von den Dissonanzen der Torheit, bin ich genötigt, in die Wüste zu ziehen, und hier, wenn auch die Wahrheit nicht zu lehren, doch für mich selber zu üben und zu bewahren.

Liebe ist ein schönes Gesetz, aber hier hat sie ihre Grenzen: Wer absichtlich die Harmonie der Wahrheit verletzt, der darf auf Liebe keine Ansprüche machen, denn der lehnt sich auf gegen das vollkommenste Licht, das Gott in die Natur gelegt hat.

Liebe deinen Nächsten, deinen Bruder als dich selbst und Gott über alles. Gott ist die Wahrheit, die Wahrheit ist Gott. Wer die Wahrheit beleidigt, beleidigt Gott, den wir mehr als alles lieben sollen und der uns unserer Liebe willen zur Wahrheit führt.

Wenn eine (göttliche) Sache spricht, hört die Persönlichkeit auf, und die Wahrheit fordert ihre Rechte. Wenn derjenige, der falsche Töne spielt, mit Gewalt zum Schweigen gebracht werden muss, weil Missklänge dem reinen Ohre unerträglich sind, so kann die Unwahrheit gleichfalls nicht neben der Wahrheit bestehen.

Reine Geister lieben sich um der Wahrheit Willen, weil sie von ihr angezogen, lieben müssen, wie reine Musik die Sinne ergötzt, selber wenn man sie nicht hören wollte.

Wahrheit ist die Harmonie des Lebens. Sie ist diejenige Gewalt, die, wenn nicht Feinde sie verunreinigen, alle Herzen verbindet, und ohne

Anstrengung die Gesetze der Liebe zu erfüllen nötigt. Der Wahrheit Spiegel ist in aller Herzen. Sie ist die Mutter der Liebe, und Liebe ist ihr erstgeborenes Kind, weil sich ohne sie keine Übereinstimmung, kein Ineinanderfließen und keine Beständigkeit denken lässt. Sie ist ein Glanz des ewigen Lichtes, das den Plan der Schöpfung entworfen und ausführt. Sie ist der Inbegriff des ewigen Wortes, das Himmel und Erde erschaffen und uns zu Söhnen Gottes gemacht hat.

So die Stimme Johannis. Sie klingt in Ohr und Mund, in Auf und Herzen. Sie kann überall vernommen werden, wenn man sich ihr naht und sie um Aufschluss bittet. Wie sind Jünger „Johannis", wir müssen, um nicht wortbrüchig zu sein, uns ihr nahen und ihre Lehre erforschen.

Wahrheit, spricht Johannis, sei das Band reiner Geister, aus ihr komme die Liebe und müsse folgen, wie reine Musik das Wohlgefallen. Wohlan, der Wahrheit wollen wir uns weihen, um zur Wahrheit zu kommen, und in der Wechselwirkung dieser vollkommenen Lichter das Ziel erringen, dessen Erreichung wir als Maurer beschworen haben.

Schluss

Es ist beinahe überflüssig, zu sagen, welcher Ansicht die Freimaurerei huldigt. Die Bearbeitung des göttlichen Wortes, die in allen Graden, Schlüsseln und Systemen stattfindet, lässt keinen Zweifel über die Tendenz unseres Ordens übrig: Wir sind berufen, jenes geistige Modell, nach welchem die Schöpfung als roher Abdruck sich gestaltet, zu suchen, und vermöge des Wortes, welches das Modell ist, die Erkenntnis Gottes, welcher das Wort ist, zu erlangen.

Jeder wird leicht einsehen, dass hier nicht das gewöhnliche Gute, oder die gewöhnlichen Tugenden des gesellschaftlichen Lebens gemeint sind; es ist die Rede von jener vollkommenen Tugend, vermöge welcher der Mensch den Sieg des Lebens erringt und die Tätigkeit des Geistes kennen lernt. Durch diese Tugend erhebt er sich über den Zufall und bringt zur Gewissheit, dass er für eine innere Freiheit geboren ist, die ihm schon diesseits den Faden in die Hand legt, der ihn sicher durch das Labyrinth der Zeit zur Unsterblichkeit führt.

Wenn wir diese Sätze, die sich naturgemäß darstellen, genau betrachten, so sind wir auf einmal im Klaren, welches die Pflicht des Freimaurers sei. Es muss hervortreten aus dem Schwarm zeitlicher Gelehrsamkeit, und die höhere Philosophie des Lebens in jenen Regionen suchen, wohin zwar die

Sinne nicht dringen, der Geist aber durch sein Vorstellungsvermögen sich umsehen kann, um Ideen in sich aufzunehmen, die ihm die Ewigkeit zeigen, sie ihm zum Bedürfnis machen, und in diesem Bedürfnis ihn zu Mut und Eifer entflammen, diesen ewigen Impuls zu leben und dadurch selbst ewig zu werden.

Meine geliebten Geschwister, dieses sind echte Freimaurer-Lehren. Sie stehen mit der mosaischen Schöpfungsgeschichte in völliger Übereinstimmung. Auch die (vier) Evangelien lehren dasselbe, nur unter einer positiv gegebenen und gebotenen Form. Selbst die Natur liefert täglich Beweise, dass die Materie ohne Einfluss, ohne Zeugung von Oben nichts hervorbringen kann. Christus selbst, vom Himmel stammend, muss durch Nacht zum Lichte gehen; Stürme und Drangsale nur konnten ihn reif machen, als König wieder zum Himmel zurückzukehren.

Vom Himmel sind wir gekommen, zum Himmel kehren wir wieder, wenn wir unsere Berufung nicht verleugnen, Wohlan, so sei unsere Berufung erneuert, das Göttliche in unserer Natur zu suchen, damit wir von ihm umleuchtet und durchdrungen das Ziel des Daseins, das Leben im Lichte und dadurch Unsterblichkeit gewinnen.

Weitere Bücher aus dem Christof Uiberreiter Verlag:

Das goldene Blatt der Weisheit
Seila Orienta/Franz Bardon

Zum ersten Mal in der okkulten Literatur wird die 4. Tarotkarte des Hermes Trismegistos verständlich beschrieben und offengelegt. Sie beinhaltet unbekannte Konzentrations- und Meditationsübungen. Des Weiteren gibt sie Hinweise und erklärt die Unterschiede zwischen Magie und Mystik und Gefahren des einseitigen Weges. Am Ende steht die Verbindung mit der universellen Gottheit, dem Herrn der Sonnensphäre, welcher quabbalistisch „Metatron" genannt wird.

*

5. Tarotkarte – Mysterien des Steins der Weisen
Seila Orienta/Franz Bardon

Dieses Buch stellt die Vorderseite der Alchemie dar, die die einzelnen praktischen Übungsschritte erklärt, ohne die verschlüsselten Mystifikationen der alten Alchemisten auch nur annähernd zu erwähnen, wie man es aus den anderen Büchern des Franz Bardon kennt. Es wird erklärt, dass ohne vollkommene Beherrschung der 4 Elemente keine Alchemie möglich ist. Des Weiteren wird mit den einzelnen Ebenen, mit den Matrizen, dem elektromagnetischen Fluid usw. gearbeitet. Doch den Hauptpunkt stellen die göttlichen Eigenschaften wie z. B. die Allmacht dar, mit denen der Göttliche Stein der Weisen durch gewisse Übungen geladen wird.

*

Talismanologie und Mantramkunde
Seila Orienta/Franz Bardon

Zum ersten Mal werden hier (magisch) geladene Mantrams – Gebetssätze – preisgegeben, welche bei nötiger Reife, Ausgeglichenheit und Reinheit durchdringende Erfolge versprechen. Mantrams sind ja nach Bardon nicht irgendwelche „Suggestionssätze", sondern sie sind Ideenausdrücke, mit denen man mit Mächten, Kräften, Eigenschaften, also Gottheiten, in Verbindung kommen kann. Gleichzeitig werden die dazugehörigen Siegelzeichen der göttlichen Ideen preisgegeben, welche im rituellen

Zusammenhang mit den Mantrams stehen. Ein Buch, das nicht nur die Hermetiker, sondern auch die Anhänger der Yogawissenschaften inspirieren wird!

*

Eine Sammlung der schönsten und lehrreichsten Beschwörungsgeschichten
Hohenstätten

Dieses Buch ist einzigartig, denn es zeigt den zweiten Band von Franz Bardon an Hand von interessanten Evokationsberichten, die genau das bestätigen, was Bardon in seinem Buch geschrieben hat, und noch darüber hinaus. Es werden sensationelle Erlebnisse geschildert, die man sonst niemals findet. Auch aus unveröffentlichten Schriften wird zitiert.

*

Verkörperungen des Meister Arion
Hohenstätten

Man wird beim Lesen dieses Buches nicht glauben, wie viele bekannte und unbekannte Inkarnationen Franz Bardon hatte. Die paar, die im „Frabato" bekannt gegeben wurden, stellen nur einen geringen Teil seiner Verkörperungen dar. Wir mussten, da es dermaßen wenig Literatur über die Verkörperungen gab, wieder Hunderte und Aberhunderte von Büchern, Aufsätzen, Zeitschriften und Artikeln durcharbeiten, bis wir genügend Material für dieses Buch hatten. Aber der Leser wird sich beim Lesen sicherlich über unsere Arbeit freuen, denn sie wird ihn in Erstaunen versetzen!

*

Shamballa, der goldene Tempel des Lichts
Hohenstätten

Dieser Tempel dürfte jeden Leser von Bardons Roman „Frabato" fasziniert haben. Dass es aber in der okkulten Literatur noch viel mehr Informationen darüber gibt, die man aber nur findet, wenn man alles Veröffentlichte gelesen hat, dürfte dem einen oder anderen unbekannt sein. Es wurden wieder ganze Stöße von Büchern durchgesehen und das Ergebnis wird hier veröffentlicht. Es wird aber gleichzeitig darauf hingewiesen, wie viel Schundliteratur es darüber gibt, wie viel Lügen im Umlauf sind, damit sich der Schüler der Hermetik ein klares Bild machen kann. Wir bringen in diesem Buch alles, was wir an Material darüber gefunden haben, und es wird auch noch einiges aus der eigenen Erfahrung, was das Wertvollste ist, mitgeteilt. Nicht nur über den Tempel wird berichtet, sondern auch über die damit verbundene „Bruderschaft des Lichts", deren Sitz er darstellt.

*

Auf der Suche nach Meister Arion
Hohenstätten

Diese Autobiographie eines Schülers der Hermetik des Franz Bardon schildert sein magisches Leben, in welchem zahlreiche Erfahrungen zu den Übungen aus dem Adepten geschildert werden, die die Hauptperson selbst erlebt hat. Es wird der schwere Weg des Adepten aus autobiographischer Sicht gezeigt, seine vielen Tiefschläge, aber auch seine glanzvollen Seiten und Zeiten. Der harte Kampf mit dem Seelenspiegel wird bis in alle Einzelheiten aufgezeigt, genauso wie die vielen anderen Wege, in welche der Autor reinschnupperte, um dadurch reichlich Erfahrung sammeln zu können. Darüber hinaus enthält es unzählige Erfahrungen und Berichte betreffs Mantramistik nach Bardon, die wahre Runenmagie, zahlreiche Evokationen sowie Invokationen mit seinem Lehrer Anion, einen magischen Exorzismus, wie er bisher noch nie öffentlich geschildert wurde. Mentalreisen, Beeinflussungen, Übungen zur Gottverbundenheit, Erscheinungen, Alchemie, Heilungen mit den verschiedensten magischen Methoden z. B. Quabbalah oder durch die Elemente, Schutzgeistevokationen und viele andere magische „Wunder" seines Freundes und Lehrers Anion. Auch einige magische Fotos in Farbe, ein bisher von Bardon unveröffentlichtes Akashafoto von Christus und ein Bild des schwebenden Meister Arion werden in diesem Buch preisgegeben. Der Inhalt ist viel reichlicher, als hier kurz beschrieben werden kann.

*

Magisches Gleichgewicht
Hohenstätten

Dieses Buch zeigt eindeutig, dass in allen anderen Systemen das „Gleichgewicht" genauso gebraucht wird, wie bei Bardons Werken. Er war nicht der Einzige, der das erwähnte, aber er war der erste, der es deutlich erklärte, denn die anderen Systeme sprachen nur durch das Symbol, welches nicht jedem Leser verständlich war. Obendrein bringen wir noch Unveröffentlichtes vom Meister Arion zu dieser Grundlage der magischen

Entwicklung.

*

Das Leben und die Erfahrungen eines wahren Hermetikers
Seila Orienta

Diese Autobiographie eines Magiers ist unübertroffen, denn bis jetzt hat kein einziger okkult Geschulter so offen und ehrlich gesprochen wie Seila Orienta. Er gibt in diesem Werk sein Leben bekannt, sowie seine zahlreichen und äußerst interessanten Erlebnisse und Erfahrungen. Es werden auch zum ersten Mal Fotos von Wesen der Sphären gezeigt, welche Franz Bardon höchstpersönlich in den 1920ern gemacht hat. Des Weiteren schreibt Seila Orienta über die Sphären, über Dämonen, Logenkontakte und vieles, vieles mehr, was einem ehrlich strebenden Hermetiker das Herz übergehen lassen wird.

*

Das Leben des Franz Bardon
Hohenstätten

Dieses Buch beschreibt das Leben des Meisters außerhalb des Frabatos, welches seine Sekretärin – Otti V. – geschrieben hat. Es beinhaltet Erklärungen zu seiner „Biografie", weitere Einzelheiten über den Kampf mit der FOGC, seine Beziehung zu Wilhelm Quintscher und anderen Okkultisten, was alles bisher unbekannt war! Des Weiteren werden viele Erlebnisse seiner Schüler in Prag erzählt, verschiedene magische Leistungen und interessante Geschichten Bardons beschrieben, die bis dato unveröffentlicht sind. Es werden auch seine drei Lehrwerke und deren Wirkung auf die Öffentlichkeit von einem anderen, unbekannten Standpunkt geschildert, welcher durch bisher schwer zugängliche Schriften unterstützt wird. Als Krönung wird seine aus dem Tschechischen übersetzte „Runenschrift" zum ersten Mal veröffentlicht. Auch einige Seiten aus anderen unveröffentlichten Schriften von ihm sowie interessante Fotos des Meister Bardon und seiner Freunde werden hier preisgegeben und vieles, vieles mehr.

*

In Verbindung mit der Gottheit
Hohenstätten

Über das Thema der Gottverbundenheit mit all seinen Formen und

Methoden wurde bis heute noch nie ein Buch verfasst, geschweige denn eine Schrift geschrieben. Man findet in der okkulten wie in der östlichen Literatur nur spärliche Hinweise, die größtenteils verschlüsselt sind oder so geschrieben wurden, dass man sie kaum versteht. Im Gegensatz dazu wird in diesem Buch offen dargelegt, dass das 1. kleine Arkanum der 78 Tarotkarten die Gottverbundenheit in ihrer Reinform darstellt.

*

Hermetische Heilmethoden
Hohenstätten

Dieses Buch stellt in der okkulten Literatur ein absolutes Unikum dar, denn über die Gesamtheit der okkulten Heilmethoden wurde bis jetzt noch NIE etwas Sinnvolles geschrieben. Es werden alle Heilmethoden erwähnt, die der hermetische Schüler mit Hilfe seiner bisher erlangten Konzentrationsfähigkeit ausüben und verwenden kann.

*

Erste hermetische Zeitschrift

„Der hermetische Bund teilt mit" ist eine der wenigen magisch-mystischen Zeitschriften, welche sich soweit als möglich auf die universelle Lehre von Franz Bardon bezieht. Sie versucht sich an die Gesetze des 4-poligen Magneten zu halten und vermittelt Wissen sowie Hinweise für die Praxis, damit der Leser die Möglichkeit hat, sie in seinen hermetischen Weg aufzunehmen und für sich gewinnbringend zu verarbeiten.

Noch viel mehr hermetische Literatur finden Sie auf unserer Website: http://www.hermetischer-bund.com.

Viel Vergnügen beim Stöbern!

Der Verlag